Köhlein
Freilandsukkulenten

Fritz Köhlein

Freiland sukkulenten

105 Farbfotos und
48 Zeichnungen

Verlag Eugen Ulmer

CIP-Kurztitelaufnahme der Deutschen Bibliothek

Köhlein, Fritz
Freilandsukkulenten. – Stuttgart : Ulmer, 1977.
  ISBN 3-8001-6077-3

© 1977 Eugen Ulmer GmbH & Co., Stuttgart, Gerokstraße 19
Printed in Germany
Umschlaggestaltung: A. Krugmann, Stuttgart
Satz: Bauer & Bökeler, Denkendorf
Druck: Passavia GmbH, Passau

Vorwort

Um mit Worten von Altmeister Karl Foerster zu sprechen, es ist ein „herz-klopferisches Buch", das hier vorliegt. Ich weiß sehr wohl, wie viele Hinder-nisse und Verwirrungen gerade die Gattungen in sich bergen, die hier be-handelt werden. Schließlich siegte doch die Liebe zu diesen Pflanzen. Vor-aussetzung war die großzügige Unterstützung durch in- und ausländische Fachleute. Mein Freund Georg Sydow, Kopenhagen, einer der besten Ken-ner und Sammler winterharter Kakteen, half auf diesem Gebiet. Herr Pro-fessor Dr. Sz. Priszter, Direktor des Botanischen Gartens in Budapest, übernahm die Durchsicht des Sedum-Teils. Herr Direktor P. Michell von der Sempervivum Society England half durch seine Erlaubnis, Vorarbeiten von ihm bei seltenen Sempervivum-Arten zu verwerten. Unterstützung er-hielt ich von Herrn Dr. Fritz Encke, Greifenstein, bei der Durchsicht der Sempervivum-Nomenklatur, von Herrn Diplomgärtner H. Müssel, Techni-scher Leiter des Sichtungsgartens Weihenstephan, bei der Wiedergabe ei-nes gesichteten Sedum- und Sempervivum-Sortiments und von Herrn Dr. Simon, Marktheidenfeld, durch die bereitwillige Weitergabe der Kulturta-belle für Lewisien.

Bei allen diesen Herren möchte ich mich recht herzlich bedanken, ebenso bei meinem Verleger, Herrn Roland Ulmer. Ihm muß ich danken für das Vertrauen, das er dem Autor entgegenbrachte und für die großzügige Aus-stattung des Buches. Gleichfalls Dank dem Verlagsteam für die gute Zu-sammenarbeit und Betreuung des Werkes. Nicht zuletzt danke ich meiner Frau Annemarie, ohne deren tatkräftige Mitarbeit das Buch nicht entstan-den wäre.

Das hier vorliegende Werk soll keine Monographie im streng botani-schen Sinne sein, wenn auch Teile solche Züge tragen, sondern in erster Li-nie ein Gartenbuch für Fachleute und Liebhaber. Bei den wichtigsten Gat-tungen ließ sich die Nennung der Autoren nicht vermeiden, um Verwechs-lungen auszuschalten. Der Anfänger wird nach kurzer Zeit erkennen, daß es sich um eine große Hilfe und nicht um ein Hindernis handelt. Die ge-samte Nomenklatur wurde dem neuesten Stand angepaßt, mit wenigen zwingenden Ausnahmen bei den Kakteen, da neuere Arbeiten verschiedene winterharte Typen überhaupt nicht berücksichtigen. Ich bin mir bewußt, daß ich nicht jeder Ansicht gerecht werden kann.

Ein amerikanisches Buch spricht bei diesen Pflanzen von „Plant Jewels of the high Countries". Möge dieses Buch ein Schlüssel sein zu diesen Schätzen.

Bindlach, Frühjahr 1977   Fritz Köhlein

Inhaltsverzeichnis

Verwendungsmöglichkeiten

Der Garten ohne Wasser

Die Pflanze benötigt zum Wachsen Nährstoffe, Kohlendioxid und Wasser. Nährstoffe werden im Boden aufgeschlossen, Kohlendioxid ist in der Luft genügend vorhanden, und Wasser erhält die Pflanze durch Niederschläge in Form von Regen, Schnee, Nebel und Tau. Je nach Pflanzenart sind die Lebensansprüche verschieden. Solche mit gleichen Ansprüchen finden sich zusammen zu ökologischen Gemeinschaften, wie sie im Wald, auf der Wiese, im Gebirge, im Sumpf oder auf der Heide zu finden sind. Je weiter wir gehen, um so extremer werden diese Plätze, wie Tundra und Karst, Steppe und Wüste.

Die Pflanzen haben sich den jeweiligen Gegebenheiten weitgehend angepaßt und spezialisiert. An dürren, heißen Stellen entwickeln sie z. B. sehr schmale Blätter und Pflanzenteile und bieten dadurch wenig Verdunstungsfläche. Andere sind dicht mit silbrigen Haaren besetzt, was die Verdunstung bremst, rollen sich ein, entwickeln tiefgehende Pfahlwurzeln, oder sie haben ihren Vegetationsrhythmus so angepaßt, daß die Wachstumsperiode in die kurze Zeit der auftretenden Niederschläge fällt. Die sukkulenten Pflanzen hingegen haben ein perfektes Speichersystem entwickelt: in ihren dickfleischigen Blättern und anderen Pflanzenteilen wird das Wasser während der feuchtigkeitsreichen Perioden für die trockene Zeit aufgespart.

Der Mensch, der sich Pflanzen aus vielen Lebensbereichen in den Garten geholt hat, muß dort viele unterschiedliche Ansprüche befriedigen. Wesentliche Regulatoren sind zusätzliche Dünger- und Wassergaben. Normalerweise ist das Vorhandensein von Wasser für einen Garten unerläßlich.

Aber nicht immer hat der Gartenliebhaber oder Pflanzensammler einen Garten mit automatischer Beregnung, oft fehlt sogar jeder Anschluß an die Wasserleitung, ein Brunnen oder ein natürliches Gewässer. Besonders in den letzten Jahren, in denen man sich wieder stark der Natur zuwandte, kauften oder pachteten viele Stadtbewohner irgend ein Stück Land, nur in der Absicht, dort am Wochenende etwas auszuspannen. Meist schon bald zeigt sich aber, daß Nichtstun auch nicht glücklich macht, und man sucht nach einer Betätigung. Man fängt an zu „gärteln". Unsere neuesten, hochgezüchteten Gartenpflanzen machen aber ohne zusätzliche Bewässerung nicht mit. Deshalb bieten sich für solche Gärten die winterharten Sukkulenten in Verbindung mit anderen trockenheitsverträglichen Stauden und mit Gehölzen geradezu an. Man hat die nötige Betätigung, ohne Sklave des Gartens zu sein, und im Urlaub kann man seinen Sukkulentengarten ruhig sich selbst überlassen.

Der Garten ohne Wasser kann vielerei Gestalt haben. Es kann ein steiler Hang sein, weit ab von der Stadt, fern von jeder Versorgungsleitung, ein flaches Gelände am Südrand eines Waldes oder einfach ein Balkonkasten oder eine bepflanzte Schale, der man aus beruflichen Gründen nicht regelmäßig Wassernachhilfe geben kann. Selbst der Allround-Pflanzenfreund mit allen Möglichkeiten ist froh eine Pflanzenecke zu besitzen, die nicht dauernder Aufmerksamkeit bedarf.

Alle in diesem Buch erwähnten sukkulenten Pflanzen kommen bei uns mit den natürlichen Niederschlägen aus, allerdings mit Einschränkungen! Wer im März-April pflanzt, braucht dazu kein Wasser. Man kann sukkulente Pflanzen aber ohne Schaden auch zu jeder anderen Vegetationszeit pflanzen; man muß dann während besonders langer Trockenperioden bei Neupflanzungen etwas nachhelfen. Die jährlichen Niederschlagsmengen sind innerhalb Deutschlands sehr unterschiedlich, das muß ebenfalls berücksichtigt werden. Bei *Sempervivum* und *Sedum* gibt es keine Einschränkung, auch die Lewisien vertragen längere Trockenperioden. Dagegen sehen die Opuntien etwas mickerig aus, wenn sie während der Wachstumsperiode kein Wasser erhalten, sei es durch natürliche Niederschläge, sei es durch Nachhilfe. Aber auch sie beißen sich durch. Verschiedene Arten zeigen gerade während trockenen, heißen Abschnitten ihre volle Schönheit, wie die *Sempervivum* und *Jovibarba*.

Es sind noch andere Gründe möglich, warum man aus der Not eine Tugend macht und sich den sukkulenten Pflanzen zuwenden kann. Es gibt nicht wenige Orte, die regelmäßig im Sommer unter Wassernot leiden und wo das Gartengießen streng verboten ist. Und nicht zuletzt finanzielle Überlegungen können eine Rolle spielen, wenn viele Kubikmeter Wasser allzu schnell die Wasserrechnung in die Höhe klettern lassen.

Steingartenpartien

Die umfangreichste Verwendung finden sukkulente Freilandpflanzen wie *Sedum* (Fetthenne) *Sempervivum* (Hauswurz) und Lewisien (Bitterwurz) in sonnigen Steingartenpartien. Sie sehen immer gut aus und verhelfen dem

Steingarten auch nach der überschäumenden Frühlingsblüte zu einem dekorativen Aussehen, auch bei starker Hitze. Da der größte Teil immergrün ist, wirkt die Pflanzung auch im Winter nicht langweilig. Voraussetzung für gutes Gedeihen ist vollsonnige Lage, nur dort zeigen die Dickblattgewächse ihre volle Farbschönheit. Lediglich die Lewisien, *Chiastophyllum oppositifolium* (Walddickblatt, Goldtröpfchen) und einige wenige *Sedum*-Arten gedeihen besser in mehr absonniger Lage.

Trockenmauern

Ein bevorzugtes Element im mehr architektonischen Steingarten ist die Trockenmauer, aber auch in mehr natürlichen Partien wirken niedere Steinschichten ähnlich natürlichen Vorbildern nicht deplaziert. Sowohl die Trockenmauer selbst als auch die Mauerkrone bietet bevorzugte Pflanzplätze für *Sedum* und *Sempervivum*. Ideal ist es, wenn die Pflanzen beim Mauerbau gleich mit in die Fugen gesetzt werden, bei *Sempervivum* möglichst mit Topfballen, bei den *Sedum*-Arten genügen oft Rißlinge und kleine Teilstücke. Die dafür besonders geeigneten Arten und Sorten sind bei den Verwendungslisten der beiden Gattungen zu finden. Großrosettige *Sempervivum tectorum*-Hybriden eignen sich wenig für vertikale Pflanzung, kleinrosettige, dichtwachsende Arten und Hybriden sind besser. Wenn keine Pflanzen mit Topfballen zur Verfügung stehen, darf keinesfalls im Herbst gepflanzt werden, da die Rosetten nicht mehr festwurzeln. Die gefrorene und aufgetaute Erde lockert sich, und die Rosetten fallen herunter. Keine Bedenken gegen Fugenbepflanzung ohne Topfballen bestehen im Mai, rasch einsetzendes Wachstum und Bildung von Tochterrosetten verankern die Pflanze fest in der wenigen Erde. Direkt auf die Mauerkrone auf den Stein können *Sempervivum* ohne weiteres gepflanzt werden, wenn

Dränagekern

Trockenmauer mit Sukkulenten

nur etwas Erde vorhanden ist. Hinter der Mauerkrone ist der Pflanzplatz mit der besten Dränage. Hier können auch die Arten gepflanzt werden, die empfindlich gegen Winternässe und Dauerregen sind. Für diese Plätze eignen sich auch viele *Sedum*-Arten. Natürlich sind diese exponierten Plätze, die dem Auge so nahe sind, zu schade für die schnellwüchsigen Allerwelts-*Sedum*, hierher gehören mehr die Kostbarkeiten und kleinen Arten, wie sie auch für Tröge empfohlen werden.

Herbstpflanzung in Trockenmauerfugen nur mit Topfballen

Bei steilen Hängen werden mehrere Trockenmauerterrassen hintereinander gebaut. Besonders, wenn diese eine volle Südlage haben, sind die winterharten Sukkulenten unentbehrlich. Vor jeder der kleinen Trockenmauern sollte sich ein kleiner Tretpfad befinden, so daß auf der einen Seite die kleine waagerechte Fläche und auf der anderen Seite die Trockenmauer selbst betrachtet und gepflegt werden kann. Außer dem Entfernen des Unkrauts gibt es kaum Arbeit, oder es befinden sich in der Nähe Nachbarpflanzen mit anderen Ansprüchen.

Mustergültige Pflanzung bei einem tschechischen Gartenfreund mit überwiegender Verwendung von Sempervivum. Hauptsächlich handelt es sich um die sehr gut polsterbildenden Arten, Formen und Hybriden von Sempervivum arachnoideum (Spinnwebhauswurz). Dazwischen sind krustige Saxifraga (Steinbrech), Dianthus (Nelken), Helianthemum (Sonnenröschen) und Zwerggehölze gepflanzt. Vor der Wand aus Urgesteinsbrocken im oberen Bild Stachys olympica und Stipa barbata, das Reiherfedergras. Diese Steinbrocken haben ein enormes Gewicht.

Flächige Pflanzung

Viele *Sedum*-Arten und alle schnellwüchsigen Arten und Sorten von *Sempervivum*, besonders die Abkömmlinge von *S. tectorum* und *S. marmoreum*, können schnelle hübsche Matten bilden. Hier muß um so mehr auf die Erdzusammensetzung und Dränage geachtet werden, je waagerechter die Fläche ist. Besonders bei leichten Mulden muß an der tiefsten Stelle ein guter Wasserabzug vorhanden sein. Je leichter der Boden ist, um so weniger

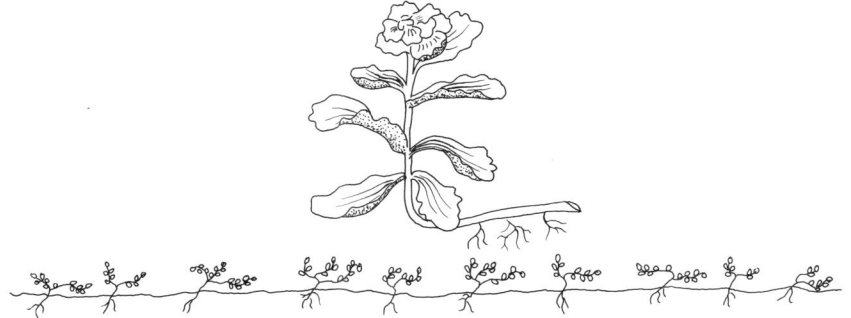

Rißlinge von Sedum spurium zur Flächenbepflanzung

sind zusätzliche Maßnahmen nötig. Bei lehmiger Erde muß mehr dränageförderndes Material unterhalb der Kulturerde eingebracht werden (Styropor, Bauschutt, Kies, Splitt und ähnliches). Viele der schnellwüchsigen *Sempervivum*-Arten und -Sorten vertragen zwar ein gehöriges Maß an Niederschlägen, ihre typische Färbung im Frühling entwickeln sie jedoch an trockenen Standorten weit ausgeprägter als an feuchten Stellen, auch ist dort der Wuchs kompakter und dekorativer. Auch viele *Sedum*-Arten werden an feuchteren Stellen leicht mastig und fallen um. Bei den *Sempervivum*-Hybriden und bei den zahlreichen Lokalformen von *Sempervivum tectorum* kommen die vielen Farbnuancen erst bei flächiger Pflanzung zur Geltung. Hellgrün, Dunkelgrün, violette, braune, fast schwarze, karmin-

Oben: Eine Sempervivum-Pflanzung, die die ganze Formen- und Farbenvielfalt dieser Gattung zeigt. Dazwischen schöne Kieselsteine, die man von Wanderungen und Reisen mit nach Hause nimmt. Unten links: Größere Terrasse, bei der unregelmäßige Plattenflächen ausgespart wurden. Bepflanzung mit Strauchpotentilla (Fingerstrauch), Festuca (Schafschwingel) und größeren Hybriden von Sempervivum tectorum. Unten rechts: Lewisia (Bitterwurz), krustige Saxifraga (Steinbrech) und Sedum rubrotinctum (Bot. Garten Tübingen).

rote Töne und viele Zwischennuancen wechseln sich ab; unterbrochen von den *Sedum*-Flächen, die auch hechtgraue Töne und andere Farbschattierungen mit ins Spiel bringen. Es macht gar nichts, wenn die einzelnen (möglichst unregelmäßigen) Flächen später durch unterschiedliche Wuchskraft ineinanderwachsen. Solche Flächen können selbstverständlich hin und wieder durch eine höhere Staude unterbrochen werden, damit die gesamte Pflanzung nicht langweilig wirkt. Gut eignen sich *Verbascum* (Königskerzen), höhere Disteln und auch die höheren *Sedum telephium-spectabile*-Hybriden.

Steine

Es gibt keine Steine, die nicht in irgendeiner Form für sukkulente Pflanzungen verwendet werden können. Für Trockenmauern ist es einfacher, Sedimentgestein wie Muschelkalk, Schiefer, Sandstein und ähnliche Arten zu verwenden, da sie meist schon in der flachen, eckigen Form vorliegen, wie sie zum Bau benötigt werden oder leicht zugehauen werden können. Man nimmt normalerweise die Art, die es in der Nähe des Gartens gibt, schon aus Kostenersparnis. Selbstverständlich kann auch Urgestein genommen werden, doch macht dessen Schichtung Schwierigkeiten. Die alte Vorschrift, nur eine Gesteinsart im Steingarten zu verwenden, dürfte überholt sein. Verschiedene Steine dürfen nur nicht durcheinander, sondern müssen in einzelnen Teilen gesetzt werden, was manchmal sehr dekorativ sein kann, ohne stilistisch zu stören. In solchen Gegenden, in denen Herbeischaffung von natürlichen Steinarten Schwierigkeiten bereitet, können Trockenmauern für sukkulente Pflanzungen sogar aus Ziegelsteinen erstellt werden.

Sehr wichtig sind die rein dekorativen Steine, die verwendet werden ohne eine technische Funktion zu haben, die sich ganz „natürlich" am Hang befinden oder am Rande des Steingartens. Wer etwas übrig hat für die Schönheit der Steine, wird keinen Ausflug unternehmen, ohne nach solchen Ausschau zu halten. Die Japaner sind Meister in der Verwendung solcher hübschen Exemplare. Es ist egal welche Art verwendet wird, jede hat ihre besondere Schönheit: ausgewachsene Kalksteine aus dem Jura mit Löchern und weichen Rundungen, Urgesteinsbrocken mit Quarzadern, verschiedenfarbige Sandsteinbrocken oder einfach Urgesteinsfindlinge der norddeutschen Tiefebene.

Die bekannten Grundsätze sollen noch einmal erwähnt werden.

1. Es ist besser wenige große Steine zu setzen als viele kleine.

2. Die Steine sollen natürlich lagern, also mit der breiten Seite aufliegen.
3. Die Steine wirken am natürlichsten, wenn sie zur Hälfte bis zwei Drittel im Boden sitzen.

Steine sind Wärmespeicher der Sonneneinstrahlung, deshalb gedeihen sukkulente Pflanzen an solchen oder neben solchen besonders gut. Andererseits muß darauf geachtet werden, daß bei größeren Steinen, bei längerem Regen, das zusammenlaufende Wasser nicht gerade in Sukkulentenpolster rinnt. Besonders große, dekorative Steine sind leider äußerst schwer zu transportieren. Hier hilft vielleicht ein Landwirt mit einem Frontlader am Traktor, der sie auf dem Anhänger bis vor die Gartentüre transportiert. Abgeladen, werden die Steine, falls sie mehr rund sind, zum vorhergesehenen Platz auf Bohlen gerollt. Steine mit größerer Auflagefläche werden auf Rollen mittels eines Brecheisens weiterbewegt. Keinesfalls auf der Erde transportieren, immer muß eine harte Unterlage vorhanden sein.

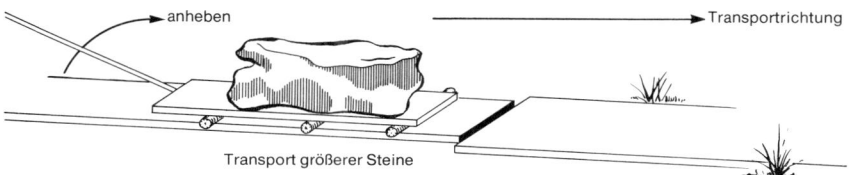

Transport größerer Steine

Partnerpflanzen
Für sonnige Steingartenplätze, an denen auch Opuntien und andere winterharte Kakteen gepflanzt werden, eignen sich nur die auf Seite 252 genannten Arten, natürlich auch alle anderen harten Sukkulenten. Wer aber weitere Pflanzen dazunehmen will, muß dabei sehr vorsichtig operieren, es gehört großes stilistisches Einfühlungsvermögen dazu. Wenn es sich dagegen um sonnige Steingartenplätze mit überwiegend *Sempervivum* (Hauswurz) und *Sedum* und ohne Kakteen handelt, erweitert sich die Pflanzenpalette beträchtlich. Man nimmt möglichst genauso große Hunger- und Durstkünstler. So die neuseeländischen *Acaena* (Stachelnüßchen), aber nicht die schnellwachsenden, die alles überwuchern. Eine besonders gebändigte Sorte ist *Acaena microphylla* 'Kupferteppich' (Klose). Besonders für die Trockenmauern sind die *Acantholimon*-Arten (Igelpolster) geeignet, die silberblättrigen *Achillea* (Edelgarben), *Alyssum*-Arten (Steinkraut), *Antennaria* (Katzenpfötchen), *Anacyclus* (Zwergmargerite), *Anthemis biebersteiniana* (Silberkamille), *Anaphalis*-Arten (Silberimmortel-

le), niedere *Artemisia* (Beifuß), *Cerastium tomentosum* (Hornkraut), *Dianthus*-Arten (Steinnelke), *Draba* (Hungerblümchen), *Eriophyllum lanatum* (Goldaster), niedere *Gypsophila* (Schleierkraut), niedere *Hieracium* (Habichtskraut), *Helianthemum* (Sonnenröschen), *Hyssopus* (Ysop), *Inula ensifolia* 'Compacta' (Zwergalant), *Leontopodium* (Edelweiß), *Liatris* (Prachtscharte), *Linum*-Arten (Staudenlein), *Lotus* (Hornklee), *Lychnis flos-jovis* (Lichtnelke),) *Meum athamanticum* (Bärwurz), niedere *Nepeta* (Katzenminze), *Oenothera missouriensis* (Nachtkerze), *Origanum* (Heidegünsel), *Paronychia kapela* ssp. *serpyllifolia* (Mauermiere), niedere *Potentilla* (Fingerkraut), *Prunella* (Braunelle), *Pterocephalus* (Alpenskabiose), niedere *Salvia* (Salbei), *Santolina* (Heiligenblume), *Satureja* (Bergminze), krustige *Saxifraga* (Steinbrech), *Scutellaria* (Helmkraut), *Stachys* (Ziest), alle *Thymus* (Thymian), *Petrorhagia* = *Tunica* (Felsennelke), *Verbascum* (Königskerze) und *Veronica* (Ehrenpreis).

Hübsche Partnerpflanzen zu *Sedum* und *Sempervivum*, die auch gleiche Ansprüche haben, sind zwergige *Iris*-Arten. Voran die ganz niedere *Iris pumila* mit den Lokalformen aus Österreich, Tschechoslowakei, Jugoslavien, Rumänien, Bulgarien und Griechenland. Weiter *Iris melitta, Iris reichenbachii, Iris chamaeiris* und viele andere Varietäten und Lokalformen. Auch sie kommen in magersten Böden und Spalten noch gut fort. Auch eine Reihe von Gehölzen eignet sich für diese vollsonnigen Lagen. Besonders die niederen Strauchpotentilla. Die weißblühende *Potentilla fruticosa* var. *mandshuria* und die gelben, mehr flachwachsenden 'Arbuscula' 'Longacre', 'Hachmanns Giant' und 'Goldteppich'. Sie bleiben nicht gerade zwergig, was bei der Pflanzung berücksichtigt werden muß, aber es handelt sich um die am längsten blühenden Sträucher. Für etwas größere Anlagen eigenen sich auch die im Sommer blühenden *Caryopteris*- (Bartblume) und *Ceanothus*-Arten (Säckelblume). Hierher gehören die niederen Geißkleearten, *Cytisus decumbens, C.* × *kewensis*. Wer einen etwas höheren Strauch für den Hintergrund braucht, nimmt *Cytisus ratisbonensis*. Auch die Ginsterarten, *Genista pilosa, G. sylvestris* var. *pungens (G. dalmatica), G. sagittalis, G. hispanica. G, horrida* eignen sich gut. *Amorpha nana* (Bastardindigo), *Erinacea anthyllis* (Igelginster), *Lavandula* (Lavendel), *Perovskia* (Blauraute), bringen blaue und violette Töne. Bei den Nadelgehölzen eignen sich Zwergkiefern und Zwergwacholder. Besonders hingewiesen sei auf *Juniperus squamata* 'Blue Star'. Bei den Zwiebelgewächsen kann man außer den großblütigen Tulpen, Narzissen und Hyazinthensorten alle verwenden. Stilgerecht wirken besonders die vielen *Allium*-Arten.

Alle genannten Pflanzen sind ideale Partner für vollsonnige, trockene Steingartenlagen, die überwiegend mit *Sedum* und *Sempervivum* bepflanzt sind. Während des gesamten Vegetationsperiode ist höchstens während extrem langer Trockenperiode etwas Wassernachhilfe nötig. Diese Kombinationspflanzen ergeben Pflanzgemeinschaften von hohem, dekorativen Wert. Darüber hinaus eignen sich *Sedum*- und *Sempervivum*-Arten für alle Steingärten, also auch für solche mit *Aubrieta* (Blaukissen), *Phlox subulata* (Polsterphlox), *Iberis* (Schleifenblume) und den vielen anderen Steingartenpflanzen. Hier ist natürlich ein wesentlich höherer Pflegeaufwand nötig, da viele andere Pflanzen höhere, gesteigerte Ansprüche an den Boden und an Feuchtigkeit stellen.

Die absonnige Steingartenecke
Auch hier können Pflanzungen angelegt werden, bei denen sukkulente Pflanzen überwiegen. Es ist ein Eldorado für Lewisien (Bitterwurz), vereinzelt unterbrochen von *Chiastophyllum oppositifolium* (Walddickblatt,

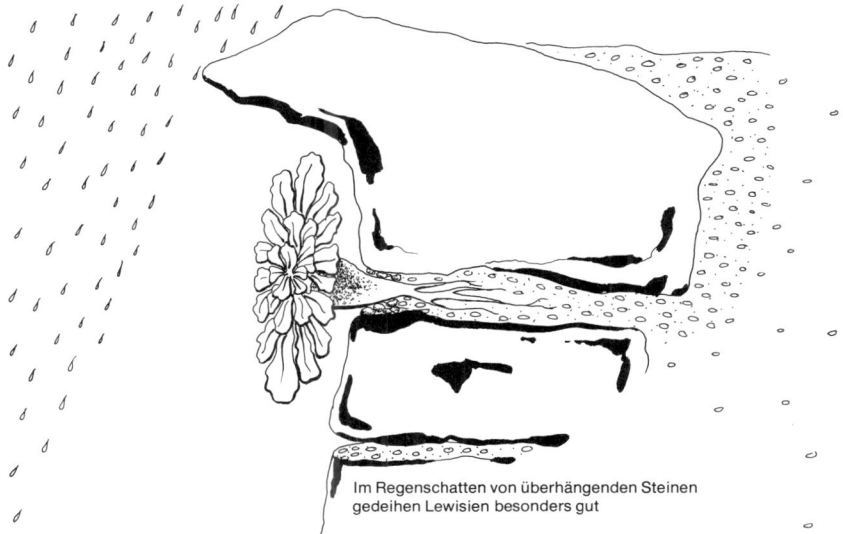

Im Regenschatten von überhängenden Steinen gedeihen Lewisien besonders gut

Goldtröpfchen). Beide sind ideale Pflanzen für Mauerfugen. Sie lieben besonders helle Plätze ohne volle Sonne, mit eher höherer Luftfeuchtigkeit als Bodenfeuchtigkeit. Gute Kombinationspflanzen sind die *Ramonda* (Ramondia) und *Haberlea*. Der Boden sollte hier möglichst neutral sein, da die

Lewisien mehr sauren Boden lieben, die *Ramonda* und *Haberlea* mehr
kalkhaltigen. Hier wachsen auch die kleinen Felsfarne in den Fugen gut, wie
Asplenium trichomanes und *A. viride.*

Der Sukkulentenwall

Nicht immer ist ein Hang oder eine Böschung für eine ideale Steingartenan-
lage vorhanden. In den meisten Fällen wird das vorhandene Gartengelände
flach wie ein Brett sein. Deshalb braucht auf eine dekorative Sukkulenten-
pflanzung nicht verzichtet werden, nur etwas Mut gehört dazu. Die Engländer sind uns in diesem Fall Vorbild mit ihren einfach auf den Rasen gesetz-
ten Trockenmauerwällen. für den Sukkulentenfreund ist eine solche Anlage ideal, sie braucht architektonisch durchaus nicht störend zu wirken.
Beste Plätze sind Südseiten vor Häusern, der Sukkulentenwall verläuft also
von Ost nach West. Die Breite beträgt am Fuß etwa 1,5–2m. Bei breiteren
Anlagen wird die Pflege schon wieder schwieriger in der Mitte. Die ideale
Höhe beträgt 80–120 m. Unbeschränkt ist die Länge der Anlage, sie richtet
sich nach der Breite des Grundstücks, es sind keine Grenzen gesetzt. Soll
der Wall an die Südseite eines Gebäudes kommen, ist es vorteilhaft, folgendes Schema einzuhalten. Neben dem Haus ist ein kleiner Pflanzstreifen mit
etwa 60–76 cm Breite, dann folgt ein Weg, der nicht zu schmal gewählt
werden sollte, um die nördliche Hälfte des Trockenmauerwalles bequem
pflegen zu können (Wegbreite etwa 60–75 cm). Der Weg stößt also direkt
an den Trockenmauerwall. Am Fuße der Südseite des Walles kommt erst
eine 30–40 cm breite Pflanzfläche, bevor der 60–75 cm breite südliche Weg
folgt. Anschließend befindet sich meist die Rasenfläche.

Natürlich kann das Thema variiert werden. Der Trockenmauerwall kann
in andere Richtung verlaufen. Die Oberfläche hat deshalb die gleiche Sonneneinstrahlung, aber bei den Seiten ändert sich die Belichtung. Sie sind
nicht mehr rein sonnig oder absonnig wie bei Ost-West-Richtung. Das muß
bei der Fugenbepflanzung berücksichtigt werden, hier ist auf die Ansprüche
der einzelnen Arten zu achten. Auch ist nicht unbedingt eine schnurgerade
Richtung einzuhalten, die Anlage kann sich z. B. auch rund um die Terrasse
schwingen.

Der Sukkulentenwall selbst zeigt keine großen Unterschiede zu einer
normalen Trockenmauer. Verwendet wir möglichst nicht zu dickes Schicht-
gestein, um viele bepflanzbare Fugen zu erhalten. Die Fugen werden mit
genügend Erde ausgefüllt. Die Mauer wird nach oben zu mit einer leichten

Neigung nach innen angelegt, um die Stabilität zu erhöhen und um den Fugenpflanzen genügend Regenwasser zuzuführen. Im Kern der Anlage wird zur guten Dränage möglichst grobes Material eingearbeitet. Wo kein Gesteinsmaterial vorhanden ist, kommt man mit einer Füllung des Kerns mit groben Styroporflocken preisgünstiger weg. Es genügt, hinter den Steinen und an der Oberfläche 20–25 cm Kulturerde zu haben. Wer die Bodenwärme noch steigern will, verwendet als Gestein schwarze Schieferplatten. Durch die geringe Reflektion des schwarzen Gesteins wird hier ein Optimum erreicht.

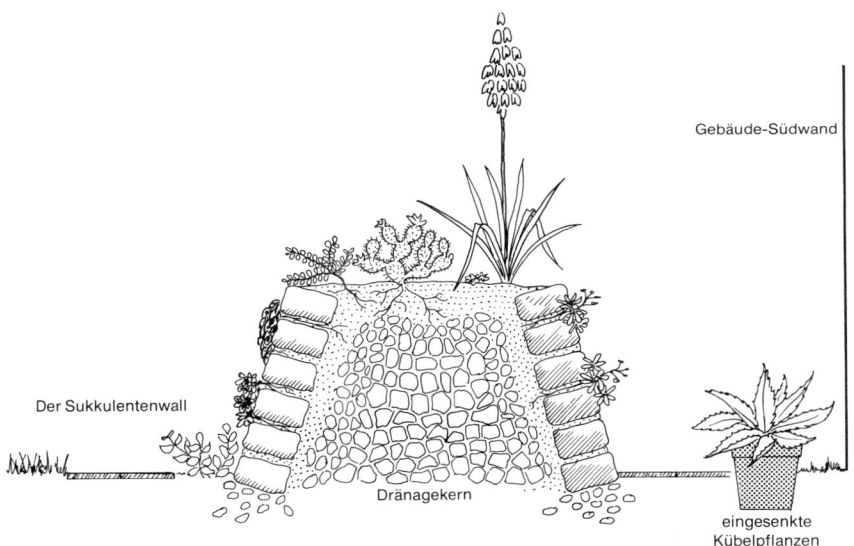

Gebäude-Südwand

Der Sukkulentenwall

Dränagekern

eingesenkte
Kübelpflanzen

Für die Pflanzung selbst bieten sich vielerlei Möglichkeiten. Der Sammler dieser Gattungen kann eine rein sukkulente Anlage gestalten. Wo die Anlage entsprechend dem angeführten Schema an der Südseite des Hauses durchgeführt wurde, kann in dem Streifen am Haus im Hause überwinterte Agaven, Phyllokakteen und große Säulenkakteen einsenken (einschließlich Topf), auch andere wärmeliebende Kübelpflanzen finden hier ihren sommerlichen Platz. Anschließend folgt die absonnige Seite des Sukkulentenwalls. Hier ist in den Fugen der Platz für viele Lewisien und *Chiastophyllum oppositifolium*. Auf die Wallkrone kommen Opuntien und andere harte Kakteen, *Sempervivum, Sedum*-Arten, *Delosperma* u. a. Auf einige Gräser und *Yucca* sollte nicht verzichtet werden, sie steigern den dekorativen Effekt ungemein. In die Fugen der Südseite kommen die besonders für diese Plätze geeigneten Arten und Sorten (siehe *Sempervivum*-Verwendungslisten). Auch viele *Sedum*-Arten gedeihen an diesen brandheißen Stellen sehr gut. In den schmalen Pflanzstreifen vor der Südseite des Walls können allerlei höhere *Sedum telephium-spectabile*-Hybriden gepflanzt werden, zusammen mit allerlei dekorativen *Allium*-Arten. Die Pflanzenpalette kann erweitert werden, so können alle im Abschnitt „Xerophytengarten" genannten Arten Verwendung finden, einschließlich Gehölze. Oder auch die Pflanzengesellschaft, wie sie im Abschnitt über sonnige Steingartenplätze genannt wurde. Wer sich nicht so spezialisiert, kann darüber hinaus alle Steingartenpflanzen verwenden, wenn es nur Arten sind, die solche Plätze lieben. Allerdings sollten dann die Kakteen möglichst weggelassen werden.

Verschiedentlich werden Trockenmauerwälle aus architektonischen Gründen verpönt. Wenn diese Mittel zum Zweck sind, sollte man nicht zögern. Ein Hundeliebhaber baut auch einen Zwinger in den Garten. Es wird niemand behaupten, daß ein Hundezwinger ein architektonisches Prunkstück ist.

Xerophytengarten

Während alle anderen Gartenteile und Pflanzplätze mit sukkulenten Pflanzen in der Hauptsache der optimalen Kultur dienen, unter Berücksichtigung dekorativer Gesichtspunkte, will ein Xerophytengarten ein Stück Landschaft darstellen, ein Stück trockensten Lebensraumes. Die Natur soll nicht im einzelnen kopiert werden; denn wenn die Pflanzen auch gleiche Ansprüche haben, sie kommen doch aus verschiedenen Ländern. Die Anlage bleibt deshalb bewußt ein Phantasiegebilde, aber der Besucher muß ein trockenes, wüstenartiges Gelände vor sich sehen, zu dem all die eigenartigen, charakteristischen Pflanzen passen.

Anlage und Pflege

Voraussetzung ist ein prallsonniger, heißer Platz. Der Boden sollte nicht viel Humus enthalten und möglichst sandig oder sandig-lehmig sein und besonders im Winter einen exzellenten Wasserabzug garantieren. Je stärker wasserhaltend die Erde ist, um so stärker muß die Dränageschicht unter der dünnen Kulturschicht sein, mit dem üblichen Material wie Gesteinsschutt, Bauschutt, Kies, Schlacke, Styromull u. ä. Die Dicke dieser Schicht richtet sich auch danach, ob es sich um eine Anlage auf flachem oder abschüssigem Gelände handelt. Steilere Hanglagen ergeben keinen typischen Xerophytengarten. Es sollte sich um ebene Flächen mit leichter Hügelmodellierung handeln. Sehr gut wirken einzelne Gruppen größerer Steine. Trockene, wüstenartige Plätze weisen nie einen dichten, geschlossenen Pflanzenwuchs auf, sondern es sind immer wieder Stellen vorhanden mit nackten Fels, Geröll oder Sandflächen. Ohne es im Xerophytengarten zu übertreiben, sollten auch hier einige unbewachsene Stellen vorhanden sein, weil das die dekorative Wirkung steigert. Einige wenige größere nackte Stellen wirken besser als zu viele kleine.

Die Pflege eines Xerophytengartens macht wenig Arbeit. Hauptsächlich muß das Unkraut entfernt werden. Während der Treibzeit wird bei den Opuntien einige Male gewässert und gedüngt, da je durch den leichten Mutterboden und die Dränageschicht die Nährstoffe schnell ausgewaschen werden. Der beste Winterschutz ist eine möglichst windgeschützte Lage. Die *Yucca* werden etwas zusammengebunden. Wer Kakteen der Gruppe Ia verwendet, braucht diese nicht zu decken. Mit lichtundurchlässigem Material gedeckte Opuntien werden blühfaul.

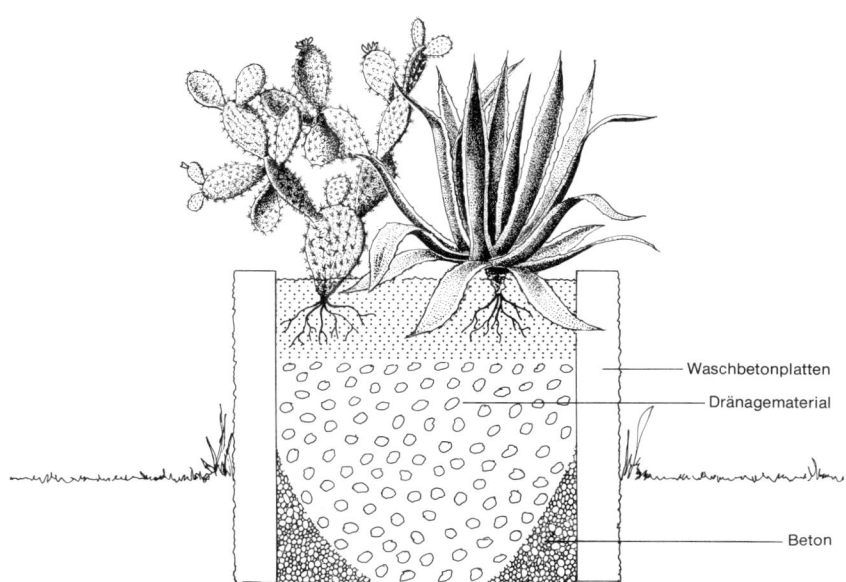

Erhöhter trogähnlicher Pflanzplatz durch einbetonierte Waschbeton- Terrassenplatten

Gehölze

Da es sich meist um etwas größere Flächen handelt als bei den anderen in diesem Buch geschilderten Plätzen für sukkulente Pflanzen, können hier im verstärktem Maße Gehölze mit typischen Wuchsformen verwendet werden. Sie bilden das Grundgerüst, sollten aber keinesfalls gehäuft autreten. Von Koniferen möchte ich in diesem Falle ganz abraten. Für den Hintergrund können einige *Hippophae rhamnoides* (Sanddorn) verwendet werden mit den schmalen, silbergrauen Blättern und den orangeroten Beeren, die fast den ganzen Winter halten. Die Pflanze ist zweihäusig, es muß zu einigen weiblichen Exemplaren auch ein männliches gepflanzt werden, sonst gibt es keinen Beerenschmuck. Eine weitere Hintergrundpflanze ist *Pyrus salicifolia* 'Pendula', die weidenblättrige Wildbirne mit ihren silberfilzigen, später graugrünen Blättern. Auch die sparrige *Tamarix ramosissima* (syn. *T. odessana*) gehört hierher (Tamariske). Mehr im Vordergrund ist der Platz für einige Halbsträucher-Gruppen, wie *Perovskia atriplicifolia* mit den silberfilzigen Trieben und den kleinen violetten Blüten. Natürlich müssen *Lavandula angustifolia* (Lavendel), *Artemisia abrotanum* (Eberraute) und *Senecio greyi* (Kreuzkraut) genannt werden. Eine typische Pflanze für Xerophytengärten ist *Caragana jubata,* der Mähnenerbsenstrauch. Ein unregelmäßig mit verdornten Blattspindeln besetzter Strauch. Es gibt noch weitere Arten, die aber wegen der Straffung des Sortiments in den Baumschulen sehr schwer erhältlich sind: *Caragana boisii*, 2 m hoch, gelb blühend; *Sheperdia argentea* (Büffelbeere), Vorsicht ebenfalls zweihäusig, silbrige Blätter, rote Früchte; und *Shepherdia canadensis*.

Stauden

Wichtiges Grundgerüst sind die Opuntien, die in größeren Gruppen gepflanzt werden. Ebenso alle *Sempervivum* und *Jovibarba*. Bei den *Sedum*-Arten werden alle hitzeverträglichen genommen, die ein nicht zu „frischgrünes Aussehen" haben. Natürlich auch *Rosularia, Umbilicus, Delosperma* und so weiter. Auch die genannten einjährigen Sukkulenten lassen sich gut einfügen. Wichtig sind die winterharten Agaven.

Gräser gehören in den Xerophytengarten, einzelne *Helictotrichon sempervirens* syn. *Avena sempervirens* (Blaustrahlhafer) und als Horste blausilberne *Festuca* (Schafschwingel) und braune *Carex buchananii* und *C. comans*. Direkt für solche Plätze geschaffen ist *Festuca punctoria* (Stachelschwingel) mit den steifen, nadelartigen Blättern. Hier gehört auch *Bouteloua gracilis* syn. *Bouteloua oligostachia* (Moskitogras). Dann die verschiedenen Distelarten, besonders die niederen *Carlina acaulis, C. acanthifolia* und *C. vulgaris*. Zwischen Steinen und Geröll wachsen *Acantholimon*-Arten (Igelnelke) gut, ähnlich auch die großen Kissen von *Astragalus angustifolius*, die sich an diesen Plätzen besonders wohl wohlfühlen. Heimische Pflanzen sind die *Thymus* und *Antennaria*-Arten (Thymian und Katzenpfötchen), die flache Teppiche bilden. Höhere Pflanzen sind *Asphodeline lutea, A. taurica* (Junkerlilien), *Morina longifolia* (Kardendistel) und die *Yucca*-Arten (Palmlilien). *Santolina chamaecyparissus* (Heiligenkraut), *Limonium incana* und *L. latifolia, Euphorbia myrsinites* (Walzenwolfsmilch), *Marrubium*-Arten (Mäuseohr), *Eryngium giganteum* (Edeldistel), niedere *Artemisia*-Arten (Wermut) sind weitere, gut verwendbare Pflanzen. Es folgen die silbrigen *Anaphalis* (Immortelle) und *Helichrysum* (Strohblume).

Die Blütenfarben spielen eine untergeordnete Rolle. Ausschlaggebend ist die Form und die verschiedenen, silbrigen, graugrünen, gräulichen und bläulichen Blatt-Tönungen. Diese feinen Nuancen kommen besonders auf dunkleren Steinen zur Geltung und zwischen rötlich gefärbten. Grundsatz sollte sein, flächig zu pflanzen, höhere Pflanzen dürfen sparsam verwendet werden. Mit dem genannten Material lassen sich sehr dekorative Pflanzungen gestalten.

Sukkulenten im Atriumgarten

Atriumgärten für sukkulente Pflanzen dürfen nicht zu klein sein, die umgebenden Hausmauern werfen sonst zu viel Schatten. Normalerweise verläuft zwischen den Wänden und der Pflanzfläche ringsherum ein reglmäßiger oder unregelmäßiger Weg, so daß bei größeren Innenhöfen der Hauptanteil des Schattens auf diesen fällt. Ist die Belichtung gut, gibt es kaum einen besseren Platz für die sukkulenten Pflanzen. In diesen Innenhöfen wird die Wärme richtig eingefangen, auch schon in den Frühlingsmonaten, die Lage ist außerdem windgeschützt. In den Wintermonaten strahlt zusätzlich von den zentralbeheizten Zimmerwänden Wärme nach innen ab, so daß bei den winterharten Kakteen hier alle genannten Arten verwendet werden können, auch die der Gruppe II. Es lassen sich hier Steingartenbeete mit Sukkulenten gestalten oder reine Xerophytengärten mit den in diesem Abschnitt jeweiligen genannten Pflanzengruppen. Diese idealen Plätz verlokken jedoch zu einem ganz anderen Thema, dem südlichen Garten. Hier herrscht in der Pflanzenverwendung größere Freiheit. Empfindliche Stauden und Kübelpflanzen können mit einbezogen werden. Es darf auch oft ein Blütenfeuerwerk abbrennen, wer aus dem Fenster in den Innenhof schaut, muß sich in einen Garten Siziliens oder Mexikos versetzt glauben.

Architektonische Möglichkeiten

Es kann der gesamte Innenhof mit Platten belegt werden, und alle Pflanzplätze befinden sich in Kübeln. Größere Behälter werden für die Pflanzen verwendet, die im Winter dort verbleiben, in kleineren Gefäßen befinden sich solche, die nur vom Frühling bis zum Herbst dort stehen. Dieser mobile Garten läßt auch öfter mal eine Umgruppierung zu, wenn die bei schwereren Gefäßen auch problematisch ist. Die südliche Gartenathmosphäre wird durch einen Springbrunnen noch gesteigert.

Eine andere Möglichkeit ist, die gesamte Fläche außer dem an den Wänden entlang laufenden Weg, zu bepflanzen. In der Pflanzfläche befinden sich nur einige Tretsteine. Ist die Atriumfläche groß genug, läßt sich auch ein etwas exotisch anmutendes Gehölz einfügen, wie etwa *Aralia elata, Tamarix ramosissima* (syn. *T. odessana*), *Styrax japonica* oder ähnliche. *Hibiscus syriacus*-Hybriden ersetzen *Hibiscus rosa-sinensis* südlicher Gärten. Auch einige Klimmer, wie *Wisteria floribunda*, können gepflanzt werden. Sparsam werden dekorative Accessoires verwendet, eine dekorative Steinbank, gegenständige und gegenstandslose Plastiken, Ton- und Steinkrüge und kleine, künstlerische Brunnen. Atriumhöfe sind der einzige Pflanzplatz, an dem dekorative Wassergestaltung mit Kakteenverwendung nicht störend wirkt.

In den meisten Fällen wird eine unregelmäßige, kombinierte Verwendung von Platten- und Pflanzflächen vorgezogen, der kleine Innenhof wirkt dadurch optisch größer. Bei der Wahl der Bodenplatten braucht durchaus nicht dezent vorgegangen zu werden, gut kommt rötlicher Sandstein zur Geltung, wärmespeichernd und attraktiv wirken unregelmäßige, schwarze Schieferplatten. An exponierter Stelle kann eine handwerklich gut gestaltete Sonnenuhr das Gesamtbild steigern.

Sukkulenten und Begleitpflanzen im Atriumgarten

Hier ist das Reich der Opuntien, sie bilden das Schwergewicht. Es werden besonders die wüchsigen Sorten verwendet, wobei zu beachten ist, daß nicht die gelbblühenden Arten und Sorten überwiegen. Deshalb genügend solche mit rötlichen Blütenfarben pflanzen, besonders *Opuntia rhodantha* und Formen. Es können einzelne größere und kleinere Gruppen gepflanzt

werden, oder man läßt in größeren Flächen alle Opuntien durcheinander-
wachsen, was während der Blütezeit einen guten Effekt ergibt. Natürlich
lassen sich auch andere harte Kakteen wie *Echinocereus*-Arten und ähnliche harte Arten verwenden. Einzelpflanzen wirken aber nicht, leider steigern sich aber bei größeren Mengen die Beschaffungsschwierigkeiten. Bei
den *Sempervivum* eignen sich besonders die großrosettigen Arten mit ihren
bunten Farben. Pflanzen für die Flächen sind die Arten, die in der Verwendungsliste dafür genannt sind. Hier ist der Platz für harte Agaven. Weitere
Pflanzen für größere Flächen sind die *Festuca*-Sorten, besonders die blaugrünen und silberblauen. Die *Yucca* sind auch hier der I-Punkt in der dekorativen Gestaltung. Auch wirkt hier das Pampasgras (*Cortaderia selloana*)
nicht deplaziert. *Pennisetum* 'Hameln', das Lampenputzergras, wird sparsam verwendet. Horste mit *Kniphofia* (Fackellilie) bringen Farben in die
Pflanzung. Dekorativ ist *Kniphofia rufa*. Bei den neuen Hybriden geht die
Blütenfarbe von Rot über Orange, Rosa, Chromgelb bis Grünlich. Bei den
einjährigen Sukkulenten wirken Portulakröschen und Mittagsblümchen in
flächiger Pflanzung gut. An warmen Sommertagen setzen sie die Betrachter
an solchen Plältzen immer wieder in Erstaunen. Von den zu verwendenden
Gruppenpflanzen sei *Echeveria* genannt, die bunten *Gazania*-Hybriden
und *Verbena peruvianum*. Hier ist der Pflanzplatz von Zwiebelpflanzen, deren Winterhärte an der Grenze liegt, wie die *Crinum* × *powellii*-Hybriden
(Hakenlilien), *Eucomis bicolor* und *E. punctata* (Schopflilie), *Crocosmia* ×
crocosmiiflora (Montbretie), *Amaryllis belladonna* (Belladonnalilie), *Ze-
phyranthes*-Arten (Zephirblume), *Galtonia candicans* (Sommerhyazin-
then) und andere.
   In dem Atriumgarten lassen sich auch viele Kübelpflanzen neben den
Opuntiengruppen verwenden (eingesenkt oder nicht eingesenkt), die frostfrei überwintert werden müssen. Besonders natürliche Sukkulenten wie
Agaven, große Säulen- und Kugelkakteen neben *Yucca gloriosa* (Hochstamm-Yucca), *Phormium tenax* (Neuseeländer Flachs). Blaue und weiße
Agapanthus (Afrikalilie) blühen lange, die neuen Headbourne-Hybriden
sind härter und können ausgepflanzt werden. *Cassia corymbosa*, die Ge-
würzrinde, bringt gelbe Blütenfarbtöne. Hart an diesen Plätzen ist *Cassia
marilandica*. Wer eine Duftorgie wünscht, benötigt einen Kübel mit *Datura
suaveolens* (Engelstrompete). Gut paßt hierher *Erythrina crista-galli*, der
rotblühende Korallenstrauch. *Ficus carica*, der Feigenbaum, schmückt
durch die ornamentalen Blätter, hier kann auch versucht werden, die
Pflanze ausgepflanzt im Freien zu überwintern. Überall bekannt ist der

Oleander mit roten, rosa und weißen Blüten und *Plumbago auriculata*, die Bleiwurz mit blauen Blüten. *Punica granatum*, der Granatapfelbaum, *Abutilon*, die Schönmalve, und *Cordyline australis* sind weitere, interessante Kübelpflanzen. Mit den genannten Pflanzenmaterial und den Opuntien lassen sich zauberhafte „südliche Gärten" gestalten.

Dachgärten und Sukkulenten

Die deutsche Bezeichnung „Dachwurz" für *Sempervivum* und deren Pflanzung auf Strohdächern weist darauf hin, daß diese widerstandsfähigen Pflanzen an solchen extremen Standorten gedeihen. Was liegt näher, als sie und andere Sukkulenten auch für Dachgärten zu verwenden. Es gibt ganz ausgefeilte Techniken, um auf Gebäuden mit flachen Dächern Gärten anlegen zu können. Der Vorteil unserer harten sukkulenten Pflanzen und einiger Begleitpflanzen liegt darin, Dachgärten ohne viel technischen Aufwand gestalten zu können. Die Vereinfachung ist der Widerstandsfähigkeit dieser Pflanzen zu danken. Besucher des Staudensichtungsgartens in Weihenstephan bei Freising wird die Pflanzung von *Sempervivum, Sedum* und Gräsern auf dem flachen Betondach des Institutsgebäudes in Erinnerung bleiben. Die Pflanzen stehen in einer dünnen Erdschicht umgeben von Lattenrosten, hier nicht aus gestalterischen Zwecken, sondern zur Sichtung und Prüfung auf ihre Widerstandsfähigkeit.

Vorbereitung des Pflanzplatzes

Selbstverständlich können harte Sukkulenten auch in Dachgärten, die mit allen technischen Möglichkeiten (künstliche Be- und Entwässerung) und die mit einer tieferen Erdschicht ausgestattet sind, verwendet werden. Diese architektonischen Konstruktionen sollen hier außer acht gelassen werden. Voraussetzung für die Anlage, auch einfachster Bauart, ist eine entsprechende Belastbarkeit der Tragdecke. Bei Neubauten können hier die Wünsche des Bauherrns von vornherein berücksichtigt werden. Bei älteren Bauten ist der Statiker zu Rate zu ziehen, auch bei der Bepflanzung mit Sukkulenten, bei der nur eine geringe Erdauflage nötig ist. Wichtig ist weiter eine 100 %ige Isolierung gegen Feuchtigkeit, damit die darunterliegenden Räume nicht gefährdet werden. Dies ist Sache des Fachmanns. „Do it yourself" ist hier fehl am Platze.

Wenn die Anforderung hinsichtlich Belastbarkeit und Isolierung voll erfüllt sind, steht der Anlage eines Sukkulenten-Dachgartens nichts mehr im

Wege. *Sempervivum*, verschiedene *Sedum*-Arten und einige Opuntien benötigen in vielen Gegenden überhaupt keine zusätzliche Bewässerung. Wo
trockene, heiße Frühsommer die Regel sind, sollte ein Wasserleitungsan-
schluß vorhanden sein, damit man die Opuntien besprühen und so einen guten Zuwachs erzielen kann. Zur Entwässerung ist es vorteilhaft, wenn die
ganze zu bepflanzende Fläche ein Gefälle von ca. 1 % aufweist und wenn an
der tiefsten Stelle ein Abfluß angebracht ist.

Obwohl normalerweise keine zusätzliche Bewässerung erfolgt, muß eine
Dränageschicht aufgebracht werden, da besonders bei Opuntien und eini-
gen *Sempervivum*-Arten bei längerer Winternässe Fäulnisbildung auftritt.
Aber auch bei sommerlichen Gewitterregen mit großen Wassermengen
garantiert eine Dränageschicht einen schnellen Wasserabzug, ohne daß die
Kulturerde weggeschwemmt wird. Die Schichtstärke braucht bei dieser Art
Pflanzung nur etwa 5 cm betragen. Zur Dränage eignen sich die bekannten
Materialien wie Kies, Schlacke, Blähton oder grobe Styromullflocken. Die
Styromullflocken sind besonders leicht, aber beim Aufbringen darf kein
Lüftchen wehen, sonst ist die ganze Umgebung „überzuckert". Besser ist es
dann, Dränplatten aus bitumengebundenen Styropor zu verwenden. Damit
die Kulturerde nicht in die Dränageschicht abgeschwemmt wird und diese
verstopft, muß eine Filtermatte darauf gedeckt werden (Lutraflor-Spinn-
vlies oder Terra-Tel-Matten u. a.). Anschließend wird der Kulturboden
aufgebracht. Zwischen 10 und 20 cm sollte diese Schicht betragen. Im Gegensatz zu Erdmischungen für Sukkulenten im Garten sollte sie wasserhal-
tiger sein und einen Teil Lehm, Torf und Hygromull enthalten. Auch ist es
vorteilhaft, wenn dieses Gemisch nicht zu mager, sondern etwas nahrhafter
ist.

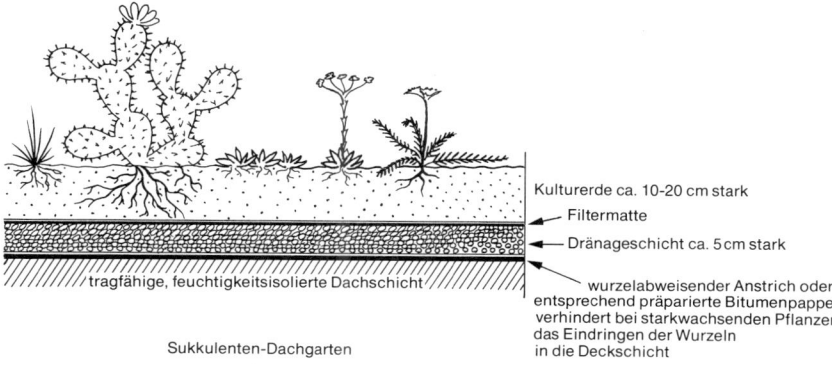

Kulturerde ca. 10-20 cm stark
Filtermatte
Dränageschicht ca. 5 cm stark
tragfähige, feuchtigkeitsisolierte Dachschicht
wurzelabweisender Anstrich oder
entsprechend präparierte Bitumenpappe
verhindert bei starkwachsenden Pflanzen
das Eindringen der Wurzeln
in die Deckschicht

Sukkulenten-Dachgarten

Mobile Pflanzkübel und dekorative Elemente

Wo es nicht möglich ist, frei auszupflanzen, können auch Kübel, Tröge, Schalen und ähnliche Behälter einen Dachgarten gestalten. Voraussetzung ist, daß sie kein zu hohes Eigengewicht aufweisen. Bewährt hat sich hier widerstandsfähiges Asbestzementmaterial (Eternit, Fulgurit). Neuerdings gibt es auch sehr leichte Behälter aus Polyurethan-Schaum. In den Kübeln muß eine exzellente Dränage vorhanden sein mit Wasserabzugsloch. Selbstverständlich kann sich flächige Grundbepflanzung mit Pflanzungen in Kübeln und Schalen abwechseln.

Da bei dieser Art von Dachbepflanzung, bei der nur eine geringe Erdschicht vorhanden ist, keine höheren Gehölze verwendet werden können, müssen zur Auflockerung der horizontalen Pflanzfläche andere dekorative Elemente Verwendung finden, wie Krüge, große Vasen, irdene Schalen, Amphoren und ähnliches. Schöne größere Steine und Kiesel wirken sehr dekorativ. Bei großen Exemplaren muß die Tragfähigkeit berücksichtigt werden. Bizarre, von Wind und Wetter gebleichte Wurzeln, aber auch dunkle Moorwurzeln können als gestalterisches Element verwendet werden.

Die Pflanzen

Man muß sich im klaren sein, daß nur Pflanzen verwendet werden können, die diesem extremen Standort die entsprechende Widerstandsfähigkeit entgegensetzen können. Wenn überhaupt, so ist diese Pflanzung nur von wenigen Seiten windgeschützt. Während Frostperioden ist sie extremen Bedingungen ausgesetzt, und die Sonne brennt bei größerer Hitze unbarmherzig herab. Ein großer Teil der *Sedum*-Arten hält diese Anforderungen aus. Allen voran die Varietäten und Formen von *Sedum album*, die an diesen exponierten Plätzen eine noch tiefere Rotfärbung annehmen als im normalen Garten. So besonders die Sorten 'Murale' und 'Coral Carpet'. *Sedum acre* kann gepflanzt werden, wo die Ausdehnung dieses Wucherers

Eine der deutschen Bezeichnungen für Sempervivum lautet Dachwurz. Wie in vergangener Zeit auf Strohdächern bieten sich heute auf Flachdächern gute Pflanzplätze. Das Bild oben zeigt eine Sempervivum-Pflanzung auf einem Garagendach. Auch für eigentliche Dachgärten eignen sich Sempervivum, Sedum und Opuntien gut. Unten links: Die mittelgroße Sempervivum-Hybride 'Rubin', besonders im Mai schön leuchtend rot. Unten rechts: 'Othello', eine riesenwüchsige Hybride in der Anzucht.

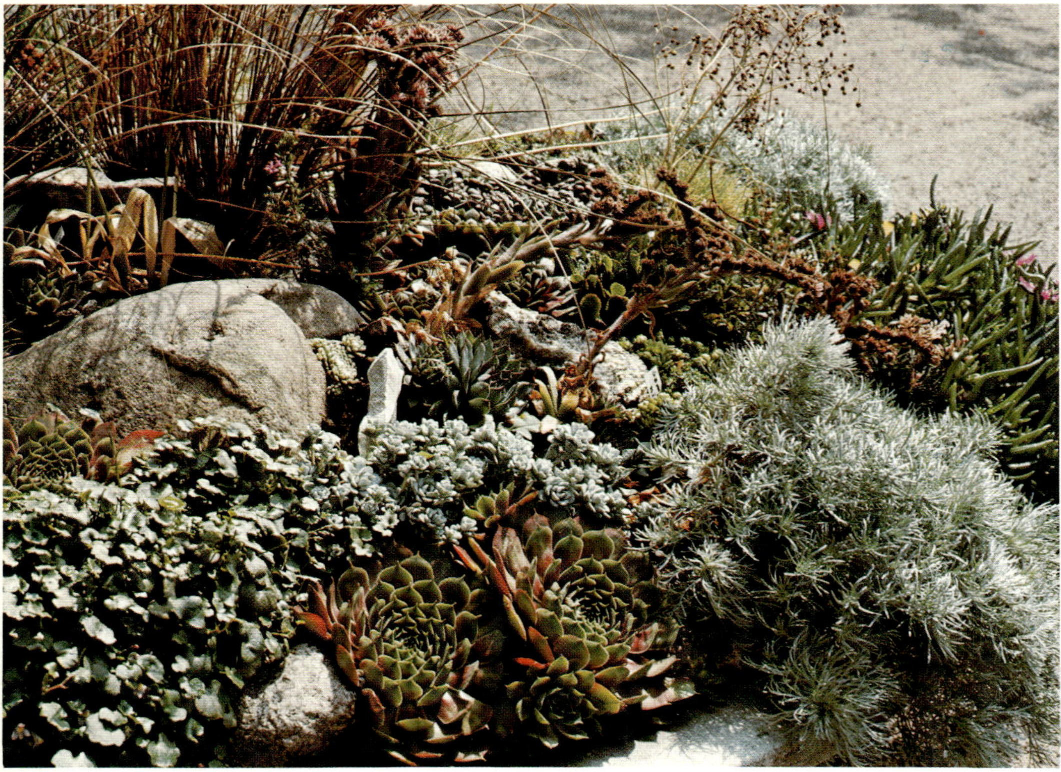

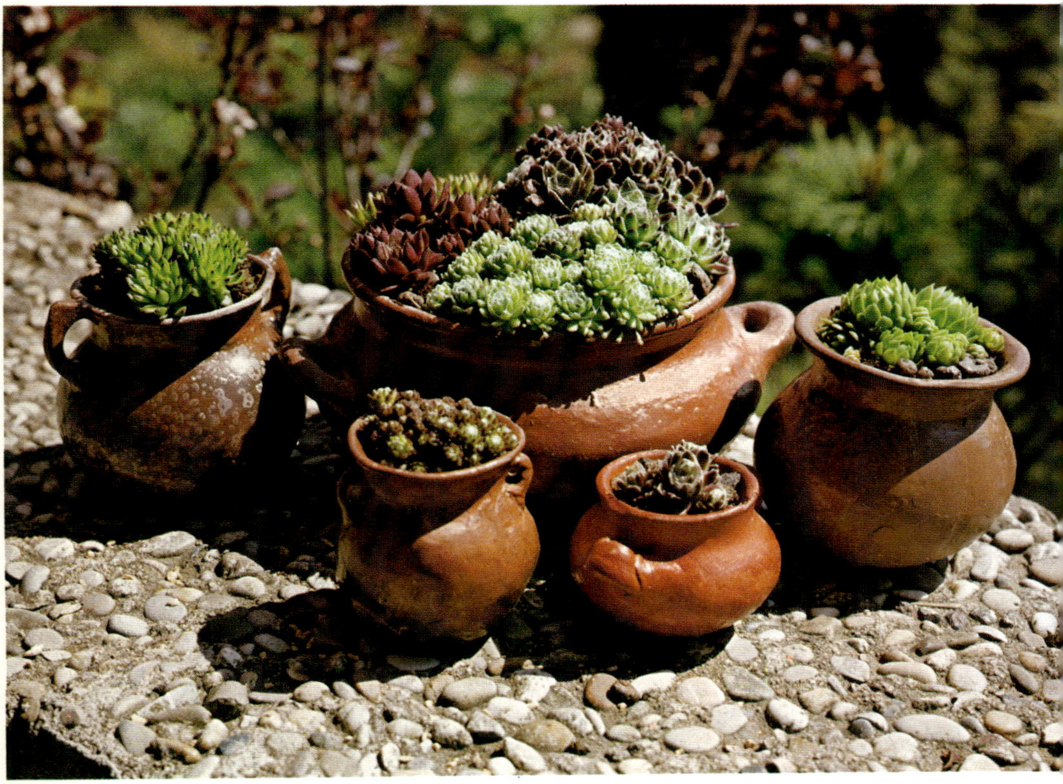

nicht schadet, eine gelbblühende Blütenfläche ist garantiert. Besser ist das ähnliche aber gebändigte *Sedum sexangulare* zu pflanzen. Weiter sind gute Flächenpflanzen *Sedum floriferum* 'Weihenstephaner Gold', *S. hybridum* 'Immergrünchen', *S. forsteranum* ssp. *elegans* (syn. *S. rupestre* 'Elegans'), *S. kamschaticum* var. *middendorfianum.* bei *Sempervivum* und *Jovibarba* können ziemlich alle Arten und Sorten gepflanzt werden, nur *Sempervivum atlanticum* wird Schwierigkeiten machen, da die Härte nicht immer gegeben ist. Von den Kakteen sollten nur die in der Gruppe Ia aufgeführten Arten genommen werden. Bei den anderen Sukkulenten wie *Delosperma*, harte Agaven usw. ist es immer ein Risiko an solchen extremen Plätzen.

Großzügig sollten die einjährigen Sukkulenten wie Portulakröschen und Mittagsblümchen verwendet werden, sie bringen genügend bunte Farben in die Pflanzung. Hier ist auch ein Eldorado für sonnenliebende, niedere Gräser, wie größere Horste von *Festuca glauca*, besonders von *Festuca valesiaca* 'Glaucantha'. Einzeln oder in kleinen Gruppen wird die fuchsrote Neuseelandsegge, *Carex buchananii*, und die fahlbraune *Carex comans* verwendet. Weitere Gräser sind *Koeleria glauca* 'Gracilis', *Festuca glauca*, *F. punctoria*, *F. amethystina*. Auch das nicht sehr ausdauernde, aber sich leicht versamende *Corynephorus canescens* mit den sehr feinen Grasteppichen gehört hierher. Von den einjährigen Gräsern bietet sich das Hasenschwanzgras an (*Lagurus ovatus*). Von den etwas höheren Gräsern ist *Helictotrichon sempervirens* (syn. *Avena sempervirens*) schön. Dekorativ wirken einige niedere Disteln (*Carlina acaulis*, *C. acanthifolia*, *C. vulgaris*). Silberne Teppiche bilden die *Antenaria* (Katzenpfötchen) und verschiedene *Achillea* (Schafgarben). *Euphorbia myrsinites* (Walzenwolfsmilch) wird dazwischen sparsam verwendet. Ebenso einzelne *Liatris spicata* (Prachtscharte). Hier ist *Stachys lavandulifolia* mit den wolligen Teppichen am Platze und *Stachys olympica* (syn. *S. lanata*), silberfarben. Einzelne *Oenothera missouriensis* (Missouri-Nachtkerze) mit den großen schwefelgelben Blüten können verwendet werden.

Oben: Natürliche Pflanzung mit Sempervivum-Hybriden, Artemisia (Polsterwermut), Sedum spathulifolium 'Cape Blanco' (Silberspatel-Sedum), Delosperma cooperi (ausdauerndes Mittagsblümchen), Ziergräsern und weiteren Pflanzen, dazwischen schöne Steine. Unten: Südamerikanische, indianische Töpferware mit verschiedenen Sempervivum bepflanzt (Wasserabzugsloch nicht vergessen!). Natürlich sucht man dazu Arten und Sorten aus, die relativ klein bleiben und kompakte Polster bilden.

Von den Zwiebelgewächsen werden einzelne *Allium christophii* gesetzt, in Gruppen *Allium karataviense* und *Allium oreophilum*. Bei diesen Zierlaucharten gibt es noch eine Vielzahl, alle sonnen- und trockenheitsliebenden passen hierher, sofern sie nicht zu hoch werden und mit dem Wind in dieser luftigen Höhe kämpfen müssen. Durch die geringe Stärke der Erdauflage können nur wenige Gehölze genommen werden. *Cytisus decumbens* bildet gelbe Teppiche und *Genista dalmatica* kleine Polster. Alle außer den Sukkulenten und den Gräsern sparsam verwenden.

Höhere Sedum und Staudenpflanzungen

Alle harten, sukkulenten Pflanzen sind Wildstauden, auch die Züchtungen haben diesen Charakter nicht verloren. Lediglich bei *Sedum spectabile* und *S. spectabile-telephium*-Hybriden haben wir Berührungspunkte mit den Prachtstauden. Die können sowohl in Rabatten als auch in naturnahen Pflanzungen Verwendung finden.

Prachtstaudenpartner

Die halbhohen, ebenmäßigen, halbkugeligen Stauden, die erst ihre Blütezeit im Spätsommer und Herbst haben, wurden in vergangenen Zeiten als Vordergrundpflanzen für Staudenrabatten empfohlen. Die Zeit der großen, regelmäßigen Anlagen ist wohl vorüber, und auch die Prachtstauden finden eine freiere Anwendung. Die Funktion der höheren *Sedum*-Arten und -züchtungen als Vordergrundpflanze ist deshalb geblieben. Erstens wegen ihrer Höhe von maximal 50 cm und zweitens wegen der späten Blütenzeit. Da Stauden bis zum Blühen immer sauber und dekorativ aussehen, kommt den herbstblühenden Arten wegen des langen Zeitraums bis zur Blüte besondere Bedeutung zu. Teilweise sollen sie auch zurückgeschnittene und unschöne Stauden, die schon längst verblüht sind, verdecken. *Sedum spectabile* und Hybriden fühlen sich in solchen Pflanzungen deshalb auch besonders wohl, weil ihnen ein etwas nahrhafterer Boden gut zusagt, im Gegensatz zu den niederen *Sedum*, die leicht vergeilen bei zu viel Dünger. Voraussetzung ist volle Sonne und nicht zu viel Feuchtigkeit. Wo verminderte Sonneneinstrahlung, kräftiger Dünger und viel Feuchtigkeit zusammentreffen, fallen die halbkugeligen Stauden bald auseinander.

Es ist gleich, welche anderen Prachtstauden im Hintergrund von solchen Staudengruppen verwendet werden, natürlich müssen farbliche Benachbarung, Blütezeit, Höhe usw. beachtet werden. Hübsch sind aber auch halbhohe Gruppen, die gleichzeitig blühen. Neben den hohen *Sedum*-Arten bieten sich *Aster amellus* (Bergaster), *Aster dumosus* (Zwergaster), *Rudbeckia fulgida* var. *sullivantii* 'Goldsturm' (Rudbeckie), *Solidago* × 'Strahlenkrone' und *Solidago* × 'Goldenmosa' (Edel-Goldruten) an. Dazwischen können auch einige höhere *Echinacea purpurea* (syn. *Rudbeckia purpurea*) stehen. Da Gräser, besonders die hohen Arten, im Spätsommer-Herbst ihren Höhepunkt haben, sollten sie ebenfalls sparsam Verwendung finden, *wie Pennisetum alopecuroides* (syn. *P. compressum*) 'Hameln' (Lampenputzergras), *Calamagrostis* × *acutiflora* 'Karl Foerster' (Gartensandrohr), *Panicum virgatum* 'Rehbraun' und 'Rotstrahlbusch' (Staudenhirse), *Molina arundinacea* in neuen Sorten (Riesenpfeifengras).

Wildstaudenpartner

Die höheren *Sedum*-Arten wirken besonders dekorativ, wenn sie einzeln in Flächen von niederen Sukkulenten stehen. Ihre Verwendung in freier Pflanzung ist sehr umfangreich. Sie stehen in größeren Steingärten, im Atriumgarten, auf Dachgärten, an Sukkulentenwällen. Sie eignen sich aber auch zur Pflanzung mit Wildstauden ohne Verwendung von anderen sukkulenten Pflanzen, wenn nur die Partner ebenfalls warme, sonnige Plätze lieben. So sind schöne Partner halbhohe *Achillea* (Schafgarbe), violettblaue *Salvia* (Salbei), *Phlomis samia* (Samos-Phlomis), *Liatris spicata* (Prachtscharte), *Chrysanthemum arcticum* (Arktis-Margerite), *Oenothera glauca*-Sorten (Nachtkerzen), dazu höhere Edeldisteln. Auch in der naturnahen Pflanzung dürfen die Gräser nicht fehlen, hier natürlich die niederen und halbhohen. Im Staudensichtungsgarten Weihenstephan war eine hübsche Kombination zu sehen mit überwiegend *Sedum spectabile*-Sorten, *Sedum spectabile* × *S. telephium*-Hybriden, *Festuca glauca*-Sorten und niederen Blaufichten. Bei den Gräsern muß noch auf *Helictotrichon sempervirens* (Blaustrahlhafer) hingewiesen werden.

Balkongärtnerei und Sukkulenten

Winterharte, sukkulente Pflanzen ermöglichen es auch vielen Nicht-Gartenbesitzern Freude an diesen Pflanzen zu haben. Der Ort ihres Hobbys ist der Balkon. Fast alle *Sempervivum*-Arten und -Sorten, viele kleine *Sedum*-Arten und einige harte, kleingliederige, langsam wüchsige Opuntien sind dafür geeignet. Sie halten an diesen extremen Plätzen besser aus als jede andere Pflanze.

Vor- und Nachteile

Wer sich mit der Pflege dieser Pflanzen im Balkon- und Fensterkasten beschäftigt, hat viele Vorteile und nur den Nachteil, daß von dieser Art Bepflanzung keine Fernwirkung ausgeht, der Passant auf der Straße bemerkt nichts von dem vielfältigen Formen- und Farbenspiel. Die Vorzüge dagegen sind:

1. Es braucht gar nicht oder wenig gegossen werden, die natürlichen Niederschläge reichen aus.
2. Bei der richtigen Auswahl der Arten und Sorten wird kein Winterschutz benötigt.
3. Die Pflanzen sind eine einmalige Anschaffung und können viele Jahre im Kasten verbleiben.
4. Im Gegensatz zu vielen anderen Pflanzen ist diese Art von Bepflanzung auch im Winter schmückend, wenn auch das Farbenspiel gedämpfter als im Frühling und Sommer ist.
5. Auf kleinsten Raum lassen sich viele Pflanzen, ja ganze Sammlungen unterbringen.
6. Es gibt keine Urlaubsprobleme, die Pflanzen können sich selbst überlassen bleiben.

Kastenmaterial

Grundsätzlich ist jede Art von Kastenmaterial geeignet, doch zeigen sich gewisse Vor- und Nachteile. Holzkästen haben den Vorteil des dekorativen Aussehens und der schlechten Temperaturleitfähigkeit, die eine Rolle spielt besonders bei voller Sonnenanstrahlung. Negativ ist die meist geringe Lebensdauer. Nicht besonders gut sind Metallkästen aus verzinktem oder PVC-ummantelten Blech. Hier ist besonders beim erstgenannten die Wärmeleitfähigkeit zu stark. Wer solche Kästen verwendet, sollte auf alle Fälle vor dem Einfüllen der Erde an die Wandung etwa 10 mm starke Styroporplatten geben. Weitverbreitet sind Kunststoffkästen, dabei sollte darauf geachtet werden, daß die Wandstärke ausreichend ist. Im Handel sind solche aus schlagfesten Polystyrol aus Hart-PVC und aus GFK (glasfaserverstärktem Kunststoff). Die letztgenannten sind teurer, doch wesentlich haltbarer. Bewährt haben sich Kästen aus Asbestzement. In vielen modernen Bauten, besonders bei Terrassenhäusern und ähnlichen architektonischen Gestaltungen sind an den Betonbrüstungen aus Eisenbeton gleich solche Kästen aus dem gleichen Material eingebaut. Sie haben außer dem Vorteil der Unverwüstlichkeit den, daß die Kästen meist wesentlich breiter sind, also größere Pflanzflächen bieten. Egal aus welchem Material, genügend große, nicht verstopfende Wasserabzugslöcher müssen vorhanden sein. Die Kästen selbst können wesentlich flacher sein als solche, die mit Pelargonien und Petunien bepflanzt werden.

Pflanzung und Pflanzen

Wie überall bei den sukkulenten Pflanzen muß auf gute Dränage geachtet werden, die mit den mehrmals angegebenen Materialien erreicht wird. Natürlich sind leichte Substrate wie Styroporflocken für Balkon- und Fensterkästen besonders geeignet. Die Erdschicht kann ziemlich schwach sein, 7–10 cm genügen vollkommen. Wer im Herbst pflanzt, sollte nur solche Pflanzen nehmen, die einen Topfballen haben, Einzelrosetten werden sonst leicht hochgefroren und fallen herunter. Grundsätzlich sollte aber Frühlingspflanzung vorgezogen werden.

Wie eingangs erwähnt, eignen sich fast alle *Sempervivum* außer einige spanische und auf dem Balkan wachsende Arten, die gegen Winternässe empfindlich sind (siehe *Sempervivum*-Arten). Natürlich wird man bei sehr schmalen Kästen auf die schnellwachsenden, großrosettigen *Sempervivum* verzichten und kleinrosettige, langsamwachsende nehmen. Hier ist auch der Platz, um sich eine Sammlung von Spinnwebhauswurz anzulegen. Es gibt so viele Varietäten, Naturformen, Hybriden und Züchtungen, die silbrig übersponnen sind. Gerade dicht an dicht und immer vor Augen zeigen sich oft erst die sonst nicht auffälligen Unterscheidungsmerkmale. Zur Auflockerung können einige, niedere Gräser dazwischen gepflanzt werden, besonders der Zwergblauschwingel, *Festuca valesiaca* 'Glaucantha', eignet sich dazu.

Bei den *Sedum* kommen alle zwergigen Arten in Frage (siehe Verwendungsliste). Auch wenige Opuntien, die völlig hart und kleingliederig sind, können verwendet werden. Bei breiteren, fest eingebauten Betontrögen können auch andere hitze- und kälteresistente, kleine Pflanzen dazu genommen werden, die bei den Trogbepflanzungen genannt sind. Man muß sich jedoch im klaren sein, daß dadurch auch der Pflegeaufwand beträchtlich wächst.

Der Sammler kommt ohne Etikettierung auch im Fensterkasten nicht aus. Kurze, kräftige Kunststoffetiketten eignen sich am besten. Sie werden fast völlig in die Erde versenkt. Ein Balkonkasten sollte kein botanischer Garten sein, sondern ein dekoratives Element mit vielen Pflanzenjuwelen.

Bepflanzte Steine

Zum Bepflanzen von größeren Steinen gibt es wohl kaum idealere Pflanzen als verschiedene, dichtpolsterige Hauswurzarten und -sorten. Kombiniert mit einer Reihe von kleinen *Sedum* und anderen Hungerkünstlern, lassen sich dekorative Gartenelemente schaffen.

Die Steine

Obwohl praktisch jeder Stein bepflanzt werden kann, wenn auch manche Art nur mit Mühe, wird man normalerweise solche vorziehen, die von Natur aus schon entsprechende Löcher und Vertiefungen aufweisen. Das sind besonders die an Hängen im Jura und im Voralpenland auftretenden Kalk- und Konglomeratsteine. Ideal zum Bepflanzen sind die leichten, porösen Tuffsteine, die oft geschmäht wurden. Hier genügen oft auch schon kleine Vertiefungen als Pflanzplatz.

Andererseits können durch Bohrung leicht Pflanzlöcher geschaffen werden. Dabei kommt in die elektrische Bohrmaschine ein Steinbohrer. Die Bohrungen werden dicht an dicht gesetzt, einen Kreis oder ein Oval bildend. Mit Hammer und Meißel kann der Kern dann leicht herausgeschlagen werden. Vorsichtshalber wird der Stein dabei auf Sand gesetzt, die Gefahr, daß der Stein dabei springt, wird dadurch verringert.

Je größer derartige gepflanzte Solitärsteine sind, um so wirkungsvoller kommen sie zur Geltung. Außer den Tuffsteinen haben alle anderen Natursteine ein ziemliches Gewicht, deshalb sind der Größe Grenzen gesetzt.

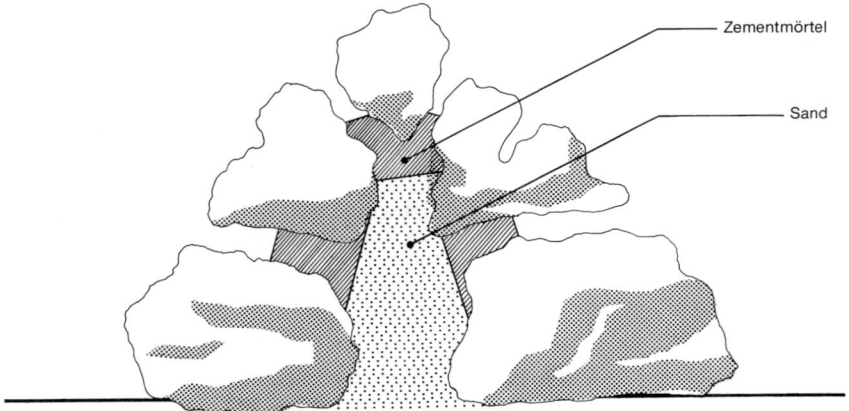

Zementmörtel

Sand

Zusammenfügen kleinerer Steine zu einem bepflanzbaren Solitärstein

Man kann sich dadurch behelfen, daß man kleinere Steine zu einem großen Solitärstein zusammenfügt, mittels Zementmörtel. Dazu gehört etwas Fingerspitzengefühl, damit die Endform natürlich und ansprechend aussieht. Von der Mörtelschicht soll nichts zu sehen sein! Größere Steine lassen sich nicht auf einmal fertigen, man wartet bis der Mörtel erhärtet ist, bevor weitere, kleine Steine hinzugefügt werden. Die Mörtelschichten dürfen nicht vollkommen dicht sein, es muß immer ein Wasserabzug nach innen gewährleistet sein. Dabei darf keine künstliche Grotte der Jahrhundertwende ent-

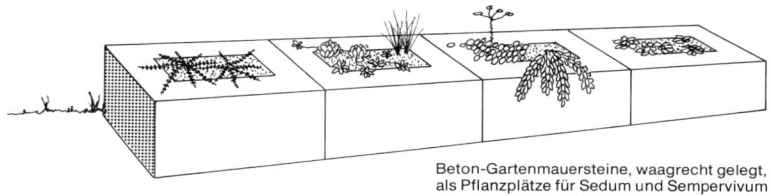

Beton-Gartenmauersteine, waagrecht gelegt,
als Pflanzplätze für Sedum und Sempervivum

stehen, sondern ein markanter, natürlicher Felsbrocken, dem man das Zusammenfügen nicht ansieht. Steine, die zu „neu" aussehen, werden schneller von Moosen und Flechten besiedelt, wenn sie mit einem dünnen Lehmbrei, dem etwas pulverisierter Rinderdünger beigefügt ist, eingestrichen werden. Unerwünscht sind natürlich die Lebermoose. Sie siedeln aber meist an feuchten, schattigen Stellen, die sowieso nicht mit sukkulenten Pflanzen bepflanzt werden, denn ein sonniger Platz ist Voraussetzung. Natürlich gehört ein schöner Solitärstein auch an einen exponierten Platz. Erst dieser hilft den ganzen Gebilden zu voller Wirkung.

Pflanzung und Pflanzen

Alle zur Bepflanzung im Stein vorgesehenen Vertiefungen, Löcher, Spalten werden mit nahrhafter, etwas anlehmiger Erde gefüllt, denn die Pflanzen müssen lange davon zehren, und es besteht keine Gefahr, daß sie an diesen Plätzen zu mastig werden. Solche Steine sollten im Frühling gestaltet und bepflanzt werden, damit sie bis zur nächsten Frostperiode gut eingewachsen sind und dem Wechsel von Frost- und Tauwetter widerstehen und nicht aus der Verankerung gerissen werden. Wo Pflanzen mit kleinen Topfballen vorhanden sind, ist es von Vorteil. Bei größeren Topfballen wird ein Teil der Erde entfernt, ohne die Wurzeln allzuviel zu beschädigen. Teilpflanzen sollten wenigstens einige lange Hauptwurzeln haben, damit die Pflanzen fest in den oft horizontalen Pflanzlöchern bleiben. Auch hilft das Verkeilen mit kleineren Steinstückchen.

Als Pflanzen können alle dichtpolsterigen *Sedum*-Arten genommen werden, besonders die auch für Fugenpflanzung empfohlenen. Natürlich auch die vielen *Sempervivum arachnoideum*-Varietäten, -Formen und -Hybriden. Obwohl sie Urgesteinspflanzen sind, kommen sie auch in Löchern und Spalten von Kalktuff noch gut fort. Kleine *Sedum*-Arten können verwendet werden, besonders *Sedum dasyphyllum* und die Formen von *Sedum spathulifolium*. *Festuca* (Schafschwingel) gedeihen an solchen Pflanzplätzen, sie sind durch den mageren Standort noch gedrungener und stärker bereift. Dazu gesellen sich verschiedene, kleine *Dianthus* (Nelken), *Draba* (Hungerblümchen) besonders *Draba bryoides* var. *imbricata* und *Draba* × *suendermannii*, robuste *Androsace*-Arten (Mannsschild), kleinrosettige, krustige *Saxifraga* (Steinbrech), *Gypsophila aretioides* (Schleierkraut), *Globularia nana* (Zwergkugelblume), *Edraianthus* (Büschelglocke), zwergige *Arabis* (Zwerg-Gänsekresse), *Orostachys* und *Rosularia*. Dazu noch weitere niedere, dichtpolsterige, widerstandsfähige Pflanzen, die bei der Trogbepflanzung genannt sind.

Diese bepflanzten Steine bedürfen praktisch keinerlei Pflege, außer einigen Wassergaben bei längeren Trockenperioden. Sie werden immer schöner und „natürlicher", je älter sie werden.

Kieselgarten

Moderne Gartenarchitekten haben Kieselsteine als Gestaltungselement entdeckt. Beispiele auf vielen Gartenschauen reizen zur Nachahmung. Nur-Kieselgärten stoßen meist auf Ablehnung, dagegen können solche kombiniert mit sparsamer Bepflanzung sehr reizvoll sein.

Möglichkeiten

Bei diesen Gartenformen dürfte es sich meist nur um Teile des gesamten Gartens handeln. Größere Terrassen und Gartenhöfe, die mit Platten belegt sind, können von größeren, quadratischen und rechteckigen Flächen unterbrochen werden, die mit Kieseln gefüllt sind. Der gesamte Atriumhof kann eine mit solchen Steinen bedeckte Fläche bilden. Der unter dem vorgezogenen Dach eines Flachdach-Bungolows liegende Bereich erhält eine Kieselauflage. Die dem Rasen gegenüber liegende Seite des Swimmingpools ist als unregelmäßige Kieselfläche gestaltet, oder selbst der Vorgarten kann als Kieselgarten angelegt werden. Das sind einige wenige Verwendungsvorschläge.

Das Material

Keine Gesteinsart ist sonst überall so leicht erhältlich. Überall wird Beton benötigt, und wo Beton gefertigt wird, gibt es Kiesgruben. Kiesel von einer bestimmten Größe an können nur gebrochen verwendet werden. Deshalb sind diese oft gratis oder für wenig Geld zu bekommen. Es können Kiesel nur aus Quarz genommen werden mit allerlei bunten Adern oder auch dunklere mit verschiedenen Farbtönungen. Kenner, die die Möglichkeit haben, nehmen Flußkiesel und sind oft sehr wählerisch. Wen der weite Transport im Kofferraum des Autos nicht stört, bringt Ausleseexemplare aus den Flußtälern der Zentralalpen vom Urlaub mit. Wir sind auf dem besten Wege, die Schönheit der Steine zu entdecken, die Japaner sind uns da Jahrhunderte voraus.

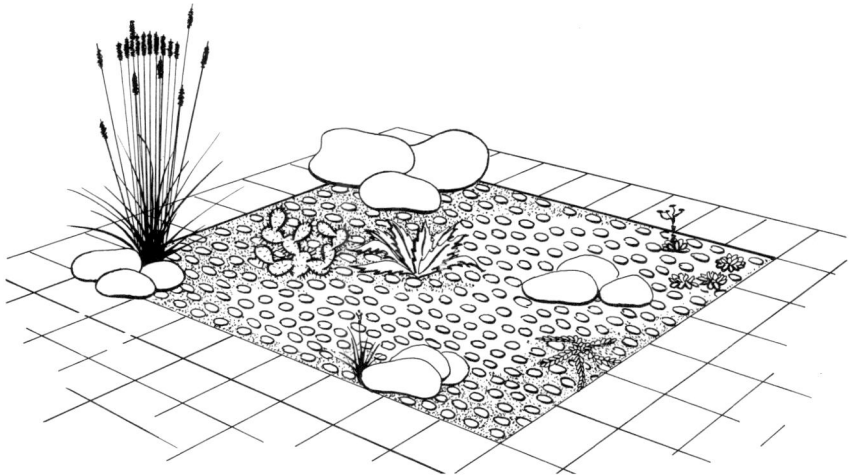

Kieselgarten innerhalb einer größeren, plattenbelegten Terrasse

Anlage

An solchen Pflanzstellen wird der unkrautangereicherte Mutterboden entfernt und mit Sand aufgefüllt. Darauf kommen die Kiesel. Kiesel aller Größen durcheinandergewürfelt, ergeben keine gute Wirkung. Dagegen können in Flächen mit einheitlicher Größe, Nester mit größeren Kieselsteinen eingefügt werden. Solche Nester dürfen aber nicht zu oft erscheinen, eher sparsamer und größer. An Pflanzplätzen wird möglichst unkrautfreie Erde eingebracht, sie wird aber ebenfalls von Geröll überdeckt. Diese Pflanzstellen sollten nicht allzu häufig erscheinen. Es eignen sich dafür die wüchsigen

Opuntien der Gruppe Ia, alle großrosettigen, wüchsigen *Sempervivum* und winterharte Agaven. Ergänzt werden kann die Szenerie mit *Delosperma cooperi* oder auch mit einjährigen Mittagsblümchen und Portulakröschen, besonders solche der F_1-Hybriden. Ideal sind solche Pflanzplätze zwischen dem Kieselgeröll für nicht harte Sukkulenten in Kübeln, besonders für Solitärexemplare von Agaven. Während längerer Trockenperioden müssen die Pflanzen an solchen mageren Stellen hin und wieder gewässert werden, und wer Riesenexemplare von *Sempervivum* mit einem Durchmesser von mehr als 25 cm wünscht, muß zuweilen eine leichte Düngerlösung geben.

Tröge, Kübel, Schalen

Kaum eine andere Pflanzengruppe kann so vielseitig verwendet werden wie die Sukkulenten im Freiland. Für den Liebhaber ist die Pflanzung in Gefäßen aller Art jedoch die Krone aller Verwendungsmöglichkeiten. Die Troggärtnerei allgemein hat nun auch bei uns einen unerhörten Aufschwung genommen, nachdem diese Art von Pflanzenliebhaberei in England schon lange heimisch war. Diese Entwicklung wurde durch vielerlei gefördert, u. a. durch die Modernisierung und Rationalisierung in der Landwirtschaft: dadurch verloren viele Natursteintröge ihre ursprüngliche Bestimmung. Ideale Pflanzen sind dafür die kleineren, winterharten Sukkulenten, allein verwendet oder in Kombination mit anderen zierlichen, alpinen Pflanzen mit guter Widerstandsfähigkeit.

Die Gefäße

Das Ziel jedes Hobbygärtners sind Natursteintröge, meist ehemalige Tränktröge für Rinder oder kleinere Schweinefuttertröge. Je nach Gegend ist eine andere Gesteinsart bevorzugt, doch dürften in Süddeutschland Tröge aus Sandstein überwiegen. Der Nachteil dieser Gesteinart liegt in der Bruchgefahr beim Transport vom ehemaligen Stall zum neuen Gartenstandplatz. Der Vorteil ist die leichte Besiedelung mit Moosen und Flechten, er bekommt also schnell eine entsprechende Patina. Leider sind diese Natursteintröge gar nicht mehr so leicht zu erhalten, es hat sich bis ins hinterste Dorf herumgesprochen, daß es gesuchte Objekte sind; aber wer sucht, der findet, wenn auch manchmal mit größerem finanziellen Aufwand. Schwierigkeiten bereitet der Transport, da diese Tröge oft ein enormes Gewicht haben. Kauft man beim Händler, muß man inkl. Transport bis vor die Gartentüre verlangen. Hat man Gelegenheit beim Bauern zu kaufen, kann dieser mittels Frontlader-Traktor und Anhänger den Transport leicht bewerkstelligen. Die Schwierigkeiten gibt es dann erst auf den schmalen Gartenwegen, aber mit Rollen, fester Unterlage und Brechstange wird auch das geschafft. Diese Tröge haben meist schon an der tiefsten Stelle ein Abflußloch. Wo es nicht vorhanden ist, wird es mit Bohrmaschine und Steinbohrer, Hammer und Meißel geschaffen.

Leider sind neue Natursteintröge nur selten zu erhalten und dann auch sehr teuer. Der Nachfrage haben sich viele Betonwarenfirmen angepaßt, die rechteckige aber auch quadratische Tröge aus Waschbeton anbieten. Wer einiges Geschick hat, kann diese auch selbst bauen, die Außenfläche wird aber selten so gleichmäßig und dekorativ ausfallen wie bei den industriell gefertigten. Beim Selbstbau ist natürlich entsprechende Eisenarmierung zu berücksichtigen. Vielfach bieten Betonwarenfirmen auch einzelne Elemente an, die zu größeren, rechteckigen, quadratischen, höheren oder tieferen Konstruktionen zusammengefügt werden können und bei denen nur die Sichtseiten mit Waschbeton verblendet sind.

Verhältnismäßig billig ist ein Trog, den man aus Beton-U-Steinen zusammensetzt, die Länge bleibt dabei dem Geschmack des einzelnen überlassen. Dabei wird eine Reihe von U-Steinen mit der Öffnung nach unten gesetzt, darauf kommt eine Reihe mit der Öffnung nach oben. Die Seitenflächen werden einbetoniert, dabei ein Wasserabzugsloch an der tiefsten

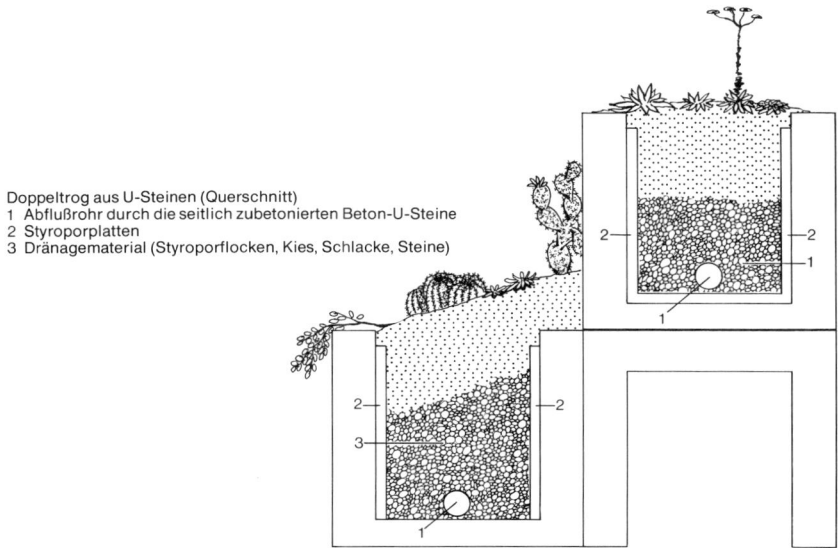

Doppeltrog aus U-Steinen (Querschnitt)
1 Abflußrohr durch die seitlich zubetonierten Beton-U-Steine
2 Styroporplatten
3 Dränagematerial (Styroporflocken, Kies, Schlacke, Steine)

Stelle einkalkuliert. Die Innenseiten werden mit etwa 1 cm starken Styro-porplatten belegt, bevor das Dränagematerial und die Kulturerde eingefüllt werden.

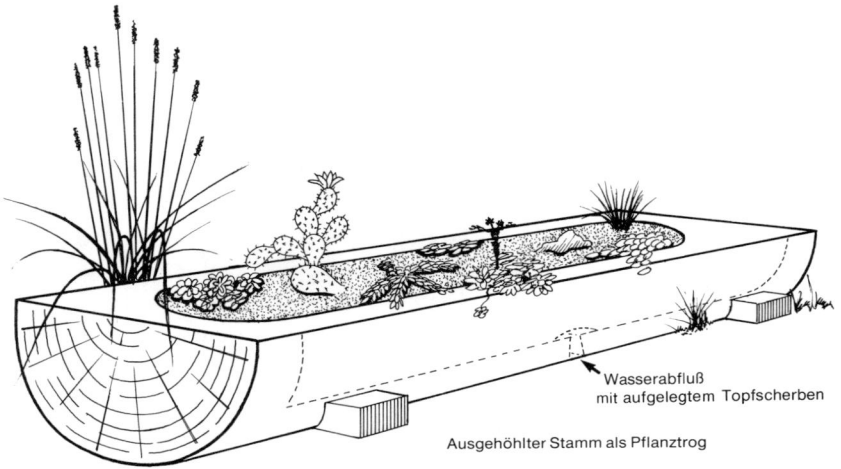

Wasserabfluß
mit aufgelegtem Topfscherben

Ausgehöhlter Stamm als Pflanztrog

Bei den Betongefäßen bieten sich auch runde Gefäße an, wie sie für mo-bile Gärten zur Innenstadtbegrünung verwendet werden, aber es gehen auch schon waagerecht gelegte Betonbrunnenringe. Größere trogähnliche Gebilde lassen sich auch durch senkrecht einbetonierte Waschbetonplatten schaffen. Die dekorative Seite kommt natürlich nach außen. Rundbeton-kübel kann man auch selber gießen, wenn man zwei halbe Fässer hat, mit verschiedenen Durchmessern.

Vielfältig ist das Angebot von Pflanzgefäßen aus Asbestzement (Eternit, Fulgurit). Sie sind sehr dauerhaft, und der hellgraue Ton paßt sich überall gut an. die sachlich nüchternen Formen werden erst durch die Pflanzung dekorativ und verspielt. Bei vielen Einzelelementen lassen sich durch Kombinationen aufgelockerte, verschieden hohe Gruppen schaffen.

Holz als Werkstoff wirkt immer warm und sympathisch. Auch hier gibt es die Möglichkeit, alte Behälter einem neuen Zweck zuzuführen. Im Zeital-ter der Aluminium-Lagertanks für Wein und Bier werden viele größere alte Holzfässer überflüssig. Mit der Kreissäge halbiert, ergeben sich zwei schöne und auch gut haltbare Pflanzkübel, da es sich fast immer um Eichenfässer handelt. Keinesfalls dürfen diese mit pflanzenfeindlichem Karbolineum eingelassen werden. Wenn nötig, nimmt man einen farblosen wasser- und wetterfesten Zweikomponentenlack (DD-Lack). Es gibt aber auch neue Pflanzkästen aus Holz, die vakuumimprägniert und deshalb auch gut haltbar sind. Sehr schön wirken größere, halbierte, zu einem Trog ausgehöhlte Stämme (Wasserabzugsloch nicht vergessen!). Die dekorative Rinde hält leider nur ein paar Jahre, dann muß man mit einem glatten Holztrog vorlieb nehmen.

Auch Tröge, Schalen und Kübel aus Kunststoff werden angeboten (Polystyrol, Hart-PVC und GFK = glasfaserverstärkter Kunststoff. Bei den beiden erst genannten Werkstoffen achte man darauf, daß die Gefäße nicht zu dünnwandig sind, denn mit sukkulenten Pflanzen besetzt, sollen sie viele Jahre ihren Zweck erfüllen. Am haltbarsten sind solche aus glasfaserverstärkten Polyester. Bei Gefäßen aus Schaumstoff müssen solche aus Styropor für diesen Zweck abgelehnt werden, dagegen sind solche aus PU-Schaum (Polyurethan) ziemlich widerstandsfähig. Es gibt daraus Holztrog-Imitationen auf dem Markt, die von natürlichen Holztrögen kaum zu unterscheiden sind. Über den geschmacklichen Wert solcher Nachahmungen kann man natürlich geteilter Meinung sein.

Im Gartencenter werden öfter auch Kunststeintröge angeboten mit vielfach verschnörkelten, barocken Mustern und Motiven. Eine *Sempervivum*-Pflanzung darin wirkt unharmonisch, solche Tröge sollten Petunien und Pelargonien vorbehalten bleiben. Neuerdings gibt es schwere, glasierte

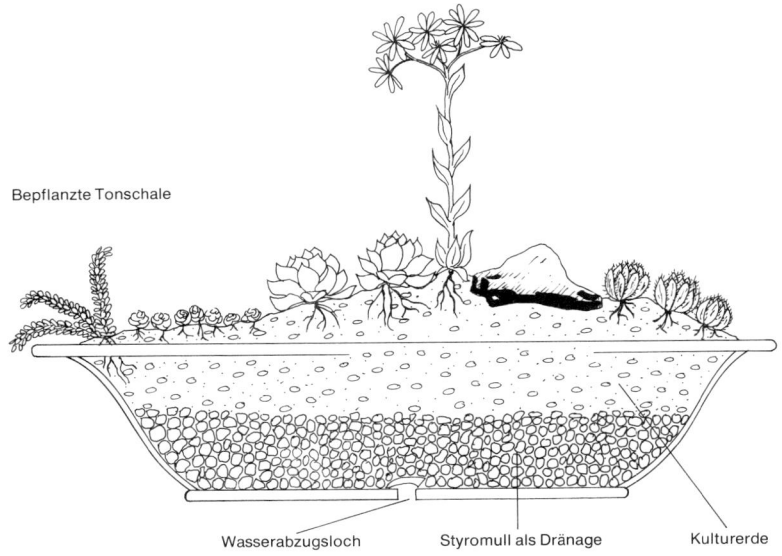

Bepflanzte Tonschale

Wasserabzugsloch   Styromull als Dränage   Kulturerde

Steingutkübel, die dagegen ein sehr gutes Bild ergeben, wenn sie damit bepflanzt sind. Aus dem gleichen Material gibt es in Baugeschäften für Abwasserzwecke halbe Rohre mit größerem Durchmesser, die zum Bepflanzen zweckentfremdet werden können.

Tröge und Pflanzbehälter kann man aber auch mauern; sicherheitshalber auf eine vorher erstellte Betonplatte, damit das ganze Gebilde mobil bleibt. Es eignet sich dazu besonders natürliches Sedimentgestein, wie Solnhofer Kalk, Muschelkalk, Schiefer und Sandstein; die glatteste Seite kommt dabei immer nach außen.

Bleiben noch die vielgestaltigen Tonschalen mit verschiedenen Durchmessern. Sie kommen oft bei Jubiläen und anderen Festlichkeiten als bepflanzte Schalen ins Haus. Die attraktiven Warmhauspflanzen sind dabei aus den Töpfen genommen und dekorative in die Tonschalen hineingezwängt. Was dabei nach kurzer Zeit übrig bleibt, sind die Tonschalen. Natürlich gibt es sie auch in jeder Gärtnerei oder Gartenbedarfshandlung zu kaufen. Keine Schale ist zu klein, um sie nicht mit kleinen Sukkulenten bepflanzen zu können.

Gewarnt werden muß vor Behältern aus Metall, als gute Wärmeleiter bringen sie allerlei Nachteile mit, abgesehen davon, daß sie selten sehr dekorativ wirken.

Steine und andere Accessoires

All diese Gefäße werden normalerweise mit sukkulenten und auch alpinen Kostbarkeiten bepflanzt. Außer diesen Pflanzenjuwelen sollten aber auch in kleineren Gefäßen keine Steine fehlen, erst recht nicht in größeren. Nicht zu viel, aber 2–3 kleinere, dekorative Stücke pro Trog sind gerade recht. Hier können sogar Kostbarkeiten, wie kristalline Mineralien oder auch größere Versteinerungen (z. B. Ammoniten) Verwendung finden oder kleinere, dekorative Wurzeln, Moorkienwurzeln aus Geschäften für Aquariumzubehör oder flechtenbesetzte Stücke von Waldwanderungen mitgebracht. Besonders Steine mit kristalliner Bruchfläche wirken sehr gut, z.B. bepflanzt mit *Sempervivum arachnoideum*.

Pflanzung und Pflege

Der innere Aufbau ist ziemlich gleich, egal um was für Gefäße es sich dabei handelt. Wichtig ist dabei, daß sich an der tiefsten Stelle ein Wasserabzugsloch befindet. Größere Behälter werden durch ein grobes Messingsieb, kleinere durch einen darübergelegten Topfscherben gegen Verschlämmung geschützt. Einen großen Behälterteil nimmt das Dränagematerial ein, wie Kies, grober Mauerschutt, Schlacke, Styroporflocken, Schottersteine und ähnliches. Dann folgt die Kulturerdeschicht, die möglichst nicht zu schwer und unkrautfrei sein sollte. Dann werden die wenigen, aber dekorativen Steine plaziert und andere Accessoires. Trogbepflanzungen sollten möglichst im Frühling und Frühsommer durchgeführt werden; im Herbst nur mit Topfballen. Nach dem Pflanzen wird einmal kräftig angegossen. Außer bei längeren Trockenperioden bedarf ein richtig bepflanzter Trog keinerlei Wassernachhilfe. Dünger hat in den Trögen wenig zu suchen, besser ist es, hin und wieder etwas unkrautfreie Komposterde zwischen die Pflanzen zu streuen. Bleibt noch das Freihalten von Unkraut, das aber keine Schwierigkeiten bereitet.

Die sukkulenten Pflanzen
Nirgends wird so viel gesündigt wie bei den Trogbepflanzungen. Allerweltspflanzen wie Steinerich, Polsterphlox, Gänsekresse und Blaukissen werden an solche kostbaren Plätze gesetzt. In Tröge sollten nur dichtpolsterige, kleine, langsamwüchsige Pflanzen kommen. Nummer eins sind die *Sempervivum* (Hauswurz). Praktisch können alle Arten, Hybriden und

Bepflanzen einer Tonschale mit Sukkulenten

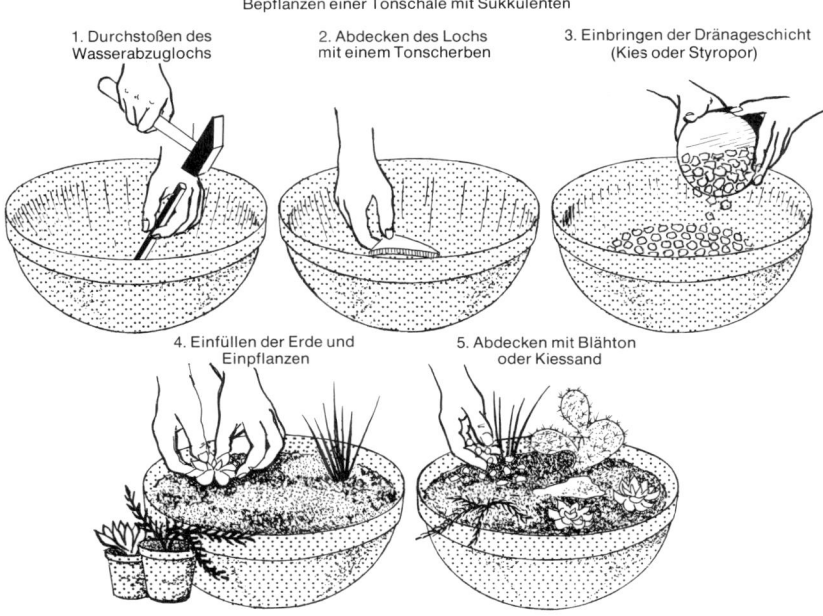

1. Durchstoßen des Wasserabzuglochs

2. Abdecken des Lochs mit einem Tonscherben

3. Einbringen der Dränageschicht (Kies oder Styropor)

4. Einfüllen der Erde und Einpflanzen

5. Abdecken mit Blähton oder Kiessand

Sorten verwendet werden. Doch sollte man darauf achten, daß solche mit gleicher Wuchsenergie zusammenkommen. Das heißt, wer großrosettige, schnellwüchsige, farbenfrohe *Sempervivum tectorum*-Formen und -Hybriden verwendet, kann keine kleinen, langsamwüchsigen daneben setzen. Alles richtet sich natürlich auch nach der Größe des Pflanzgefäßes. In kleine Tonschalen können zwar großrosettige, schnellwüchsige *Sempervivum* gepflanzt werden, aber nicht in Kombination mit anderen Pflanzen. Bevorzugt werden natürlich die kleinen Edelsteine, wie *Sempervivum arachnoideum*-Varietäten, -Formen und -Hybriden, die kleinrosettigen oder nicht so stark wachsenden *Sempervivum pumilum, S. minus, S. montanum, S.* × *barbulatum, S. ciliosum.* Die dichtrosettigen *S. grandiflorum, S. pittonii, S. ballsii, S. calcareum, S. borrisovae, S. giuseppii* sowie *Sempervivum* 'Topas', 'Gamma', 'Jubilee', *S. marmoreum* 'Rubrifolium', *Sempervivum* 'Zinaler Rothorn'. Dann natürlich die vielen Arten vom Balkan und von der iberischen Halbinsel, die etwas empfindlich sind. Dazu die zahlreichen Typen von *Jovibarba heuffelii,* die sich durch Rosettenteilung vermehren und etwas nässeempfindlich sind, für sie ist der Trog oder die Schale der richtige Pflanzplatz. Wer ein Gefäß nur mit *Sempervivum* bepflanzt, kann schon einen vielfarbigen, dekorativen Effekt erreichen. Wer es zum ersten Mal versucht und im Frühling pflanzt, ist erstaunt im Sommer ein Bild vorzufinden, das den Eindruck einer vieljährigen Pflanzung macht.

Alle Sempervivumähnlichen haben hier ihren Platz, *Orostachys spinosus,* die *Rosularia* und *Sempervivella*-Arten und die zweijährigen *Sedum sempervivoides* und *Sedum pilosum.* Von den *Sedum* kommen allerlei zwergige Arten in Frage. *Sedum dasyphyllum* mit Varietäten, *S.gracile, S. oreganum, S. nevii, S. rubrotinctum, S. sartorianum* ssp. *stribrny, S. sieboldii, S. spathulifolium* mit den verschiedenen Formen und weitere kleine *Sedum*-Arten. Die harten *Delosperma*-Arten können verwendet werden, doch muß die jeweilige Wüchsigkeit berücksichtigt werden.

Bei den winterharten Kakteen können alle verwendet werden, außer den Opuntien, hiervon nur die schwachwüchsigen, kleingliederigen Arten. Wo

Natürlich ausgewaschene Kalksteinlöcher sind ideale Pflanzplätze für Sempervivum. Oben links: Frisch bepflanzter Stein mit einer Hybride von Sempervivum tectorum; oben das einjährige Mittagsblümchen. Oben rechts: Pinus mugo ssp. mugo (Bergkiefer) und Sempervivum-Arten. Unten: Dunklere oder kräftig gefärbte Sempervivum kontrastieren gut zum hellen Kalkstein. Links das typische großrosettige, braungespitzte Sempervivum tectorum, rechts vorne Sempervivum arachnoideum 'Rauhreif'.

die Kakteen in Frage kommen, muß wieder auf die Partnerpflanzen besonders Rücksicht genommen werden, nur wenige eignen sich als Begleitpflanzen. Hierher gehören auch die harten Agaven.

Selbstverständlich lassen sich auch *Lewisia* (Bitterwurz) für Trogbepflanzungen usw. verwenden, dabei darf das Pflanzgefäß aber nicht prallsonnig stehen, sondern mehr halbschattig oder absonnig. Hier kann als sukkulente Kombinationspflanze *Chiastophyllum oppositifolium* (Walddickblatt) genommen werden.

Andere Staudenpartner

Die Anzahl von nicht-sukkulenten Kombinationspflanzen ist einerseits sehr groß, auf der anderen Seite muß aber eine sorgfältige Auswahl getroffen werden. Sie sollen nieder, schwachwüchsig, unempfindlich gegen Temperaturschwankungen, hitzebeständig und natürlich auch dekorativ sein. Beginnen wir mit den krustigen Saxifragen (Silberrosetten-Steinbrech), die ebenfalls Rosetten bilden. Besonders empfehlen sich *Saxifraga cochlearis* und *S. c.* var. *minor*, *S. paniculata* mit ihren vielen Formen (früher *S. aizoon*), *S. callosa* var. *catalaunica*, *S. cotyledon* var. *montavonensis* und viele andere. Die Kabschia- und Engleria-Saxifragen sind für vollsonnig stehende Tröge und Schalen nicht geeignet, lediglich die großpolsterigen Arten *Saxifraga* × *apiculata*, *S.* × *haagii* machen noch mit. Gut eignen sich natürlich zwergige Nelken wie *Dianthus neglectus*, *D. alpinus*, *D. noeanus*, *D. callizonus*, *D. simulans*, *D. musalae*, *D. subacaulis*, *Dianthus* 'Pink Juwel' und 'Pummelchen'. Partner sind die *Draba*-Arten (Hungerblümchen) besonders klein und langsamwüchsig ist *Draba bryoides* var. *imbricata*. Kleiner bleiben auch die *Douglasia* (Goldprimel), sehr flach ist *Douglasia vitaliana* f. *praetutiana*. Ganz niedere Teppiche bilden die *Raoulia* (Schafsteppich) aus Australien, am dekorativsten ist wohl das silbergraue *Raoulia hookeri* (auch unter dem Synonym *R. australis* bekannt). Niedere *Globularia* (Kugelblümchen) gehören hierher, am zierlichsten ist wohl *Globularia*

Sempervivum passen in die verschiedenartigsten Pflanzgefäße. Oben links: Pflanzung im Korb. Oben rechts: Blühendes Sempervivum ciliosum mit Schafschwingel in einer Tonschale. Mitte links: Hauswurz in indianischer Töpferware. Mitte rechts: Pflanzung in einem halbierten eichenen Weinfaß. Unten links: Travertin-Trog mit Sempervivum, Sedum sempervivoides, Acantholimon, Verbascum dumolosum u. a. (Bot. Garten Tübingen). Unten rechts: Dekorativ geformte Tonschale mit Sempervivum und Delosperma.

nana, flache *Veronica* wie *Veronica caespitosa, Veronica armena* und ähnliche. Von der silberigen *Veronica incana* gibt es schwachwüchsige niedere Formen, die sich gut eignen. Bei den Iris kommen nur die zwergigsten in Frage, niedere *Iris pumila*-Wildformen, *Iris arenaria* und *I. lacustris*. Die letztgenannte verträgt mehr Sonne als allgemein angegeben. Enzianarten dürfen nicht fehlen. *Gentiana acaulis* und seine Formen benötigen etwas lehmigere Erde und mehr Feuchtigkeit im Wurzelbereich. Sonnen- und trockenheitsresistenter ist der ähnliche *Gentiana angustifolia*. *Gentiana verna* 'Angulosa' bildet wunderschöne, azurblaue Teppiche. Selbstverständlich können noch viele weitere, niedere Arten verwendet werden.

Wahre Schmuckstücke, wenn auch stark nässeempfindlich, sind die Igelpolster. Leider sind *Acantholimon androsaceum, A. creticum, A. caryophyllaceum, A. libanoticum, A. olivieri* selten im Angebot. Schwachwüchsige *Aethionema* sind sehr hübsch, besonders farbenfroh in Auslesesorten 'Warley Rose' und 'Warley Ruber'. Die langsamwüchsigen *Androsace* (Mannsschild) sind gut geeignet, besonders die zierliche *Androsace sempervivoides*. Kalk- und sonnenliebend ist auch *A. villosa* var. *arachnoidea*. Zwei kleine Korbblütler fühlen sich hier wohl, *Anacyclus depressus* (Marokko-Kamille) und *Andryala agardhii*. Von zwergigen Akeleien gibt es eine große Anzahl, besonders kompakt bleibt *Aquilegia pyrenaica, A. discolor* und *A. bertolonii*. Die Auswahl an niederen *Arabis* (Gänsekresse) ist ebenfalls groß, *Arabis androsacea, A. bryoides, A. × kelleri* sind einige solche Zwerge. Bei den Grasnelken ist *Armeria caespitosa* und *A. × suendermanii* nieder, noch kleiner ist *A. caespitosa* 'Bevans Variety'. Beim Sandkraut darf *Arenaria tetraquetra* und die kleinere *A. tetraquetra* var. *granatensis* nicht fehlen, auch die zierliche *A. gracilis* fügt sich gut ein. Die Bergwaldmeister sind mit *Asperula nitida, A. arcadiensis* und mit *A. lilaciflora* var. *caespitosa* gut vertreten. Schwieriger wird es bei den Glockenblumen. Viele niedere Sorten wachsen doch sehr in die Breite. Von *Campanula portenschlagiana* gibt es auch einen zwergigen Typ, *C. tommasiniana, C. × wockei, C. aucheri, C. raineri* gehören wohl hierher. Von *Dryas* (Silberwurz) kommt nur *Dryas octopetala* 'Minor' und *Dryas tennella* in Frage. Die *Edraianthus* (Büschelglocke) können alle Verwendung finden. Ebenso die *Erinus* (Alpenbalsam), die sich allerdings leicht aussäen. Reiherschnabel, *Erodium reichardii* und *E. reichardii* 'Roseum Fl. Pl.' bleiben klein genug, und beim Storchschnabel (*Geranium*) sind es besonders *G. dalmaticum*, das sich allerdings etwas stärker ausbreitet, *G. subcaulescens* 'Splendens' und *G. cinereum*. Starre, niedere, nicht blühende Polster bildet *Gypsophila aretioides*, eine

Schleierkrautart ohne Schleier. Rosa Blütenwolken hat dagegen *G. repens* 'Rosa Schönheit', die über den Rand herabwachsen kann. Wahre Juwele sind verschiedene *Helichrysum*-Arten (Strohblumen). Das kompakte *H. milfordiae* aus Südafrika hat sich schnell seinen Platz erobert. Zierlich ist *H. frigidum* aus Korsika und hübsch *H. orientale*.

Auch Edelweiß lassen sich gut verwenden, besonders kleinere Sorten, die allerdings weniger Trockenheit vertragen als allgemein angenommen. Sehr dekorativ ist *Leontopodium nivale*. Beim Lein bietet sich *Linum flavum* 'Goldzwerg' an. Ganz flache Polster macht *Petrocallis pyrenaica* (Steinschmückel) mit seiner weiß und violett blühenden Form. Von den niederen Teufelskrallen ist *Phyteuma comosum* (jetzt als *Physoplexis comosa* bezeichnet) der Traum jedes Troggärtners. Von heimischen Fingerkräutern gibt es Zwergformen, *Potentilla alba* 'Nana' und *Potentilla tabernaemontani* 'Nana'. Bei den Primeln sind für solche sonnigen Plätze besonders Naturformen von *Primula auricula* und *Primula auricula* var. *albocincta* geeignet, oder auch kleiner bleibende Hybriden. Beim Seifenkraut darf *Saponaria × olivana* nicht fehlen. Bei *Silene acaulis* (Leimkraut) gibt es einige Auslesen, die auch im Garten gut wachsen, wie 'Floribunda', 'Correvoniana', 'Feuerstein' und *S. acaulis* var. *exscapa*. Die kleinen Soldanellen sind hübsch, sie benötigen jedoch mehr Feuchtigkeit. Alle *Thlaspi*-Arten (Täschelkraut) sind kleine alpine Lückenbüßer. Vom heimischen Thymian gibt es einige Farbvarietäten, *Thymus serpyllum* 'Carneus', 'Coccineus', 'Albus', 'Pink Chintz' und 'Minor'. Reizend der neue *Thymus ciliatus* 'Pubescens'. Kleine Korbblütler sind die *Townsendia*-Arten aus Nordamerika. Lückenbüßer sind verschiedene, zwergige Veilchenarten. Auch niedere *Dodecatheon* (Götterblumen) sind schön, besonders *Dodecatheon* 'Red Wings'. Die kleinen Disteln dürfen nicht fehlen, *Carlina acaulis* und *Carlina vulgaris*. Hierher gehört auch die distelähnliche *Carduncellus rhaponticoides*. Der Silberwegerich, *Plantago nivalis*, bildet niedere, silberbehaarte Rosetten. Selbst Königskerzen gibt es für diese Pflanzplätze. *Verbascum dumulosum* bleibt klein und kompakt, ist allerdings empfindlich gegen zu viel Winternässe.

Alle Stachelnüßchen sind zu wüchsig für unsere Zwecke, bis auf die Sorte *Acaena microphylla* 'Kupferteppich'. Bei den Zwerggarben kommen ebenfalls nur die kleinsten in Frage, besonders die Hybriden *Achillea × jaborneggii*, *A. × kelleri* und *A. × kolbiana*. Die Katzenpfötchen dürfen nicht vergessen werden, *Antennaria dioica* und *A. dioica* 'Rubra'. Bei den Astern bleibt *Aster natalense* schön zwergig und beim Schotendotter *Erysimum kotschyanum.* Auch die niederen *Penstemon* (Bartfaden) müssen erwähnt werden, wie *P. caespitosus, P. rupicola, P. pinifolius* und andere. Bei den vielen *Pulsatilla*-Arten (Gebirgsanemonen), werden leider verschiedene leicht zu groß für solche Pflanzungen. Das gilt auch für *Iberis* (Schleifenblume), die niederste ist *Iberis pygmaea. Euryops acraeus* aus Südafrika bildet blausilberige Nadelbüsche und gehört hierher. Bei den *Oxalis* (Sauerklee) bleibt *Oxalis inops* sehr nieder, wuchert aber etwas.

Blumenzwiebelpartner

Auch in Trögen, Kübeln, Schalen und anderen Gefäßen sollte auf Blumenzwiebel nicht verzichtet werden. Selbstverständlich haben hier großblütige Tulpen, Narzissen, Hyazinthen nichts zu suchen, aber es gibt genügend Zwiebelpflanzen, die hierher passen und die hier oft erst zur Geltung kommen. Das beginnt schon mit den zwergigen *Allium*-Arten, *A. cyaneum, A. narcissiflorum, A. flavum* var. *minor, A. beesianum, A. oreophilum* usw. Von den Schneestolz ist *Chionodoxa luciliae* mit den rosa und weißen Farbvarietäten und *Ch. sardensis* geeignet (Samen entfernen, nicht reifen lassen!). Bei den *Crocus* gibt es natürlich viele kleine Wildarten, die gar nicht alle aufgeführt werden können. Solche Pflanzplätze sind auch der richtige Ort für kleine *Fritillaria*-Arten. Da sie selten im Angebot sind, sollen sie hier namentlich nicht genannt werden, man muß zugreifen, wenn sie einmal in einer Preisliste erscheinen. Alle *Muscari* sind dekorativ, wenn auch manche für unsere Zwecke zu wüchsig sind oder etwas zu groß werden, aber *Muscari botryoides* und *M. b.* 'Album' lassen sich schon im Zaum halten. Schön ist die ähnliche *Hyacinthella azurea.* Viele kleine Wildnarzissen sind sehr schön, doch leider reicht bei vielen die Winterhärte bei uns nicht aus. Gut gedeihen *Narcissus minor, N. asturiensis* und *Corbularia bulbocodium* (syn. *Narcissus bulbocodium). Puschkinia scilloides* ist dankbar und *Scilla pratensis* var. *amethystina.* Gelbe Farben bringen die *Sternbergia,* wobei besonders *Sternbergia clusiana* empfohlen werden kann. Auch bei den wilden Tulpen gibt es eine Reihe von klein bleibenden Arten. Besonders *Tulipa humilis, T. tarda, T. pulchella* und *T. urmiensis* empfehlen sich. Auch niedere *Ornithogalum* gibt es, wie *O. balansae.*

Zwerghölzpartner

Leider wird hier vom Handel sehr viel gesündigt, da die ungefähre Endgröße nicht angegeben wird und jedes Gehölz im Container zwergig aussieht. Bei den Koniferen bleiben nur wenige, die sich für unsere Zwecke eignen, eventuell kann bei einzelnen durch sparsamen Schnitt die Verweildauer im Pflanzgefäß verlängert werden. Folgende kommen in Frage: *Abies balsamea* f. *hudsonia, Cedrus libani* 'Nana' (wächst 2,5 cm pro Jahr), *Chamaecyparis lawsoniana* 'Fletcherie Nana', *Ch. obtusa* 'Compacta', *Ch. o.* 'Nana Gracilis', *Ch. o.* 'Minima', *Ch. plumosa* 'Compressa', *Cryptomeria japonica* 'Globosa Nana', *C. j.* 'Vilmoriniana', *Juniperus communis* 'Compressa', *J. squamata* 'Blue Star', *Picea abies* 'Echiniformis', *P. a.* 'Pygmaea', *P. a.* 'Humilis', *P. a.* 'Gregoryana', *Picea glauca* 'Conica Laurin' (Jahrestrieb 1–1,5 cm), *Pinus cembra* 'Pygmaea', *Pinus parviflora* 'Brevifolia', *Pinus sylvestris* 'Beuvronensis', *P. s.* 'Perkeo', *Taxus baccata* 'Pygmaea', *Thujopsis dolabrata* 'Nana'.

Auch bei den immergrünen und blattabwerfenden Zwerghölzen gibt es eine genügend große Auswahl: *Ceanothus prostratus, C. adpressus* 'Little Gem', *Cytisus demissus, C. ardoini, Daphne cneorum* 'Pygmaea', *D. petraea, D. striata, Erinacea anthyllis, Genista sylvestris* var. *pungens, G. sagittalis* 'Minor', *G. villarsii, Hebe pinquifolia* 'Pagei', *H. buchananii* 'Minor', *H. bidwillii, Jasminum parkeri, Pimelea coarctata, P. prostrata, salix herbacea, S.* × *boydii.*

Pflanzschale mit Seitennischen, wie sie besonders in Italien und Südfrankreich zu finden sind, ideal für sukkulente Pflanzen

Zusammenfassung

Von den Pflanzen fehlen nur noch die niederen Ziergräser, die aber auf Seite 254 zu finden sind. Es mag den Anschein erwecken, daß sehr viele Kombinationspflanzen zu den Sukkulenten genannt wurden, es handelt sich aber nur um eine kleine gezielte Auswahl. Es wurden nur wirklich kleine und langsamwachsende Pflanzen genannt, die auch für kleine Tröge und Kübel geeignet sind. Je größer der Pflanzbehälter, um so größer wird die Pflanzenauswahl. Partner dafür zu nennen, überschreitet die Aufgabe dieses Buches. Dem Leser sei dafür das Buch »Der Steingarten« von Wilhelm Schacht empfohlen und die ausführlichen Kataloge der Alpenpflanzen- und Staudengärtnereien. Alle hier genannten Pflanzen sind zur Kombination mit *Sempervivum* und *Sedum* gut geeignet. Es muß empfohlen werden, Sukkulentenfreunde werden es sowieso machen, mindest 50 % *Sedum* und *Sempervivum* bei diesen gemischten Pflanzungen zu verwenden. Durch den Formenreichtum der Sukkulenten ist dadurch ganzjährig, auch außerhalb der Blütezeit ein dekoratives Bild garantiert.

Sammlungen in Schalen

Wer sich stärker mit einzelnen Gattungen beschäftigt, wird schnell zum Pflanzensammler. Man versucht dann, oft mit großen Schwierigkeiten, die einzelnen Arten, Varietäten, Formen, Naturhybriden und Sorten zu erhalten und aufzupflanzen. Besonders bei *Sempervivum* (Hauswurz) ist das sehr reizvoll.

Wer sich ernsthaft mit Sichten und Vergleichen beschäftigt, wird bald auf Schwierigkeiten stoßen, wenn die Sammlung dekorativ im Garten verteilt ist. Gerade bei dem enormen Durcheinander, das bei *Sempervivum* herrscht, sind oft kleine Nuancen in Form, Farbe und Behaarung der Rosetten wichtig. Gute Unterscheidung lassen meist die Blüten und der Blütenstand zu, aber die *Sempervivum* und die *Jovibarba* sind keine zuverlässigen Blüher. Kleine Unterschiede in den genannten Punkten ergeben sich oft schon durch verschiedene Standortbedingungen. So kann die Rosette einer Art am exponierten, sonnigen Platz dicht-kugelig geschlossen sein und von braunroter Farbe. Am anderen Platz, der etwas halbschattiger ist, breitet sich die Rosette sternförmig aus und ist dunkelgrün mit einem roten Hauch. Das besagt, daß exakte Vergleiche nur unter gleichen Standortbedingungen durchgeführt werden können, bei absolut gleichen Boden-, Temperatur-, Feuchtigkeits- und Lichtverhältnissen.

Die Pflanzen können in Reihen von gleichmäßiger Länge ausgepflanzt werden, dann ergeben sich gute Vergleichsmöglichkeiten. Vergleiche dürfen jedoch immer erst im zweiten Jahr durchgeführt werden. Im ersten Jahr sind bei vielen die typischen Eigenschaften noch nicht so ausgeprägt. Leider ist bei einer Vielzahl von Pflanzen die Vergleichsmöglichkeit dadurch gehindert, daß die Pflanzen einfach zu weit voneinander entfernt stehen. Als ideal haben sich deshalb Sammlungen in Schalen oder größeren Töpfen erwiesen, wobei kleine Tonschalen mit 20 cm ∅ oder etwas größer bei *Sempervivum* sich besonders bewährt haben. Bei den Töpfchen mit geringeren Durchmesser muß bei den wüchsigen Sorten zu schnell umgepflanzt werden, und die Vergleichsmöglichkeiten werden wieder gestört. Die Investition für die Tonschalen sind nicht sehr hoch, lediglich die Transportkosten sind erheblich, wenn keine Tonwarenfabrik in der Nähe ist.

Es sollte sich um ganz normale, unglasierte Tonschalen handeln. Meist ist das Abzugsloch am Boden noch nicht durchgeschlagen. Die dünnwandige Schicht ist leicht zu entfernen mit Durchschlag und Hammer. Das Loch wird wie üblich mit einem Tonscherben abgedeckt und zur Hälfte mit Blähton oder Styroporflocken gefüllt. Die obere Hälfte besteht aus leichter, unkrautfreier Erde. Um wirkliche Vergleichsmöglichkeiten zu haben, werden etwa 2 – 3 Rosetten im April-Mai gepflanzt. Beim Pflanzen einer einzigen Rosette besteht die Gefahr, daß diese zum Blühen kommt. Die Sempervivumrosette ist monokarp, die Rosette stirbt nach der Blüte ab, die Mühe war also umsonst.

Auf einem gleichen, sonnigen Stand wurde schon hingewiesen. Dekorativer ist es natürlich, wenn diese Schalen einen erhöhten Platz bekommen, etwa auf einer nicht zu hohen Mauerkrone, auf einer niederen Terrassenmauer, beidseitig einer größeren Treppe oder auf Trockenmauern.

Ornamentsteine für Gartenmauern ergeben, waagerecht verlegt und aneinandergereiht, gute Plätze für Sukkulenten-Sammlungen

Ein äußerst wichtiger Punkt bei dieser Art Verwendung ist die genaue Etikettierung. Da es sich hier nicht um rein dekorative Elemente handelt, sondern um exakte, wissenschaftliche Vergleiche, werden sichtbare Etiketten ohne weiteres toleriert. Diese sollten nicht zu klein gewählt werden. Wem weiße Etiketten zu auffällig sind, nimmt grün eingefärbte. Die Beschriftung erfolgt am besten mittels Prägeband oder mit einem wasser- und wetterfesten Filzstift (z. B. Edding 3000).

Auch bei dieser Art Pflanzung muß auf die Todfeinde aller Sempervivum-Liebhaber geachtet werden, auf die Amseln. Wo nötig, muß man ein Kunststoff-Schutznetz spannen.

Aufgrund der Mobilität der Schalenpflanzung lassen sich bequem gute Vergleiche durchführen. Nicht sehr deutliche Unterschiede kann man durch Zusammenstellen der betreffenden Pflanzen augenfälliger machen. Was für *Sempervivum* gesagt, gilt natürlich auch für *Sedum*. So lassen sich besonders bei den *Sedum acre*-ähnlichen Typen Unterschiede leicht klären; aber auch bei den Opuntien, besonders die wüchsigeren sind in Töpfen besser zu kultivieren.

Die Kultur in Tonschalen und -Töpfen ist bei den sukkulenten Pflanzen natürlich auch ohne eine bestimmte Absicht, wie Artenbestimmung und ähnliches, möglich, freilich nicht im Zimmer. Hier sind auch leicht verzierte Tonwaren am Platze.

Sammlungen unter Schutz

Wer Sammlungen in Schalen und Töpfen, besonders von *Sempervivum* kultiviert, hat bei verschiedenen Arten vom Balkan und aus Spanien oft durch Winternässe, trotz guter Dränage, Ausfälle. Wer größere, kalte Kästen besitzt, kann diese Sammlungen dort unterbringen, wobei das Fenster immer einen Spalt geöffnet sein sollte, auch bei Frost. Jede Schwitzwasserbildung muß unterbleiben. Wer keinen kalten Kasten besitzt, kann die Pflanzgefäße im Winter durch die neuerdings im Handel befindlichen Folientunnel schützen, die doppelwandig sind und bei denen jedes einzelne Element aufklappbar ist (Schumm-Plastic, Murrhardt/Württ.) Auch hier muß die Luft zirkulieren können, damit es kein Schwitzwasser gibt, was durch leichtes Anheben einzelner Elemente bewerkstelligt wird. Es ist kein Frostschutz, aber ein praktischer Schutz gegen Winternässe. Bei stärkeren Schneefall muß natürlich der Tunnel immer rechtzeitig von der Schneelast befreit werden.

Am leichtesten hat es ein Kleingewächshausbesitzer, bei dem das ganze Haus oder ein Teil davon im Winter ungeheizt bleibt. Keineswegs sollten harte Kakteen, *Sempervivum*, *Sedum*, Lewisien und die anderen harten Sukkulenten im Warmhaus überwintert werden! Aber im ungeheizten Haus bei völligem Regenschutz sind keine Ausfälle zu befürchten. Alle *Sempervivum*, alle Kakteen der Gruppe Ia und I, alle genannten *Sedum* und alle Lewisien vertragen die größten Temperaturschwankungen im Hochwinter.

Sammlungen im Alpinenhaus oder ungeheizten Kleingewächshaus bei guter Lüftung

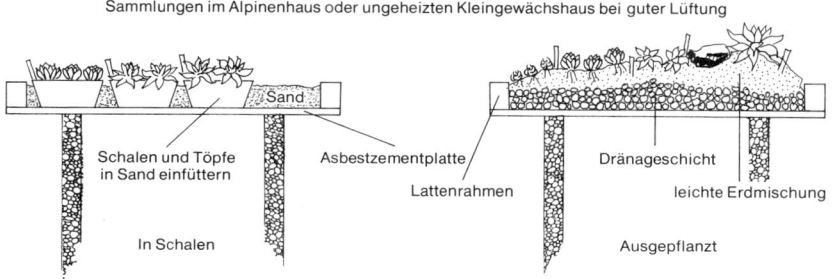

Schalen und Töpfe in Sand einfüttern Sand Asbestzementplatte Dränageschicht

Lattenrahmen leichte Erdmischung

In Schalen Ausgepflanzt

Tagsüber bei Sonneneinstrahlung hat es trotz Minus-Temperaturen im Freien oft bis nahe plus 20 °C, und nachts sinkt die Temperatur trotz des Schutzes vom Kleingewächshaus auf minus 5 – 8 °C ab. Es ist kein Schaden zu befürchten, die eingedickten Zellsäfte der Sukkulenten sorgen dafür. Voraussetzung ist, daß die Pflanzen nicht in feuchter Erde stehen.

Es gibt genügend Möglichkeiten, die Sammlung unterzubringen. Man kann im Grundbeet auspflanzen oder dort die Schalen und Töpfe einsenken. Diese können aber auch auf den Tischen stehen oder dort ausgepflanzt werden. Die letzte Möglichkeit läßt aber auch schon wieder gestalterische Variationen zu. Als Tischabdeckung haben sich besonders stärkere Asbestzementplatten bewährt. Die ganze zu bepflanzte Fläche erhält einen Holzrahmen von 8 – 10 cm Höhe. Eine dünne Dränageschicht von etwa 3 cm genügt. Die Tischplatte ist dabei so einzurichten, daß bei notwendigen Gießen das überschüssige Wasser an einer Stelle abläuft. Die leichte, unkrautfreie Erde kann dann bewegt gestaltet werden, unter Verwendung einer mehr oder weniger großen Anzahl von Tuffsteinen. Diese Art von Sammlung wirkt nach kurzer Zeit schon sehr dekorativ, hat allerdings den Nachteil, daß die Standortverhältnisse der einzelnen Arten verschieden sind und genaue Vergleiche erschweren.

Wer eine Sammlung im ungeheizten Kleingewächshaus anlegt, muß auch darauf achten, daß im Sommer keine feuchte Luft entsteht, deshalb ist ausreichende Lüftung Voraussetzung für diese Art Kultur bei harten Sukkulenten.

Grabbepflanzung

Sukkulente Pflanzen sind auch ideal für die Grabbepflanzung. Man wird zwar keine harten Kakteen verwenden, aber *Sedum* und *Sempervivum* bieten viele Vorteile. Besonders in den vergangenen Jahrzehnten wurde flächig pflanzbares *Sedum* gerne als Einfassung für Gräber verwendet oder die ganze Grabfläche damit bepflanzt. Es waren fast immer *Sedum spurium*-Sorten ('Eiskraut') oder neuerdings *Sedum hybridum* 'Weihenstephaner Gold'. Besonders dekorativ waren solche Pflanzungen nicht, aber sehr pflegeleicht.

Im letzten Jahrzehnt ist man etwas von der schematischen Standardbepflanzung weggekommen, die im Winter und Frühling meist aus „Stiefmütterchen" besteht und im Sommer und Herbst aus „Gottesaugen" (*Begonia semperflorens*). Unter den Bezeichnungen „Naturgräber", „Waldgräber", „Steingräber" setzt sich mehr und mehr eine naturnahe Pflanzung mit Zwerggehölzen und niederen Polsterpflanzen durch. Nichts liegt näher, als hier pflegeleichte, sukkulente Pflanzen mit zu verwenden.

Folgende Möglichkeiten bieten sich an:
1. Zwerggehölze und niedere Polsterstauden, einschließlich *Sedum* und *Sempervivum*,
2. Zwerggehölze und *Sedum* und *Sempervivum*,
3. Ausschließlich *Sedum* und *Sempervivum*.

Zugleich attraktiv und pflegeleicht ist die zweite Kombination. Wichtig ist, daß wirkliche Zwerggehölze verwendet werden, deren Zuwachs jährlich 2–3 cm nicht überschreitet. Ein entsprechendes Sortiment wurde im Abschnitt „Tröge, Kübel, Schalen (Zwerggehölzpartner)" aufgeführt. Es nützt der schönste, bunte Teppich aus *Sedum* und *Sempervivum* nichts, wenn er nach kurzer Zeit von in die Breite gehenden Zwergkoniferen überwachsen wird. Von den *Sedum*-Arten nimmt man besonders *Sedum spathulifolium* und seine Formen und andere bei den Trögen aufgeführte, kleinbleibende Arten. Das Hauptgewicht sollte bei den *Sempervivum*-Arten liegen. Besonders tellergroße Flächen von farblich gut kontrastierenden, dichtwachsenden Arten und Sorten wirken sehr dekorativ. Silbrig übersponnene

Sempervivum arachnoideum-Formen und -Hybriden sollten sich mit roten, schwarzbraunen, hellgrünen und weiteren bunten Rosetten abwechseln. Besonders, wenn die Grabstätte weit entfernt liegt oder gar in einem anderen Ort, macht sich diese Pflanzung vorteilhaft, sie bedarf fast keiner Pflege.

Sonstige Pflanzmöglichkeiten

Mit den harten Sukkulenten gibt es so viele Möglichkeiten wie bei keiner anderen Pflanzengruppe, auch extreme Plätze können bepflanzt werden. Mit etwas Phantasie lassen sich viele schöne Gartenelemente gestalten, besonders mit den *Sempervivum*-Arten.

Sempervivum auf Mauerkronen

Diese Art der Verwendung kommt der mittelalterlichen Pflanzung auf Hausdächern sehr nahe, woher der Name Hauswurz ja auch kommt. Natürlich lassen sich außer auf Strohdächern *Sempervivum* auch auf Ziegeldächern ansiedeln, allerdings nur bei leichter Neigung. Die Art der Neupflanzung ist jedoch die gleiche wie auf Mauerkronen und Torsäulen. Als Pflanzen kommen die gewöhnlichen *Sempervivum tectorum*-Typen in Frage, aber auch *S. montanum* und *S. arachnoideum*-Typen können verwendet werden.

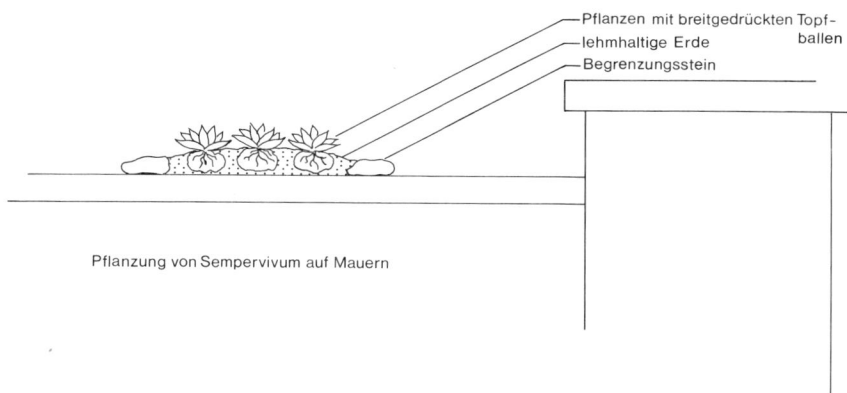

Pflanzung von Sempervivum auf Mauern

Gut ist es, Pflanzen mit Topfballen zu haben, den man für diesen Zweck etwas breit drückt, ohne den Ballen gänzlich zu lockern. Auf den zukünftigen Pflanzplatz gibt man einen kleinen, flachen Haufen Erde, die in diesem Falle etwas lehmiger und nahrhafter sein soll. Umgeben wird diese zukünftige Pflanzinsel mit einigen flachen Steinen. In die so vorbereitete Erde werden anschließend 2-3 *Sempervivum* gepflanzt. Selbstverständlich kann so eine Pflanzung nicht im Herbst, sondern muß im April-Mai durchgeführt werden. Wenn nicht gerade starke Niederschläge kommen, ist das junge *Sempervivum*-Polster bis zum Herbst gut eingewachsen.

Sicherer ist, diese Pflanzung auf einer mobilen Asbestzementplatte zu machen und erst im folgenden Frühjahr das gesamte *Sempervivum*-Polster mitsamt der Erde abzunehmen und an den zukünftigen Standort zu setzen. Die Asbestzementplatte kann bei längeren Niederschlägen einen Regenschutz erhalten, damit die noch nicht völlig durchwurzelte Erde nicht weggeschwemmt wird. Ist das *Sempervivum*-Polster einmal fest eingewurzelt, kann es Jahrzehnte sich selbst überlassen bleiben.

An solchen Plätzen gedeihen auch noch einige *Sedum*-Polster, doch fehlt solchen Pflanzungen ein stärkeres, dekoratives Aussehen.

Sempervivum im Mühlstein

Vereinzelt findet man noch einen alten Mühlstein, mit dem man einen dauerhaften Gartentisch bauen kann. Natürlich kann man eine ähnliche Natursteinplatte mit einem Loch im Zentrum von einem Steinmetz machen lassen. Als Tischsockel wird ein Betonrohr genommen, das in einem kleinen Aushub auf Stampfbeton gesetzt wird. Bevor jedoch die Arbeiten mit dem Beton beginnen, wird ein Stück altes Wasserleitungsrohr im Zentrum in die

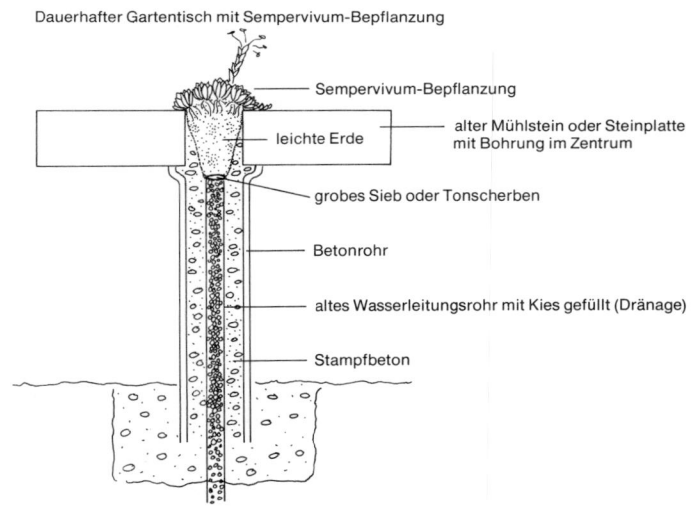

Dauerhafter Gartentisch mit Sempervivum-Bepflanzung

Sempervivum-Bepflanzung

leichte Erde

alter Mühlstein oder Steinplatte mit Bohrung im Zentrum

grobes Sieb oder Tonscherben

Betonrohr

altes Wasserleitungsrohr mit Kies gefüllt (Dränage)

Stampfbeton

Erde geschlagen für Dränagezwecke. Die Grube und das Betonrohr wird nun mit Beton vollgefüllt und festgestampft. Nach dem Aushärten wird der Mühlstein oder die neugefertigte Platte auf den stabilen Sockel gesetzt und das Loch schräg anbetoniert. Später wird das freibleibende Zentrum mit Erde gefüllt, nachdem über das obere Ende des Wasserleitungsrohrs ein durchlöchertes Zinkblech oder ein grobes Messingsieb gelegt wurde. Die Mitte der Steinplatte kann nun mit *Sempervivum* und *Sedum* bepflanzt werden. Stachelige Opuntien dürften fehl an diesem Platze sein.

Pflanzplatz mit kreisförmig gestellten Stammabschnitten, gute Dränage ist garantiert

Sempervivum in Treppen
Diese Art der Bepflanzung ruft oft Kopfschütteln hervor, doch auf der IGA 73 in Hamburg waren schöne Beispiele zu sehen. Hinter jeder Waschbetonstufe zog sich über die gesamte Treppenbreite ein etwa 10–15 cm breiter Erdstreifen, der mit *Sempervivum* bepflanzt war, jeder Streifen mit einer anderen Art. Das Thema kann variiert werden, über das Stufenmaterial und Art der Bepflanzung. Selbstverständlich ist diese Spielerei nicht für dauernd benutzte Treppen zu empfehlen, aber in einem Garten, in dem mit wenigen Stufen geringe Höhenunterschiede überwunden werden müssen, ist diese Art Pflanzung nachahmenswert. Am wirkungsvollsten und unempfindlichsten für diesen Zweck sind die verschiedenfarbigen *Sempervivum tectorum*-Formen und -Sorten.

Pflanzung im Baumstumpf
Alte Baumstümpfe, als Überbleibsel eigener, im Garten gerodeter größerer Bäume oder vom Wald in den Garten gesetzt, sind ebenfalls bepflanzbare,

dekorative Elemente. Voraussetzung ist, daß das Innere etwas ausgehölt werden kann. Ist der Kern schon etwas moderig, wird es keinerlei Schwierigkeiten geben. Bis auf die noch festere Randzone werden in etwas Erdauflage allerlei kleine *Sempervivum* und *Sedum* gepflanzt, dazwischen wirkt auch ein kleiner Schafschwingel gut, auch um den Stumpf kommen einige Gräser, vielleicht aufgelockert durch einige schöne Steine. Auf die Nordseite dieses originellen Pflanzplatzes können auch kleinere Farne gesetzt werden. Ähnliche Gebilde lassen sich auch mit Korkrinde gestalten.

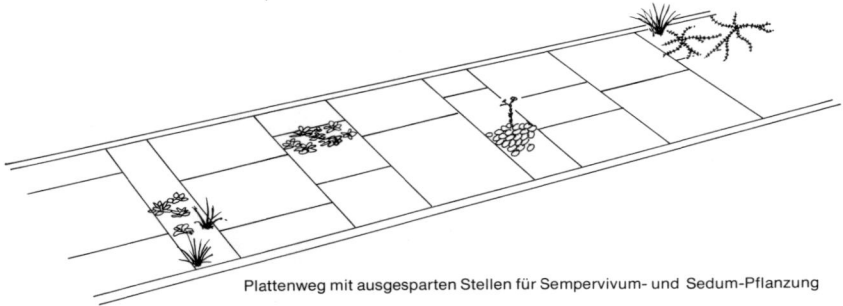

Plattenweg mit ausgesparten Stellen für Sempervivum- und Sedum-Pflanzung

Weitere Plätze

Hübsch sind kleine *Sempervivum*-Planzungen in allerlei kleinen Tonwaren. Kaufhäuser bieten verschiedentlich unglasierte indianische Töpfe aus Südamerika an. Hier kommen besonders *Sempervivum arachnoideum*-Formen zum Bepflanzen in Frage. Es finden sich viele Plätze im Garten, wo man solche kleinen Sachen aufstellen kann. Sie bedürfen ja keiner Pflege. Wer sucht, der findet noch viele Möglichkeiten – wobei man über den Geschmack manchmal streiten mag. Wem es gefällt, der kann einen Schubkarren im Vorgarten bepflanzen oder die Schale eines Gartenzwerges, die Pflanzen machen auf alle Fälle mit.

Sempervivum und Jovibarba

Allgemeines

Diese sukkulenten Rosettenpflanzen, die zu den Crassulaceaen gehören, sind wohl das Anspruchsloseste, was es bei winterharten Kleinstauden gibt. Ihr Name trifft den Nagel auf den Kopf: „immerlebend".

Sempervivum tectorum gehört wahrscheinlich zu den ältesten Pflanzen, die sich der Mensch, ohne sichtbaren Nutzen zu haben, in den Garten holte.

Als „Hauswurz", „Donnerwurz" oder „Dachwurz" wurde das *Sempervivum* auf strohgedeckte Dächer gepflanzt. Man sieht es vereinzelt noch in Norddeutschland und Dänemark an diesen ihren uralten Lebensstätten. Es ist nicht reiner Aberglaube, daß mit Donnerwurz bewachsene Dächer nicht so leicht vom Blitz entzündet wurden. Die Pflanzen ließen sich erst darauf ansiedeln, wenn das Strohdach etwas älter war und eine gewisse Feuchtigkeit aufwies. Es leuchtet ein, daß ein frisch gedecktes, trockenes Strohdach durch Blitzschlag leichter in Brand geriet als ein älteres, feuchtes.

Im Laufe der Zeit hat sich in den privaten und öffentlichen Gärten ein großes Sortiment an *Sempervivum*-Arten, -Naturhybriden und -Sorten an-

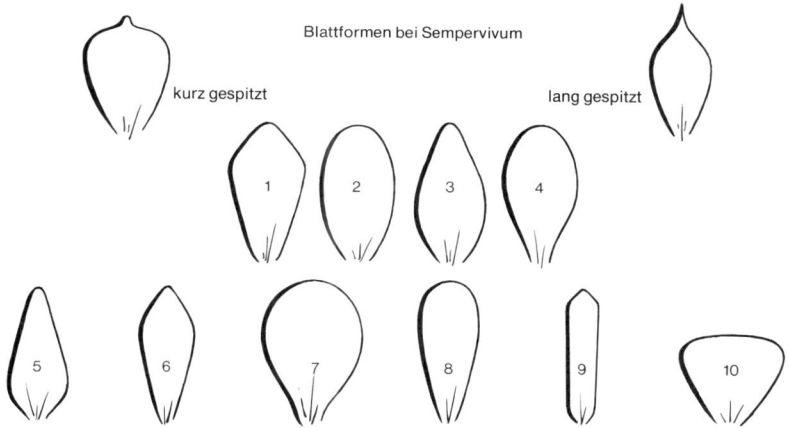

Blattformen bei Sempervivum (in Klammern die englische Bezeichnung). 1 keilförmig (cuneate), 2 oval (oval), 3 eiförmig (ovate), 4 verkehrt-eiförmig (obovate), 5 lanzettlich (lanceolate), 6 verkehrt-lanzettlich (oblanceolate), 7 rundlich (orbicular), 8 spatelig (spatulate), 9 linealisch (linear), 10 keilförmig (cuneate).

gesammelt, und jährlich kommen neue hinzu. Bei vielen Hobbygärtnern ist diese Vielfalt hinsichtlich Form, Größe, Färbung, Behaarung noch völlig unbekannt. Die Rosetten sind dicht kugelig bis breit offen, die einzelnen Blätter spitz-lanzettlich bis abgerundet, dünn- oder dickfleischig. Der Durchmesser ist ebenso unterschiedlich, er schwankt zwischen $1/2$ cm bei *Sempervivum arachnoideum*-Zwergformen bis zu 30 cm bei einzelnen *Sempervivum tectorum*-Hybriden. Noch größer ist die Farbskala. *Sempervivum* zeigen zu jeder Jahreszeit andere Nuancen. Die große Zeit der Färbung liegt bei den meisten in den Monaten April bis Juli. Vereinzelte (z. B. die *S. tectorum*-Sorte 'Seerosenstern') zeigen ihre schönsten Farben schon im März, andere bleiben auch über die Monate hinaus schön gefärbt. Viele werden aber ab Hochsommer, nach der Blütenbildung, hinsichtlich der Tönung unscheinbar. Im November herrscht ein stumpfes Grüngrau vor, und ein *Sempervivum*-Beet, das im Frühsommer ein Farbenfeuerwerk gezeigt und von allen Besuchern bestaunt wurde, wird dann kaum beachtet. Zu der Zeit, in der die Gartensehnsucht am größten ist, spielen viele Rosetten von Gelbgrün bis Blaugrün, Hell- und Dunkelgrün ist vorhanden. Oft ist ein gräulicher Schimmer beigemischt, und von Bleichgelb bis zu tiefen Ockertönen sind Rosetten vorhanden. Manche sind rosa überhaucht, andere in mittlerem Rotbraun bis zu dunklem Purpurrot, violette Farben sind dabei, und Schwarz ist durch ein dunkles Schwarzrot nahezu erreicht. Überdies zeigen die Rosetten nicht nur eine Tönung, sondern mehrere, die ineinander übergehen.

Alles wird durch die bei einem großen Teil der Arten, Naturhybriden und Sorten vorhandene Behaarung unterstrichen. Da gibt es dicht-drüsenhaarige Rosetten, solche mit Randwimpern, andere mit Haarbüscheln auf der Spitze, oder bei anderen ist alles vorhanden. Durch *Sempervivum arachnoideum* und Hybriden sind die sogenannten Spinnwebhaare hinzugekommen. Mehr oder weniger ziehen von Blattspitze zu Blattspitze einzelne weiße Fäden, die teils ganzjährig vorhanden sind, teils im Winter ganz ver-

Oben: Sempervivum-Tröge im Bot. Garten Erlangen. Die Abwechslung von dunklen Sempervivum tectorum-Hybriden, mit hellen Sempervivum arachnoideum macht diese Pflanzung so dekorativ. Im Hintergrund verschiedene Gräser und Campanula alliariifolia. Unten: Auf Torbögen und Eingängen alter Häuser findet man noch solche Hauswurznester (Sempervivum tectorum). Viele Jahrzehnte, oft Jahrhunderte wachsen sie dort, buchstäblich von ihrem eigenen Mist zehrend.

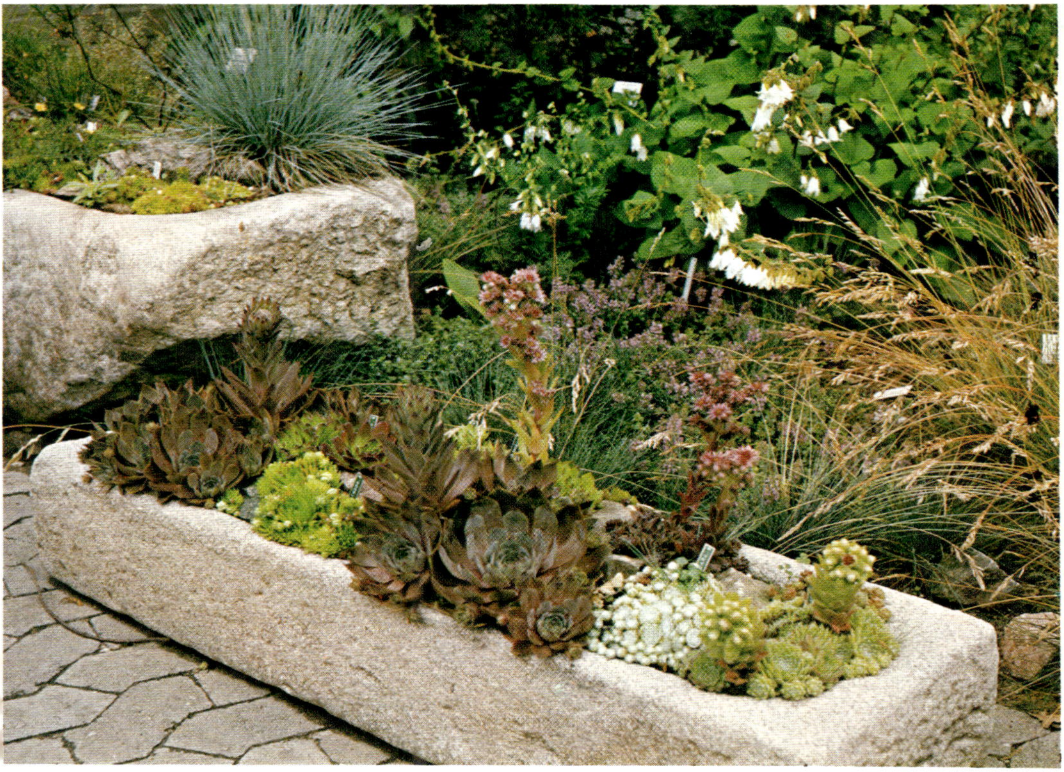

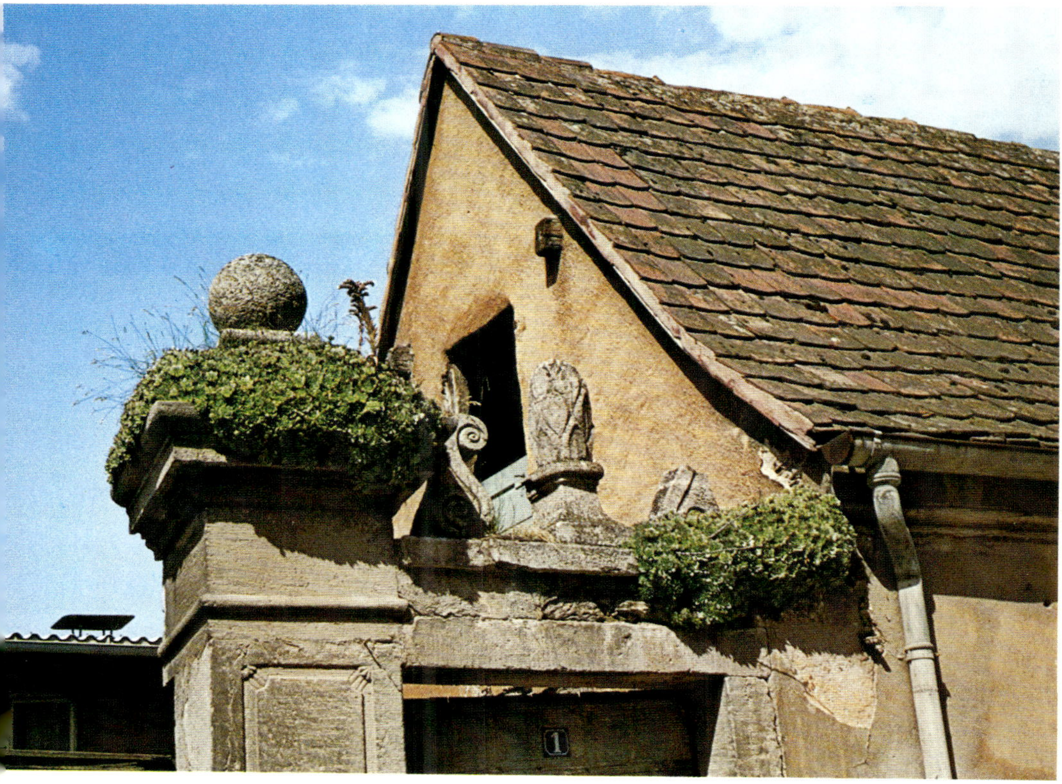
1

schwinden. Der dekorative Effekt wird durch die verschiedenartige Bildung der Tochterrosetten unterstrichen. Die Ausläufer sind teils kurz, teils lang, dick oder dünn, wenig oder zahlreich. Bei den *Jovibarba* (in den meisten Katalogen sind sie noch als *Sempervivum* aufgeführt) bilden sich kleine Tochterrosetten an der Oberseite der alten Rosetten, die nach genügender Kräftigung herunterkullern und am Ruheplatz bald Wurzeln schlagen. Das führte bei den Engländern zu dem Namen „Hen and Chickens". Bei *Jovibarba heuffelii* mit seinen vielfältigen Formen entstehen immer wieder neue Rosetten durch Teilung der alten Rosetten, Bildung einzelner Wirbel.

Behaarung bei Sempervivum

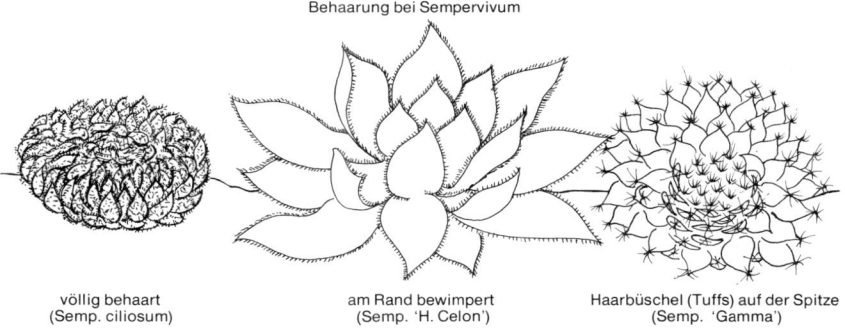

völlig behaart
(Semp. ciliosum)

am Rand bewimpert
(Semp. 'H. Celon')

Haarbüschel (Tuffs) auf der Spitze
(Semp. 'Gamma')

Außer den schönen, dekorativen Rosetten ist in den meisten Fällen auch die Blüte sehr zierend. Die Neigung zur Blütenbildung ist von Art zu Art sehr unterschiedlich und auch sehr standortabhängig. Die Rosette, die die Blüte ausbildet, ist monokarp, sie stirbt anschließend ab. Die Blüten können rosa, rosenrot, braunrot, gelbrot, zartgelb, gelb oder auch weißlich gefärbt sein. Bei *Sempervivum* sind pro Blüte 8–16 Petalen vorhanden, meist sind es 11–12, und bei *Jovibarba* sind es nur 6–7. Das ist ein wichtiges Unterscheidungsmerkmal zwischen den beiden eng verwandten Gattungen. Bei manchen *S. tectorum*-Hybriden sind die Blüten etwas schmutzigrot; der

Oben: Das ganze Formen- und Farbenspiel der Sempervivum zeigt sich erst bei Nahbetrachtung. Leider geben selbst beste Farbdrucke die oft leuchtend rote Tönung nicht voll wieder. Unten links: Hier wird der Größenunterschied verdeutlicht. Die Sempervivum tectorum-Hybride 'Typ Feldmaier' erreicht an günstigen Plätzen 30 cm Durchmesser. Daneben im Topf Sempervivum arachnoideum 'Minor', die Zwergspinnwebhauswurz. Unten rechts: Sempervivum 'El Toro' im August, die Frühlingsfärbung ist noch leuchtender.

gesamte Blütenstand ist aber sehr imposant, es werden vereinzelt Höhen bis über 50 cm erreicht. Die Blütenstiele sind teils mehr, teils weniger beblättert und stark oder weniger stark behaart.

Sempervivum sind mit wenigen Ausnahmen Vertreter der europäischen alpinen Flora, besonders in den Alpen kommt eine größere Anzahl vor und ist westwärts in den Pyrenäen und in verschiedenen spanischen Gebirgen vertreten, weiter im Apennin, in den Karpaten, in den Balkangebirgen, in der Türkei und im Kaukasus. Das östlichste Vorkommen endet in den Gebirgen des Irans. Nach Norden stößt besonders *Jovibarba sobolifera* vor, sie ist teilweise in den Bergen und im Flachland Mitteleuropas vorhanden. Das südlichste und einzige Vorkommen in Afrika liegt im Atlasgebirge Marokkos, dort wächst *Sempervivum atlanticum*.

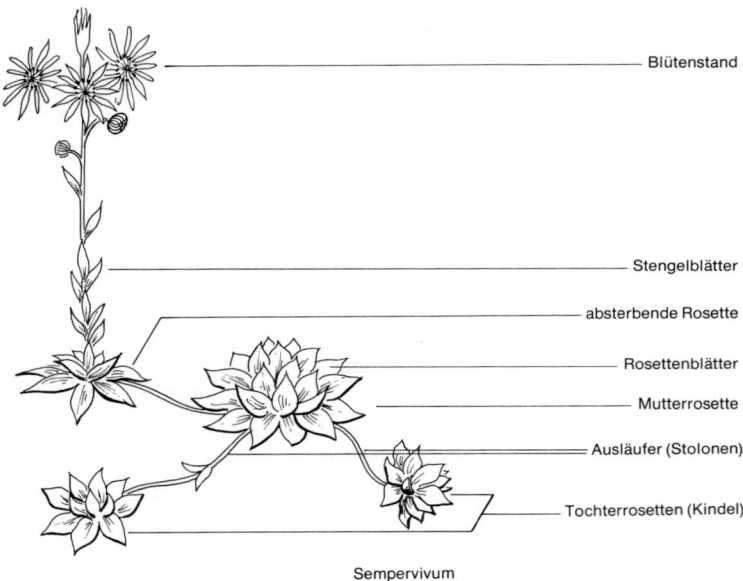

Sempervivum

Zur Systematik der Gattung Sempervivum

Ähnlich wie bei anderen großen Pflanzenverwandtschaften wurde auch bei *Sempervivum* wiederholt der Versuch gemacht, diese Gattung nach bestimmten morphologischen Merkmalen aufzugliedern. Es wird wohl nie in einem starren System enden, da immer neue Erkenntnisse, An- und Aberkennung des Spezies-Status, Neufunde und auch ein Teil persönlicher Anschauung eine Rolle spielen. Ich bin deshalb bei der Aufführung der Arten bewußt einer systematischen Ordnung aus dem Wege gegangen. Statt dessen sollen hier drei verschiedene Versuche einer systematischen Gliederung aufgeführt werden, um dem interessierten Sempervivumliebhaber Anhaltspunkte zu geben.

Den ersten großen umfassenden Versuch einer Gliederung in neuerer Zeit machte R. Lloyd Praeger. Seine Veröffentlichung von „An Account of the Sempervivum Group" durch The Royal Horticultural Society im Jahre 1932 setzte den ersten Meilenstein. Neben den Gattungen *Aichryson, Aeonium, Greenovia* und *Monanthes* enthält dieses Buch auch die eigentliche Gattung *Sempervivum*. Es ist erfreulich, daß durch einen Neudruck aus dem Jahre 1967 dieses Werk einem breiten Kreis von Interessenten zugänglich gemacht wurde. Die Monographie enthält folgende Einteilung:

Sektion Eusempervivum Schoenland
1. *Sempervivum arachnoideum* Linn.
   S. a. var. *glabrescens* Willkomm.
   S. a. var. *tomentosum* (Lehm. et Schnittsp.) Hayek
   S. a. × *grandiflorum*
   S. a. × *montanum*
   S. a. × *montanum* × *wulfenii*
   S. a. × *tectorum*
   S. a. × *wulfenii*
2. *Sempervivum montanum* Linn.
   S. m. var. *stiriacum* (Wettstein) Praeger
   S. m. f. *braunii* (Funck) Praeger
   S. m. var. *burnatii* (Wettstein) Praeger
   S. m. × *tectorum*
   S. m. × *wulfenii*
   S. × *funckii* F. Braun
3. *Sempervivum dolomiticum* Facch.
4. *Sempervivum macedonicum* Praeger
5. *Sempervivum kosaninii* Praeger
6. *Sempervivum erythraeum* Velenovsky
7. *Sempervivum pumilum* Bieb.
8. *Sempervivum schlehanii* Schott
9. *Sempervivum atlanticum* Ball

10. *Sempervivum tectorum* Linn.
    S. t. var. *alpinum* (Griseb. et Schenk) Praeger
    S. t. var. *glaucum* (Tenore) Praeger
    S. t. var. *tectorum* (Linn. sensu stricto)
    S. t. var. *calcareum* (Jordan) Cariot et St. Lager
    S. t. × *wulfenii*
    S. × *calcaratum* Baker
11. *Sempervivum caucasicum* Ruprecht
12. *Sempervivum grandiflorum* Haworth
    S. g. × *montanum*
    S. g. × *tectorum*
13. *Sempervivum ruthenicum* Koch
14. *Sempervivum kindingeri* Adam.
15. *Sempervivum pittonii* Schott, Nym. et Kotschy
16. *Sempervivum leucanthum* Pančic
17. *Sempervivum ciliosum* Craib
    S. c. × *erythraeum* Praeger hybr. nov.
18. *Sempervivum wulfenii*

Sektion Jovibarba Mertens et Koch
19. *Sempervivum heuffelii*
20. *Sempervivum allionii* (Jordan et Fourreau) Nyman
21. *Sempervivum hirtum* Linn.
22. *Sempervivum soboliferum* Sims
23. *Sempervivum arenarium* Koch

Eine interessante, wesentlich erweiterte Systematik liegt aus dem Jahr 1935 vor. Sie basiert auf A. Berger, Crassulaceen, erweitert nach Angaben von Ökonomierat F. Sündermann und Dipl.-Volkswirt H. Eilitz. Diese gibt auch Hinweise zu dubiosen Namen.

Sektion I. Eusempervivum: Blüten sternförmig offen, 8–18blättrig, Rosetten mit Tochterrosetten an starken Trieben
A. Blüten rot
   Blätter kahl, Rosetten groß
      S. calcareum Jord.
      S. versicolor Vel.
      S. tectorum L.

S. t. ssp. *alpinum* Griseb. (= *S. fuscum* Schnittsp. et Lehm.)

S. t. ssp. *alpinum* var. *tirolense* Sünd.

S. t. ssp. *schottii* Baker

  nahestehend: *S. acuminatum* Schott

       S. mettenianum Schnittsp. et Lehm.

       S. spectabile

       S. glaucum Wohlf.

S. t. ssp. *glaucum* Tenore

S. t. ssp. *tectorum* L., dazu var. *rhenanum* Hegi

S. t. ssp. *caucasicum* Ruprecht

S. t. ssp. *atlanticum* Hook

  Hybriden: *S. widderi* Schnittsp. et Lehm.

      (S. tect. alp. × *wulfenii)*

      S. rhaeticum Bruegg.

      (S. tect. alp. × *montanum)*

      S. thomayeri hort.

      S. heerianum Bruegg. } *(S. arachn.* × *tect.)*

      S. fauconettii Reuter

      S. tect. alp. × *arachn.*

  hierzu: *S. triste*

      S. robustum

      S. pyrenaicum

      S. atropurpureum

      S. violaceum

Rosetten sehr klein

 S. pumilum Marsch.

 S. minutum Kze.

Blätter behaart, oft nur bei jungen Rosetten

 S. flagelliforme Fisch.

 S. schlehanii Schott

  nahestehend: *S. assimile* Schott

       S. rubicundum Schur.

 S. schlehanii var. *dinaricum* Beck

 S. schlehanii var. *blandum* (Schott) Hayek

  nahestehend: *S. buddeni* (Serb.)

       S. arvernense Lec. et Lamot.

Blätter immer behaart, Rosetten klein

S. erythraeum Vel.

S. dolomiticum Facch.

S. montanum L. ssp. *montanum*

S. m. ssp. *montanum* var. *pallidum* (gelb-weiß)

S. m. ssp. *stiriacum* Wettst.

S. m. ssp. *stiriacum* var. *braunii* Funck (Blüte gelb)

S. m. ssp. *burnatii* Wettst.

S. m. ssp. *carpaticum* Wettst.

    nahestehend: *S. debile* Schott

                        S. boutignyanum Schulz

                        S. funckii Maly

    Hybriden: *S. funckii* F. Braun

                        (S. arachn. Doell. × *tect. alp.* × *mont.* var. *stir.)*

                        S. rupicolum Kern.

                        S. huteri Hausm.   (alle = *S. mont.* ×

                        S. braunii Facch.   *wulf.)*

                        S. theobaldi Bruegg.

                        S. pernhofferi Hayek

                        (S. mont. stir. × *wulf.)*

                        S. pseudo-funckii Sünd.

                        (S. arachn. × *alp.* × *mont.)*

Rosetten spinnwebig

S. arachnoideum L.

S. a. var. *tomentosum* Schnittsp. et Lehm.

S. a. var. *glabrescens* Willk.

    var. *tomentosum*

    nahestehend: *S. laggeri* Schott

                        S. webbianum

    var. *glabrescens*

    nahestehend: *S. doellianum* Schnittsp. et Lehm.

                        S. heterotrichum Schott

                        S. moggridgei Hook.

S. a. var. *oligotrichum* (Hampe) Wettst.

    Hybriden: *S. angustifolium (S. arachn.* × *tect. alp.)*

                        S. flavipilum Hausm.

                        S. hausmannii Lehm.   *(S. arachn.* × *tect. schottii)*

S. mettenianum Hausm.

S. fimbriatum Schott (*S. arachn..*
var. *glabr.* × *wulfenii*)

S. roseum Huter (*S. arachn.*
var. *glabr.* × *wulfenii*)

S. vaccari (*S. arachn.* var. *glabr.* × *gaudinii*)

S. barbulatum Schott ⎫
S. delassoiei Schnittsp. ⎪
S. auersdorfferi Huter ⎪
S. hausmannii Auersdorff. ⎬ (*S. arachn.* var.
S. hybridum Bruegg. ⎪ *glabr.* × *montanum*)
S. fimbriatum Wohlf. ⎪
S. funckii ⎭

S. noricum Hayek (*S. arachn.* var.
glabr. × *mont. stir.*)

S. richenii Sünd. (*S. arachn.* var.
glabr. × *tect. alp.*)

S. comolli Rota (*S. wulfenii* × *tect. alp.*)

B. Blüten gelb oder weiß
   Blätter kahl
   S. wulfenii Hoppe

Blätter behaart, Staubfäden rot
   S. gaudinii Christ (= *S. globiferum* Gaud.)
   hierzu   *S. grandiflorum* Haw.
   Hybriden: *S. gaudinii* × *tect. alp*
                 S. gaudinii × *montanum*
   S. kindingeri Adamov
   S. ruthenicum Koch

Blätter behaart, Staubfäden weiß
   S. pittonii Schott
   S. leucanthum Panč.
   dazu Hybriden *S. ciliosum* × *leucanthum*
                 (im Balkan)
   S. pannonicum

S. borisii Degen et Urum. var. *ciliosum* (Panč.) Hayek
  nahestehend: *S. armenum* Boiss.
S. globiferum L.

Sektion II. Jovibarba: Blüten glockig, gelb, 6blättrig
A. Rosettenteilend
  S. heuffelii Schott
    nahestehend: *S. patens* Griseb. et Schenk
              S. reginae-amaliae hort.
S. glabrum Beck (= *S. heuffelii* var. *glabrum*) bisweilen als *S. reg.-amaliae*
S. kopaonicense Panč.

B. Kugelige Rosetten mit Tochterrosetten an dünnen Stielen
  Blätter behaart
    S. allionii Jord. et Fourr. (= *S. hirtum* All.)

  Blätter kahl
    S. soboliferum Sims (= *S. globiferum* Rehb. = *S. hirtum* Wimm. et. Grab.)
      hierzu: *S. soboliferum* Karpatenform
              S. soboliferum var. *simonkaianum*
              S. hirtum var. *hillebrandti* Schott
    S. hirtum L. (= *S. globiferum* Jacq.)
    S. arenarium Koch (= *S. kochii* Facch.)
    S. neilreichii Schott

Neueren Datums ist das System nach J. A. Huber, Versuch einer natürlichen Gliederung der Gattung Sempervivum. Von dieser Gattung ist die frühere Sektion *Jovibarba* als eigene Gattung *Jovibarba* abgespalten. Die Aufpflanzung im Staudensichtungsgarten Weihenstephan ist nach diesem System, in etwas modifizierter Form, durchgeführt worden. Kaum allgemeine Anerkennung kann bei der Gattung *Jovibarba* die Aberkennung des Spezies-Status bei *J. allionii, J. arenaria, J. sobolifera* und *J. hirta* finden, die nach dem System von Huber als Subspezies von *J. hirta* rangieren. Auch die Engländer konnten sich diesem Gedanken nicht anschließen.

Gattung Sempervivum

Sektion Arachnoidea Lehm. et Schnittsp. 1856 – Ros. und Stengel.B. an der B.spitze mit Haarschöpfen. – *S. arachnoideum* – Pyrenäen, Alpen, Apennin.

Sektion Ciliata Lehm. et Schnittsp. 1856; Baker 1879 – Ros.B. ohne Haarschopf, B.ränder bewimpert, B.flächen kahl, verkahlend oder kurz behaart, aber nicht drüsig.

   a) Subsektion Tectorae Huber – Westl. Ast

      1. Rot blühend. – *S. atlanticum*, Afr.: Atlas; *S. andreanum*, *nevadense*, *vincentei*, Spanien; *S. tectorum*, W- und M-Eur. bis Ungarn.

      2. Gelb blühend. – *S. wulfenii*, Alpen: Schweiz bis Steiermark

   b) Subsektion Clusianae Huber. – Östl. Ast

      1. Rot blühend. – *S. marmoreum*, *italicum*, *borissovae*, *caucasicum*, Italien: Apennin; Balkan; *S. iranicum*, W-As.

      2. Gelb blühend. – *S. armenum*, Kl. As.

Sektion Glandulosa Huber 1959 (Sekt. Papillosae und Sekt. Villosae Lehm. et Schnittsp., 1856. Sekt. Pubescentia Bak. 1870). – B. beiders. behaart und mit Drüsenhaaren untermischt.

   a) Subsektion Montanae Huber – Westl. Ast

      1. Rot blühend. – *S. cantabricum*, *giuseppii*, Spanien; *S. dolomiticum*, Alpen: Dolomiten; *S. montanum*, Pyrenäen, Alpen und Karpaten.

      2. Gelb blühend. – *S. grandiflorum*, *pittonii*, Alpen.

   b) Subsektion Globiferae Huber – Östl. Ast

      1. Rot blühend. – *S. ballsii*, *erythraeum*, *kosaninii*, *macedonicum*, Balkan; *S. altum*, *ingwersenii*, *ossetiense*, *pumilum*, UdSSR: Kaukasus.

      2. Gelb blühend mit roten Staubgefäßen. – *S. ciliosum*, *minus*, *kindingeri*, *leucanthum*, *octopodes*, *ruthenicum*, *thompsonianum*, *transcaucasicum*, *zelebori*.

Gattung Jovibarba (syn. *Diopogon*)

Jovibarba heuffelii (Schott) A. et D. Löve

J. h. var. *glabra*

J. h. var. *heuffelii*

J. h. var. *kapaonikensis*

J. h. var. *patens*

J. h. var. *reginae-amaliae*
J. h. var. *stramineus*

Jovibarba hirta (L) Opiz
J. h. ssp. *allionii* (Jordan et Fourreau) D. A. Webb
J. h. ssp. *arenaria* (Koch) Opiz
J. h. ssp. *sobolifera* (Sims) Opiz
J. h. ssp. *hirta*

Die Artnamen wurden in diesen Systemen unverändert gelassen, sie entsprechen nicht immer der heute geltenden Nomenklatur.

Namenswirrwarr

Es gibt kaum eine andere Gattung, bei der ein solches Durcheinander der Namen herrscht wie bei den *Sempervivum*. Verschiedene Fakten haben dazu geführt, an erster Stelle wohl die starke Neigung zur Hybridisierung. Besonders die Alpen sind ein zentraler Ort der Bildung von Kreuzungen. Dort finden sich *Sempervivum arachnoideum, S. dolomiticum, S. grandiflorum, S. montanum, S. pittonii, S. tectorum* und *S. wulfenii*. Jede Art hat ihre bestimmte Region, aber in vielen Fällen überschneiden sich die Gebiete von zwei oder mehreren Arten. Die Folge ist eine große Anzahl von Naturhybriden. Es gibt sogar Naturhybriden, an deren Entstehung mehrere Arten und Unterarten mitgewirkt haben.

Entsprechend dem bei manchen Arten vorhandenen Verbreitungsgebiet hat sich oft eine große Anzahl von deutlich unterschiedlichen Lokalformen herausgebildet, die wieder zu morphologisch anderen Hybriden führen können, selbst bei gleichen Eltern. Die leichte Kreuzbarkeit hat auch in der Gartenkultur eine Anzahl von Zufallshybriden hervorgebracht. Zu all dieser Vielfalt fühlte sich der Mensch dazu berufen, das Durcheinander noch zu vermehren. Verschiedene Botaniker gaben jeder etwas abweichenden Lokalform einen Artnamen. Ein Musterbeispiel gibt die Art *Sempervivum tectorum*. In „An Account of the Sempervivum Group" von Praeger findet man 10 solche von Lamotte als Art benannte Formen. Die Autoren Jordan und Fourreau halten in dieser unberechtigten Namensflut den Rekord. Dreißig Lokalformen von *Sempervivum tectorum* erhoben sie in den Spezies-Status. Eine weitere Eigenart der *Sempervivum* half zusätzlich die Unsicherheit zu vergrößern. Je nach Boden, Witterung, Alkalität und Jahreszeit zeigen verschiedene Arten große Unterschiede in der Form, Rosettenfärbung, Behaarung und Größe. Es ist durchaus möglich, daß es sich bei einer grünen großen, weit geöffneten Rosette und einer, die kleiner ist, eine rötliche Färbung zeigt und bei der die Rosettenblätter nach innen gebogen sind, um ein und dieselbe Art handelt, die nur an verschiedenen Naturstandorten gesammelt wurden. Bei späterer gleicher Kulturbedingung und Pflanzplatz werden sich die Rosetten wieder angleichen. Auch Natur- und Zufallshybriden wurden nicht gleich als solche erkannt und in den Spezies-Status erhoben. Deshalb schwirren durch die Kataloge, Bücher, Gärten und Pflanzensammlungen so viele Pseudoarten und auch Synonyme*, daß selbst die Spezialisten unter den Botanikern sich nicht mehr auskennen.

Nichts gegen Hybriden, sie bringen in vielen Fällen eine Steigerung der Eigenschaften der Elternsorten, aber sie sollten einen deutlich erkennbaren Sortennamen erhalten und keine Artbezeichnung. Wer eine besondere Form bei Bergwanderungen findet und sie nicht genau bestimmen kann, sollte diesen Fund dann z. B. als *Jovibarba* „Dreizinnen" oder *Sempervivum* „Mallnitz" führen. Anders dagegen die Züchter neuer Sorten, die ihren Spitzenergebnissen einen Sortennamen geben. Bei dem Durcheinander haben natürlich auch noch andere Faktoren eine Rolle gespielt, so das oft gleichmäßige Aussehen in den Herbst- und Wintermonaten, oder die Amseln, die im Herbst Rosetten und Namensschilder durcheinander werfen.

Große Verwirrungen kommen auch durch Besucher von öffentlichen Anlagen und botanischen Gärten zustande. Oft werden Etiketten aus Mutwillen herausgenommen und an anderer Stelle wieder hineingesteckt. Oder eifrige Fotografen stört die Etikettierung bei der Aufnahme und das Zurücksetzen des Schildes wird vergessen. In diesem Fall ist es nicht verwunderlich, wenn bei solchen Sammlungen Kunststoffnetze nicht nur gegen die Amseln darüber gespannt werden, sondern auch gegen solche Mitmenschen. Wie bekannt ähneln sich, außer in der Haupt-Färbezeit, viele Arten und Hybriden, so daß selbst ein geschulter Gärtner die Verwechslung nicht gleich entdeckt. Die Folge ist, daß man auch von namhaften botanischen Gärten und ähnlichen Anlagen oft völlig falsche Arten bekommt, die die Verwirrung des Sammlers noch steigern.

Um dieses Durcheinander nicht nochmals zu vergrößern, wurden in diesem Buch nach dem neuesten Stand nur die Arten beschrieben, Naturhybriden, die eindeutig identifiziert sind, und die Sorten aus kontrollierten

---

* Siehe dazu die Liste der inkorrekten *Sempervivum*-Namen mit ihren Richtigstellungen auf Seite 85

Züchtungen. Alles andere, z. B. Pseudospezies, bei denen oft in jeder Gärtnerei eine andere Pflanze vorhanden ist und bei denen es sich meist um
Sempervivum tectorum-Formen und -Hybriden handelt, wurden weggelassen. Aus all diesen Ursachen ist zu ersehen, daß die Bemühungen, Klarheit
auf diesem Gebiet zu schaffen, weitgehendste Anerkennung gezollt werden
muß. Sei es in botanischen Gärten (Tübingen), Staudensichtungsgärten
(Freising-Weihenstephan) durch Sammlung, Systematik und Vergleich der
lebenden Pflanzen oder durch laufende Publikationen und Farbfoto (Sempervivum Society). Es ist zu hoffen, daß es im Laufe der Zeit gelingen wird,
auf diesem Gebiet Ordnung zu schaffen. Wenn genügend standardisiertes
und geprüftes Vergleichsmaterial in diesen öffentlichen Gärten vorhanden
ist, dürfte es den Staudengärtnereien und ähnlichen Betrieben nicht mehr
schwer fallen, auch hier eine „Flurbereinigung" durchzuführen. Dieses
Durcheinander hat verschiedentlich in Gärtnereien dazu geführt, daß *Sempervivum* nicht mehr mit der Artbezeichnung geliefert werden, da die ohne
Absicht falsch gelieferten Pflanzen zu erheblicher Kritik und zu Reklama-
tionen von Seiten mehr oder weniger gut unterrichteter Kunden führte.

Der Sammler, dem es nicht allein auf das dekorative Aussehen der
Pflanze ankommt, sondern der auf die genaueste Bezeichnung Wert legt,
muß große Sorgfalt bei der Etikettierung walten lassen. Keinesfalls sollte
man sich bei Neuankömmlingen auf die mitgelieferten Namensschilder ver-
lassen. Aus England und den USA erhält man meist sowieso nur Papp- oder

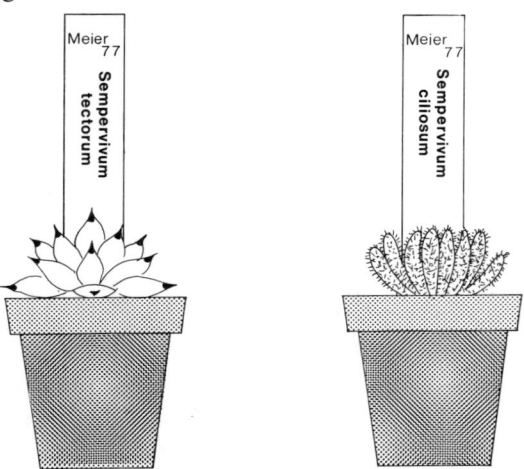

Bei der Vermehrung kräftige Etiketten verwenden. Beschriften
mit Namen, Herkunft und Jahr

Holzetiketten, die sofort ausgetauscht werden sollten gegen solche aus Kunststoff. Manche einheimische Gärtnereien liefern zwar Kunststoff-schilder mit, aber die Schrift des Filzschreibers oder die Schreibmaschinen-schrift wird oft schnell ausgebleicht. Deshalb wird man auch diese am be-sten gleich durch eigene Stecketiketten ersetzen.

Heute, nach jahrzehntelanger Erfahrung mit *Sempervivum*-Etiketten, nehme ich nur noch große, 18 cm lange und 3 cm breite Stecketiketten. Sie werden mit einem wasserfesten Filzstift beschriftet. Vermerkt werden der genaue Name und die Bezugsquelle. Die Etiketten werden dicht bei den Pflanzen tief in den Boden gesteckt, was auch bei schweren Böden keine Mühe macht, wenn man mit einem langen Messer vorsticht.

Wenn man nomenklatorisch ganz korrekt sein will – und das läßt sich in bestimmten Fällen nicht vermeiden –, muß man zur botanischen Bezeich-nung noch den Autornamen setzen, also den Namen derjenigen Person, die der Pflanze ihren wissenschaftlichen Namen gegeben hat. Oft sind Abkür-zungen der Autornamen üblich. Um keine nomenklatorischen Zweifel auf-kommen zu lassen, wurden die Autornamen bei den nachfolgenden Be-schreibungen angegeben. Der Anfänger soll sich dadurch nicht verwirren lassen, er wird bald erkennen, daß die Autornamen keine Belastung, son-dern eine Hilfe sind. Das wird auch in der nachfolgenden Liste deutlich.

Inkorrekte Namen von Sempervivum mit Richtigstellungen

Es ist zu beachten, daß bei Synonymen und Phantasiebezeichnungen oft mehrere Erklärungen zu finden sind, hier hilft der Autorname zu unter-scheiden.

S. acuminatum = *S. tectorum* var. *glaucum* (Tenore) Praeg. oder eine Form
    davon

S. affine Lamotte = *S. tectorum*-Form

S. × *albidum* = *S. tectorum* × *wulfenii*

S. alpestre = *S. montanum* L.

S. alpinum Griseb. et Schenk = *S. tectorum* ssp. *alpinum* (Griseb. et
    Schenk) Praeg.

S. ambiguum = *S. tectorum*-Form

S. × *angustifolium* Kerner = *S. arachnoideum* ssp. *arachnoideum* × *S. tecto-rum* ssp. *alpinum* (Naturhybr.)

S. anomalum hort. = *S. montanum* L.

S. arachnoideum ssp. *doellianum* (C. B. Lehm.) Schinz et Keller = *S. arach-noideum* ssp. *arachnoideum*

S. arachnoideum 'Major' = ungeklärte, großrosettige Form von *S. arachnoideum* oder *S. arachnoideum*-Hybride

S. arvernense Lecoq et Lamotte = *S. tectorum*-Form

S. assimile Schott = *S. marmoreum*

S. × *aussendorfferi* Hut. = *S. arachnoideum* var. *glabrescens* × *S. montanum*

S. auregii = *S. tectorum*-Form

S. × *barbulatum* Schott = *S. arachnoideum* ssp. *arachnoideum* × *S. montanum* ssp. *montanum*

S. blandum Schott = *S. marmoreum* Griseb.

S. borisii Degen et Urum. = *S. ciliosum* ssp. *borisii* Degen et Urum.

S. boutignianum Schulz = *S. montanum* nahestehend

S. boutignianum Billot et Grenier = *S. tectorum* ssp. *boutignianum* Bill. et Gren. (nach Jacobsen)

S. boissieri = *S. tectorum* ssp. *tectorum* 'Boissieri'

S. × *braunii* Facch. = *S.* × *rupicolum* Kern.

S. cantolicum Jord. et Fourr. = *S. tectorum*-Form

S. calcareum 'Bicolor' = *S. calcareum*

S. × *chavinii* Lagger = wahrscheinlich *S. arachnoideum* × *tectorum*

S. clusianum Ten. = *S. marmoreum* (nach Jacobsen), andere Angaben verweisen auf eine *S. tectorum*-Form

S. × *comollii* hort. = *S.* × *calcaratum* hort. ex Bak.

S. × *comollii* Rota = *S. wulfenii* × *S. tectorum* ssp. *alpinum*

S. debile Schott, Nym. et Kotschy = *S. montanum* ssp. *montanum*

S. decoloratum Jord. et Fourr. = *S. tectorum*-Form

S. × *delasoiei* Lehm. et Schnittsp. = *S. arachnoideum* ssp. *arachnoideum* × *S. montanum* ssp. *montanum*

S. × *densum* = *S. montanum* × *S. tectorum*

S. doellianum Schnittsp. et Lehm. = *S. arachnoideum* ssp. *arachnoideum* oder nahestehend

S. × *elegans* Lagger = *S. arachnoideum* × *S. montanum*

S. elegans hort. = *S. tectorum* 'Elegans'

S. × *fimbriatum* Wohlf. non Schott = *S.* × *barbulatum* Schott

S. flagelliforme Fisch. = nach Jacobsen eigene Art aus der UdSSR, teilweise als *S. montanum*-Form mit langen Stolonen angesehen

S. × *flavipilum* Hausm. = *S. arachnoideum* ssp. *tomentosum* × *S. tectorum* (syn. *S.* × *hausmannii* Lehm.)

S. frigidum Lamotte = *S. montanum* L.

S. gaudinii Christ = *S. grandiflorum* Haw.

S. glaucum Ten. = *S. tectorum* ssp. *glaucum* (Ten.) Praeg.

S. globiferum Wulf. non L. = *S. wulfenii* Hoppe ex Mert. et Koch

S. globiferum Curt. = *S. grandiflorum* Haw.

S. × *hausmannii* Aussend. = *S. barbulatum* Schott

S. hausmannii Lehm. = *S. flavipilum* Hausm.

S. × *heerianum* Bruegger = *S.* × *angustifolium* Kerner

S. heterotrichum Schott = *S. arachnoideum*

S. hispidulum = *S. montanum* L.

S. × *huteri* Hausm. = *S.* × *rupicolum* Kern.

S. × *huteri* Kerner = wahrscheinlich *S. tectorum* × *S. wulfenii*

S. × *hybridum* Brügger = *S.* × *barbulatum* Schott

S. juratense Jord. = *S. tectorum* ssp. *tectorum*

S. kapaonikense = *Jovibarba heuffelii* var. *kapaonikensis* (Pančič)

S. laggeri Schott = *S. arachnoideum* ssp. *tomentosum* (Lehm. et Schnittsp.) Hayek

S. lamottei Boreau = *S. tectorum*-Form

S. mettenianum Schnittsp. et Lehm. = *S. tectorum*-Form (= *S. tectorum* ssp. *mettenianum* Schnittsp. et Lehm.)

S. minutum = *S. tectorum* ssp. *tectorum* var. *minutum* (Kz.) Willk. et Lange

S. moggridgei Hookf. = *S. arachnoideum* var. *glabrescens* Willk. (nach Muirhead)

S. × *morellianum* = *S. calcareum* × *arachnoideum*

S. murale Bureau = *S. tectorum* ssp. *tectorum*

S. neilreichii = *Jovibarba hirta* var. *neilreichii* (Schott, Nym. et Kotschy) .....

S. × *noricum* Hayek = *S. arachnoideum* ssp. *arachnoideum* × *S. montanum* ssp. *stiriacum*

S. 'Ornatum' = *S. marmoreum* 'Rubicundum Ornatum'

S. pallidum Jord. et Fourr. = *S. tectorum*-Form

S. patens Griseb. et Schenk = *Jovibarba heuffelii* (Schott) A. et D. Löve

S. pauciflorum Hort ex Baker = *S. montanum* L.

S. × *penicillatum* Lehm. et Schnittsp. = *S. arachnoideum* × *S. tectorum* = *S.* × *angustifolium* Kern.

S. × *pernkofferi* Hayek = *S. montanum* ssp. *stiriacum* × *S. wulfenii*

S. × *piliferum* Jord. = *S. arachnoideum* × *S. tectorum* × *S. angustifolium* Kern.

S. × *pilosella* Lehm. et Schnittsp. = *S. arachnoideum* = *S. tectorum* = *S. an-gustifolium* Kern.

S. × *pomelii* Lamotte = *S. arachnoideum S. tectorum* × *S. angustifolium* Kern.

S. pyrenaicum = *S. tectorum*-Form der Pyrenäen = *S. tectorum* ssp. *boutignianum* Bill. et Gren. f. *jordanianum* Rouyi et Cam. (syn. *S. pyrenaicum* Jord. et Fourr..) f. *pallescens* Rouyi et Cam. (syn. *S. pyrenaicum* Lam.)

S. reginae-amaliae hort. non Heldr. = *Jovibarba heuffelii* (Schott) A. et D. Löve var. *reginae-amaliae* (Heldr. et Sart. ex Bak.) (syn. *Sempervivum reginae-amaliae* Heldr. et Sart. ex Bak.)

oder: *S. marmoreum* Griseb. (syn. *S. reginae-amaliae* Heldr. et Guicc. ex Halachy)

Fast alle unter dem Namen *S. reginae-amaliae* verbreiteten Namen, die in deutschen Gärten bekannt sind, entsprechen nicht der eigentlichen Art *S. reginae-amaliae* Heldr., sondern gehören zu einer der beiden obigen Arten

S. × *rhaeticum* Bruegger = *S. montanum* × *S. tectorum* ssp. *alpinum*

S. rhodanicum Jord. et Four. = *S. tectorum*-Form

S. schlehanii Schott= *S. marmoreum* Griseb.

S. × *schnittspahnii* Lagger = *S. arachnoideum* × S. tectorum = *S.* × *angustifolium* Kerner

S. tectorum 'Glaucum' = *S. tectorum* ssp. *glaucum* (Wohlf.) Praeg.

S. tectorum var. *atlanticum* (Ball) Hook = *S. atlanticum* Ball

S. × *theobaldii* Bruegger = syn. zu *S. rupicolum* Kern. (nach Jacobsen) andere Quellen sprechen von *S. arachnoideum* × *wulfenii*

S. × *thomayeri* Correvon = *S. arachnoideum* ssp. *tomentosum* × *S. tectorum* ssp. *alpinum* = *S. fauconettii* Reuter

S. valesiacum Lagger = *S. arachnoideum Hybride*

S. validum Jord et Four. = *S. tectorum*-Form

S. × *verlotii* Lamotte = *S. montanum* × *S. tectorum* (*S.* × *schottii*)

S. webbianum Lehm. et Schnittsp. = syn. von *S. arachnoideum* var. *tomentosum*

Außer den Rosetten ist auch die Blüte bei Sempervivum in den meisten Fällen sehr zierend. Oben links: Hybride von Sempervivum tectorum mit knospigen Blütenstand. Oben rechts: Sempervivum ciliosum mit hellgelben Blüten. Mitte links: Sempervivum arachnoideum 'Roseum' in Blüte. Mitte rechts: Interessante Blüte einer unbekannten Hybride. Unten links: Blüte vom gelbblühenden Sempervivum wulfenii. Unten rechts: Blütenstand einer großrosettigen Hybride von Sempervivum tectorum.

Sempervivum-Arten

Sempervivum altum Turrill
UdSSR: Teilgebiete des Kaukasus in Höhen zwischen 1500 und 2000 m.
Lichtgrüne, mehr lockere Rosetten, 2,5–5 cm ∅ (viel kleiner als bei *S. kosaninii*). Die Rosettenblätter sind etwa 1,9 cm lang, 8 mm breit und 3 mm stark, die Form ist verkehrt-lanzettlich. Freistehende, äußere Blätter entwickeln eine auffallende scharlachrote Spitze. Sie sind beidseitig kurz, drüsig behaart. Blüten 2,5–3 cm ∅, Blumenblätter meist 12–13 Stück; purpurrot, Staubbeutel gelb. Tochterrosetten an 8–21 cm langen Stolonen. In der Gartenkultur nicht sehr verbreitet. Diese Art ist etwas heikel und empfindlich gegen Winterregen. Ein Schutz durch eine Glasplatte ist angebracht. Nur für Sammler zu empfehlen.

Sempervivum andreanum Wale
Spanien: Östliche Ausläufer der Pyrenäen (Sierra Cani). Die Rosetten sind im Frühling leuchtend grün, nehmen aber im Sommer einen mehr düsteren Ton an, der dann bis zum nächsten Frühling verbleibt. Rosetten 1,5–4 cm ∅ (sehr standortbedingt). Anzahl der Blätter ca. 25 Stück. Während die äußeren Blätter mehr aufrecht stehen, sind die inneren stärker gedrängt und formen eine Knospe ähnlich wie bei *S. wulfenii*. Die Blätter sind unbehaart, nur wenige kurze, kräftige, gekrümmte Randwimpern sind vorhanden. Blätter 19 mm lang, 7 mm breit und 3 mm dick, verkehrt-eiförmig, gespitzt. Die Blätter zur Spitze zu auf der Außenseite oft braunrot. Die Stolonen sind kurz und schlank. Der Blütenstand ist meist etwas über 11 cm hoch und hat 2 cm lange, stachelspitzige, oberseits behaarte, kurz bewimperte, blaßrote Blätter am Stiel. Blüten ca, 2 – 2,2 cm ∅, Blumenblätter meist 13 Stück, blaßrot, am Grunde dunkelrot. *S. andreanum* ist ohne Schwierigkeiten zu kultivieren. Farblich sind die Rosetten nicht besonders auffallend, aber diese Art formt bald dichte Matten und hat deshalb doch ihre Daseinsberechtigung im Garten (Fugenbepflanzung!).

Sempervivum-Parade. Oben links: Sempervivum im Kaukasus gesammelt, als Sempervivum caucasicum aus dem Bot. Garten Budapest erhalten. Unter dieser Artbezeichnung gibt es viele Sempervivum. Oben rechts: Sempervivum calcareum 'Sir W. Lawrence'. Mitte links: 'Zwielicht' (rot-grün), 'Rotspitz' (ockergrün mit rötlicher Spitze). Mitte rechts: Hybride von Sempervivum arachnoideum. Unten links: 'Zakkenkrone', eine der kontrastreichsten Neuzüchtungen. Unten rechts: Sempervivum ruthenicum mit den fleischigen, samtig behaarten Rosetten.

Sempervivum arachnoideum L., Spinnwebhauswurz
Sehr weites Verbreitungsgebiet: Alpen, Pyrenäen, Apennin, Karpaten. Rosettengröße sehr variabel, zwischen 0,5 und 2,5 cm ∅ schwankend, bald dichte Matten bildend. Diese Art ist leicht erkennbar durch die weißen, spinnwebartigen Haare, die mehr oder weniger dicht von Blattspitze zu Blattspitze gehen (Sonnenschutz, im Winter oft nicht vorhanden). Die Rosettenblätter sind nach innen gebogen, elliptisch bis verkehrt-lanzettlich, etwa 8 mm lang und 4 mm breit. Es ist die einzige Art, die die typischen Spinnwebhaare hat, wenn diese auch im Winter oft völlig fehlen können und erst im Frühling wieder gebildet werden.

Haben *Sempervivum* diese typischen Haare, so handelt es sich immer um die reine Art *S. arachnoideum,* eine Varietät oder Lokalform davon oder um Hybriden mit anderen Arten.

Der Blütenstiel ist dicht belaubt, die Stengelblätter haben rote Spitzen mit einem Haarbüschel; sie sind 8 cm hoch, schlank, Blüten 10–15mm ∅. Die Farbe der Blumenblätter (8–10 Stück) ist ein prächtiges Rosarot, ein weiteres typisches Erkennungsmerkmal dieser Art, denn alle anderen rotblühenden zeigen ein mehr düsteres Rot. In der Kultur ist auch eine weißblühende Sorte entstanden, *S. arachnoideum* 'Album'.

Die Art *S. arachnoideum* gehört mit zu den wertvollsten Hauswurzarten für den Garten und ist leicht zu kultivieren. Sie läßt sich von allen Arten und Sorten am bequemsten in Spalten, Löchern und in Steinen ansiedeln.

Kommt in der Natur immer auf Urgestein vor. Von *S. arachnoideum* gibt es einige Varietäten und eine Unzahl von Naturformen und gärtnerische Sorten, so daß selbst Fachleute das Durcheinander von Bezeichnungen nicht völlig entwirren können. Praeger gibt in seiner Monographie nur zwei Varietäten an, andere Autoren bis sechs.

S. arachnoideum ssp. *arachnoideum* Schinz et Keller
(syn. *S. arachnoideum* var. *glabrescens* Willk.,
S. arachnoideum var. *doellianum* (C. B. Lehm) Schinz et Keller)
Diese Varietät hat einen wesentlich geringeren Überzug von Spinnwebhaaren als gewöhnlich, meist nur im Frühling und Sommer. Die Rosetten sind offener. Meist reicher blühend als der Normaltyp.

S. arachnoideum ssp. *bryoides* Schnittsp.
Eine besonders kleine Varietät, die Rosetten sind flach, nur 5 mm ∅. Sie wird von manchen Autoren nicht als eigene Varietät anerkannt.

S. arachnoideum ssp. *oligotrichum* (Hampe) Wettst.
Spärliche Spinnwebhaare zum Spätsommer völlig verschwindend.

S. arachnoideum ssp. tomentosum (C. B. Lehm. et Schnittsp.) Schinz et Keller, Silbermantelsteinwurz
(syn. *S. laggeri* Schott, *S. webbianum* Lehm. et Schnittsp., *S. hookeri* hort. van Houtte)
Westfalen bis Tirol. Die Rosetten sind schneeweiß-filzig und flachkugelig, etwas größer als bei der Art. Blüten 20–23 mm $\varnothing$. Die Blütenstiele sind höher als beim Normaltyp, etwa 10–18 cm hoch. Sehr wertvoll für den Garten. Die Rosettenblätter zeigen zusätzlich zu den dichten, weißen Haarfilz eine tiefe Rotfärbung im Frühling. Kommt besonders in Südtirol, Graubünden und Wallis vor.

S. arachnoideum f. *fasciatum*
Eine wunderschöne Form. Die Pflanze macht keine flachen Matten, sondern formt kleine Hügel von hübschen Rosetten mit einem zentralen Wurzelstock. In der Blüte kein Unterschied zur Art, leider selten in Kultur.

S. arachnoideum f. *sanguineum* Jeanb. et Timb.
Eine Form mit stark rötlichen Rosettenblättern. Behaarung weniger dicht.

S. arachnoideum 'Minor', Silbermosaiksteinwurz
Eine in Deutschland stark verbreitete Kulturform mit sehr kleinen Rosetten.

S. arachnoideum 'Dezermit'
Eine besonders in den USA verbreitete Miniaturform. Grüne Rosetten, ebenfalls mit dichten Spinnweben. Schnell hochgewölbte Polster bildend.

S. arachnoideum 'Rubrum'
Rosetten meist nur 5 mm $\varnothing$, rötliche Miniaturrosetten, großer Zuwachs durch Tochterrosetten. Unbedingt in volle Sonne pflanzen. Gleicht einer Matte rosa Perlen.

S. arachnoideum 'Album'
Eine seltene, weißblühende, neuerdings im Handel erhältliche Form. Blütenstiel 10 cm.

Sempervivum armenum Boiss. et Huet
Hochland von Armenien, nördliche Türkei. Rosetten groß, 3,5–6,5 cm ⌀, mehr offenstehend. Die Blätter sind länglich-spatelig, kurz gespitzt, beidseitig kahl, die Ränder gewimpert. Die Rosetten sind ähnlich der von *S. tectorum*, doch die Blütenfarbe zeigt den Unterschied. Die Farbe der Rosetten ist grau mit einem bläulichen Hauch und einer dunkelbraun bis purpurnen Spitze. Es werden sehr wenige Tochterrosetten gebildet. Blüten grünlich-gelb mit rötlich purpurner Basis. Selten und nicht ganz einfach in der Kultur, langsamwachsend. Schutz vor Winternässe ist anzuraten.

Sempervivum atlanticum Ball
Marokko: Hoher Atlas. Einzige in Afrika bekannte *Sempervivum-Art*. Rosetten 4–8 cm ⌀, an zusagenden Plätzen auch größer. Rosettenblätter verkehrt-eiförmig bis spatelförmig, stumpf gespitzt, 2–3,5 cm lang, 9–10 mm breit. Die Blätter stehen mehr aufrecht als bei *S.tectorum* und, die Rosetten sind oft asymmetrisch. In der Jugend sind die Blätter fein drüsenhaarig, später kahl werdend. Die Farbe ist ein fahles Grün. Zur Spitze hin rot, besonders an exponierten Stellen. Die Blütenstiele erreichen eine Höhe bis zu 30 cm, umgeben von unregelmäßig angeordneten Stengelblättern. Blüten 3–4 cm ⌀. Normalerweise 12 Blumenblätter fahlrosa. Die sich reichbildenden Tochterrosetten sind an kurzen, schlanken Stolonen, die früh vertrocknen. Es bilden sich bald größere Matten. In England ist eine Abart unter der Bezeichnung 'Balls Form' im Handel. Die Rosetten sind größer, symmetrischer, mehr kugeliger mit nach innen gebogenen Laub als bei der typischen Form. *S. atlanticum* blüht selten in der Kultur.

Sempervivum balcanicum Stoj. et Stef.
Nicht ausreichend bekannte Art. Wahrscheinlich eine Abart einer anderen Spezies (*S. erythraeum, S. ballsii, S. marmoreum*). Nach J. A. Huber zu *S. marmoreum*. Von *S. erythraeum* unterscheidet sich diese Pflanze durch die fahllila Blumenblätter und die mehr oder weniger glatten Blätter.

Sempervivum ballsii Wale
NW-Griechenland und Albanien an mit Gras bewachsenen Felsbänken in Höhen von 2000–2500 m. Rosetten 2,5–3 cm ⌀. Die inneren Blätter sind mehr geschlossen, die äußeren mehr offen und aufrecht. Die Pflanze ist gut polsterbildend. Die Rosettenblätter sind verkehrt-eiförmig in eine kleine, scharfe Spitze übergehend, etwa 18 mm lang, 6,5 mm breit und 1,7 mm

dick. Die Ober- und die Unterseite sind leicht nach außen gebogen. Nur leicht mit Wimpern besetzt. Die Rosettenfarbe ist ein schönes grün mit einer oliven bis gelben Färbung, die nach außen hin zunimmt und dort oft auch lichtrote Töne zeigt. Der Zuwachs durch Tochterrosetten ist gering an dicken Stolonen. Durchschnittliche Höhe des Blütenstiel etwa 10 cm und der Blütenstand ist dicht und kompakt. Blüten 18–20 mm ⌀, gewöhnlich mit 12 Blumenblättern, Farbe mattrosa.

Es gibt von *S. ballsii* mehrere Lokalformen: *S. ballsi* vom Tschumba Petzi, die identisch mit der Beschreibung ist; von Skrutsch, diese Form nimmt im Sommer eine mehr schokoladenfarbige Tönung an; von Smolika, hat nicht so dichte geschlossene Rosetten und ist mehr bewimpert; eine weitere Form ist von Kampechio.

Außer dem langsamen Zuwachs macht sie wenig Schwierigkeiten.

Sempervivum borrisovae Wale

UdSSR: wächst in einem Teilgebiet des Kaukasus im torfigen Rasen zwischen Felsen in 1800–2000 m Höhe. Rosetten etwa 3 cm ⌀ und mehr flach und halboffen. Die Stolonen sind kurz und zierlich, deshalb bildet die Pflanze bald große, dichte Klumpen. Die Rosettenblätter sind verkehrt-eiförmig mit kräftigen Spitzchen, sie sind 22 mm lang, 9 mm breit und 3 mm dick ohne Behaarung, nur der Rand ist kräftig gewimpert und gebüschelt, auch im Zentrum. Die Oberseite ist flach, die Rückseite leicht gerundet. Fahlgrün bis grün, in der oberen Hälfte oft braunrot gefärbt, ebenfalls die Tochterrosetten. Gesamtzahl der Blätter pro Rosette über 60 Stück. Der Blütenstiel ist meist 8–10 cm hoch mit ziemlich großen Blüten (über 2,5 cm ⌀). Blumenblätter tiefrosa bis purpurrot, weiß geadert, Antheren rot. Ein fauler Blüher, wächst aber, geschützt vor übermäßigem Regen, gut. Während eines Teils des Jahres ist diese Art leicht mit *S. marmoreum* var. *dinaricum* zu verwechseln.

Sempervivum calcareum Jordan, Rotspitzsteinwurz

(syn. *Sempervivum tectorum* ssp. *calcareum* (Jord.) Cariot et St. Lager)
Dieses *Sempervivum* ist berechtigterweise wieder als eigene Art anerkannt. Auf kalkhaltigen Untergrund in den italienischen und französischen Seealpen wachsend. Die Mehrzahl der Rosetten hat etwa 6 cm ⌀. Die Rosettenblätter sind linealisch-länglich, kurz gespitzt, 3 cm lang, 9–10 mm breit. Die Farbe ist ein helles, gräuliches Blaugrün, die Spitze ist kräftig gerötet und deutlich abgesetzt. Die Blüten sind blaßrosa, aber die Art ist ein fauler

Blüher. Von dieser Art gibt es vier Formen. *S. càlcareum* 'Mrs. Guiseppi' wächst etwas kompakter und hat besonders gut kontrastierende, rötliche Spitzen. Die zweite Form 'Sir William Lawrence' hat etwas größere Blätter und eine mehr kugelförmige Gestalt. 'Greenii' ist kleiner und sehr kompakt. Die Unterschiede werden nur am gleichen Pflanzplatz deutlich. *S. calcareum* 'Griggs Surprise' ist eine monströse Sorte, die unter vielen Bezeichnungen im Garten zu finden ist (z. B. *Cotyledon persica* hort., *Rosularia persica* hort., *Umbilicus persica* hort.). Die Rosettenblätter sitzen sehr dicht, sind oft halbzylindrisch, stachelspitzig, mit rötlichen Spitzen. Mißgestaltete, unausgebildete, oft gedrehte Blüte, rötlichpurpur, oft auch grünlich.

Sempervivum cantabricum J. A. Huber
N-Spanien, kantabrische Berge. Halboffene Rosetten mit 4–5 cm Durchmesser, 30–40blätterig, mehr oder weniger kugelig. Tochterrosetten an ansehnlichen, langen, behaarten Stolonen. Rosettenlaub linealisch-lanzettlich, kurz gespitzt, ca. 3–3,5 cm lang, 1 cm breit. Beide Seiten unbedeutend drüsenhaarig. Die Ränder sind bewimpert, die Spitzen sind dunkelpurpurn. Höhe des Blütenstiels ca. 16 cm, Blüten 15–18 mm $\emptyset$. Blütenblätter gewöhnlich 9–12 Stück, dunkelrosa bis dunkelkarmin. Leidlich gut zu kultivieren, eine der besseren, spanischen Arten. Es gibt mehrere etwas variierende Formen.

Sempervivum caucasicum Rupr.
UdSSR: Kaukasus, besonders Daghestan. Rosetten 3,5–5 cm $\emptyset$, ca. 4–5blätterig, dicht, aber die Rosette ist ziemlich offen stehend. Pro Rosette 6–7 Stolonen, die etwa 6–8 cm lang und kräftig sind. Die Blätter sind spatelig, am Ende plötzlich zusammengezogen, das Spitzchen ist deutlich. Blätter 2 cm lang, 8 mm breit, 3 mm dick, beiderseits mit weniger aber kräftigen Haaren. Farbe beidseitig grün mit dunkelbrauner Spitze. Blütenstiel etwa 12–20 cm hoch. Die normalerweise 12–14 Blütenblätter sind rosarot. Hat Ähnlichkeit sowohl mit *S. marmoreum* als auch mit *S. tectorum*. Gedeiht im Garten leidlich gut.

Sempervivum ciliosum Craib
Weitverbreitet in Bulgarien, Griechenland und Jugoslawien. Eine leicht zu erkennende Art durch die grünlichgrauen, mit langen Haaren besetzten, kugelig geschlossenen Rosetten. Etwa 3–5 cm $\emptyset$. Die Blätter sind stark überlappt, 2–2,5 cm lang, 5–6 mm breit, verkehrt länglich-lanzettlich.

Tochterrosetten an kräftigen Stolonen, welche etwas belaubt sind. Die äußeren Blätter sind an exponierten Plätzen etwa rötlich getönt. Der Blütenstiel mißt etwa 10 cm, Blüte bis 2,5 cm ⌀, klar gelb bis grünlichgelb, normalerweise 10–12 Blumenblätter. In England sind zwei geographische Formen in Kultur. Eine unter der Fundortbezeichnung 'Ali Botusch' aus SW-Bulgarien mit prächtig rötlich getöntem Laub und ganz kurzen Haaren. Die andere, 'Mali Hat', ist kleiner als die typische Pflanze mit dichten, kugeligen Rosetten. Tochterrosetten an langen, schlanken, haarigen Stolonen. Die Blüte zeigt ein tieferes Gelb, und auch die Rosetten sind kräftiger grün.

S. ciliosum ssp. *borisii* Degen et Urum.
Manche Autoren erkennen diese Pflanze als Subspezies an, manche lehnen diesen Status dafür ab. Sie unterscheidet sich von der Stammform durch längere Haare, dadurch erscheint die Rosette besonders an exponierten Plätzen innen weiß. Die Rosetten sind höher als bei der Art.

Sempervivum dolomiticum Facch., Dolomitenhauswurz
Vorkommend in den italienischen, südöstlichen Alpen auf Dolomit und Eruptivgestein. Die Pflanze ähnelt etwas einigen Formen von *S. montanum*, die Rosetten sind bei *S. dolomiticum* dichter, die Blätter spitziger, und die Haare an Rand und Spitze sind wesentlich länger als die auf der Blattoberseite. Die Blüten sind noch deutlicher zu unterscheiden durch die kürzeren, breiteren rosa Blütenblätter zu den länglich, bläulichpurpurnen Blütenblättern von *S. montanum*. Die kleinen Rosetten, 2–4 cm ⌀, sind mehr kugelig und haben verkehrt-eilanzettliche, scharf zugespitzte Blätter, sie sind grün und an der Spitze braunrot drüsenhaarig und an den Rändern lang und dicht bewimpert. Ältere Blätter mit roter Außenseite, über 15 mm lang und 5 mm breit. Tochterrosetten an schlanken Stolonen 2 cm lang mit Blättern am Anfang. Der drüsig-haarige Stengel, mit lanzettlichen Blättchen besetzt, wird 5–15 cm hoch und hat 3–6 Blüten. Die Blüten haben 2 cm ⌀ und sind mit 10–14 Blumenblättern besetzt. Sie sind hellrosa und haben einen dunkleren Mittelnerv, in der Form breit-lanzettlich, purpurne Staubblätter und einen drüsig behaarten, grünen Fruchtknoten. Nicht sehr einfach zu kultivieren, langsamwachsend, eher blühfaul.

Sempervivum erythraeum Velen.
Bulgarien, Rila- und Pirin-Gebirge. Die Rosetten sind nicht sehr groß, 2–5 cm ⌀, flach und mehr offen, so daß die inneren Blätter voll zu sehen sind.

Die Blätter sind verkehrt-eiförmig bis spatelig mit kurzer, eher flachen Spitze, 2 cm lang, 1-1,5 cm breit. Das Laub hat ein samtartiges Aussehen durch die sehr dichten und kurzen, drüsigen Haare. Der Gesamteindruck ist graupurpurn. Die Ränder sind dick gewimpert. Die Tochterrosetten sitzen an kurzen Stolonen, es bilden sich kleine kompakte Hügel. Die 15–20 cm hohen Blütenstiele, ebenfalls behaart, tragen Blüten mit über 2 cm ⌀. Die normal 11–12 Blumenblätter sind kräftig rosapurpurn mit kurzen, roten Linien auf der Rückseite. Auch die Blüten sind gewöhnlich behaart. Durch die starke Behaarung erhält die Pflanze während des ganzen Jahres ein samtartiges, dekoratives Aussehen. Es gibt einige geographische Formen, so eine mit wollig-grünen Rosetten vom Pirin-Gebirge. Diese Form kommt im Aussehen *S. reginae* sehr nahe und kann zu mancher Jahreszeit mit dieser Art verwechselt werden. *S. erythraeum* vom Rila ist stärker rot überhaucht.

Sempervivum giuseppii Wale
In N-Spanien: Peña de Espiguete, in 1500–1800 m, auf Kalkgestein. Rosetten 2–3 cm ⌀, sehr kompakt und mit schlanken Ausläufern. Die Rosettenblätter sind verkehrt-eiförmig, etwa 16 mm lang, 8 mm breit und 2,5 cm dick. Auf beiden Seiten stark und dicht behaart und die Ränder gewimpert. Die Farbe ist fahlgrün mit kleinen bräunlichen Spitzen. Der Blütenstand ist kompakt etwa 12 cm hoch, die Blüten 2–3 cm ⌀, mit normalerweise 9 Blumenblättern. Farbton kräftig rosarot mit schmalem, weißen Rand. Diese Art läßt sich in unseren Gärten sehr leicht kultivieren. Es ist keine auffallende Schönheit während des größten Teils des Jahres, lediglich im Frühling sind die Rosetten frischgrün und besonders stark behaart. Von den anderen in Spanien vorkommenden Spezies ist noch *S. cantabricum* zu nennen, aber deren Rosetten sind wesentlich größer.

Sempervivum grandiflorum Haw.
(syn. *Sempervivum gaudinii* Christ, *S. globiferum* Curtis).
In der südlichen Schweiz und in Teilen von Norditalien vorkommend: Südabstieg des Simplonpasses, an der Bernhardstraße bei Liddes. In Rosettengröße und -form ähnelt diese Pflanze *S. tectorum,* ist jedoch durch die dunkelgrüne Farbe und die Drüsenhaare zu erkennen. Weiter helfen die sehr langen, beblätterten Stolonen und der starke harzartige Geruch der Blätter, sie zu unterscheiden. Die einzelnen Rosetten variieren sehr stark, oft sind sie sehr groß, meist 5–10 cm ⌀, in Einzelfällen können Rosetten bis

22 cm ⌀ haben. Rosettenblätter länglich-keilförmig, drüsig behaart, gewimpert, hornartig zur Spitze. Die Rosettenblätter sind sehr lang (3–6 cm, 1 cm breit), dunkelgrün mit einer dunkelrotbraunen Spitze. Die Tochterrosetten sitzen an langen (7–22 cm), schlanken Stolonen. Auch der Blütenstand ist drüsenzottig behaart und 15–30 cm hoch. *S. grandiflorum* hat die größten Blüten der ganzen Gattung, 2–5 cm ⌀ mit 10–15 Blütenblättern. Farbe goldgelb bis grünlichgelb, an der Basis violettpurpurn. Die Blumenblätter von *S. grandiflorum* überragen die Kelchblätter um das Dreifache. Blüht Juli–August.

S. grandiflorum f. *fasciatum*
Eine gedrängt und kompakt wachsende Form, in den Gärten stärker verbreitet als die typische Art.

Sempervivum ingwersenii Wale
UdSSR: in Teilgebieten des Kaukasus in Höhen über 2000 m. Rosetten etwa 3 cm ⌀, halboffen, dicht und flach aneinandersitzend, zahlreiche Ausläufer bildend. Die Rosettenblätter, etwa 35, sind verkehrt-eiförmig bis eiförmig mit scharfen, kurzen Spitzchen etwa 16 mm lang, 7,5 mm breit und 2,5–3 mm dick. Auf der Rückseite leicht gewölbt und fein behaart, die Ränder spärlich bewimpert. Die Farbe ist kräftig grün mit kleinen rotbraunen Spitzen. Die Tochterrosetten sitzen an langen, rötlichbraunen Stolonen. Der Blütenstiel ist 11 cm hoch, die Blüten ca. 18–20 mm ⌀ mit meist 13 Blumenblättern, rosarot mit einem weißen Rand, Staubblätter rot. Diese Art wächst im Garten besser als die anderen Kaukasusarten, was besonders bei Winternässe wichtig ist. Sie vermehrt sich stark durch Tochterrosetten, blüht aber selten. *S. ingwersenii* ähnelt im Aussehen *S. altum* und *S. ossetiense*.

Sempervivum iranicum Bornm. et Gauba
Die am weitesten nach Osten vorstoßende Art. Sie wächst im Iran besonders im Elburs-Gebirge im Norden. Rosetten 3–7 cm ⌀, wenn ausgebreitet 5–10 cm. Die Rosettenblätter sind zahlreich und allmählich zugespitzt, 25–30 mm lang, 10–15 mm breit. Farbe düster bronzegrün bis blaugrün. Die äußeren Blätter sind nahe der Spitze etwas rötlich überzogen. Die Stolonen sind kurz. Blütenstiel sehr kurz, Blüten 2,5 cm ⌀. Die Blumenblätter sind rosarot mit einem schmalen weißen Rand. Noch selten in Kultur. Nicht sehr schwierig, wenn vor extremen Winterwetter geschützt.

Sempervivum kindingeri Adamov.
Mazedonien: südl. Jugoslawien. Die Rosetten haben eine Ähnlichkeit mit *S. ruthenicum*, und auch mit *S. leucanthum* hat diese Art Gemeinsamkeiten. Rosetten 4–6,5 cm ⌀, flach und offen. Blätter kurz gespitzt, fein weiß und lang behaart, ein Charakteristikum von *S. kindingeri*. Sie überlappen kurz, sind 2–2,5 cm lang, 7–8 mm breit und 3 mm dick. Fahl gelblichgrün bis frischgrün oft mit einer purpurnen Spitze. Die Tochterrosetten sitzen an kurzen, mittellangen Stolonen. Der Blütenstiel erreicht eine Höhe von über 25 cm. Der Blütendurchmesser ist mehr als 3 cm, und die etwa 10 Blumenblätter sind gelb bis fahlgelb und etwas rosa an der Basis. Bei uns empfindlich gegen Winternässe. Schutz durch Glasscheiben ist angebracht. Der Zuwachs durch Tochterrosetten ist mäßig und sie ist blühfaul. Blütezeit Juli–August.

Sempervivum kosaninii Praeg.
Gebirge SW-Jugoslawiens. Während der Blütezeit kaum mit einer anderen Art zu verwechseln. Blütenfarbe rot, alle anderen mit ähnlichen Rosetten (haarig, flaumig), wie *S. leucanthum, S. kindingeri, S. pittonii* und *S. ruthenicum,* sind alle gelbblühend. Rosetten ca. 5–8 cm ⌀, offen und flach. Die Rosettenblätter sind eilanzettlich kurz überlappend, 3 cm lang und 9 mm breit, glänzend behaart an der Ober- und Rückseite. Die Wimpernhaare am Rand sind doppelt so lang wie die anderen Haare. Die Farbe ist dunkelgrün mit purpurbrauner Spitze. Die starken Tochterrosetten bilden sich an langen, belaubten Stolonen. Diese und die großen, platten, dichten Rosetten sind ein Charakteristikum dieser Art. Die dem Wuchs nahekommende *S. leucanthum* hat mehr keilförmige Rosettenblätter, und die Rosetten sind mehr geschlossen. Der Blütenstiel ist kräftig und ca. 15–20 cm hoch. Blütenstand kompakt mit Blüten von 2–3 cm ⌀, Blumenblätter rötlichpurpurn mit schmalem, weißen Rand, auf der Rückseite grünlich. Die Blüten variieren etwas. In England ist eine Sorte unter der Bezeichnung *S. kosaninii* 'Koprivnik form' im Handel, die viel kleiner ist. Etwas kleiner und weniger behaart ist *S. kosaninii* 'Visitor form'.

Sempervivum leucanthum Panč.
Bulgarien, besonders im Rila-Gebirge. Rosetten 3–6 cm ⌀ mit vielen Blättern (70–80 Stück), sie sind nach innen gebogen, zur Mitte zu mehr aufrecht. Sie ähneln etwas *S. pittonii*. Die Blattform ist spatelig zugespitzt, 3,5 cm lang, 1 cm breit, dicht und glänzend, flaumhaarig an beiden Seiten und

an den Rändern gewimpert. Die Tochterrosetten an bis zu 8 cm langen Ausläufern. Das ist ein deutlicher Unterschied zu *S. pittonii,* das sehr kurze Stolonen hat und einen dichten Tuff formt, während *S. leucanthum* sehr wüchsig ist und mit den Tochterrosetten an langen Stolonen lose Matten formt. Die Rosetten sind dunkelgrün, die Blätter haben dunkle, rötlichpurpurne Spitzen. Blütenstiel ca. 10–20 cm hoch, Blüten haben ca. 2,5 cm ∅. Die Blumenblätter, normalerweise 10 Stück, sind fahl gelblichweiß bis grünlichweiß. In manchen Teilen ähnelt *S. leucanthum* auch *S. kosaninii,* diese ist aber rot blühend. Nicht sehr verbreitet in der Kultur. Der Zuwachs durch Tochterrosetten ist nicht sehr groß.

Sempervivum macedonicum Praeg.
SW-Mazedonien. Hat Ähnlichkeit mit *S. montanum* und kann auch mit der bulgarischen *S. erythraeum* verwechselt werden. Aber durch die langgestielten Tochterrosetten und die mehr offenen, *S. thompsonianum* ähnelnden Rosetten doch zu unterscheiden. *S. erythraeum* formt geschlossene Tuffs, während *S. macedonicum* lose Matten hat. Hinsichtlich Rosettengröße, Blütenstiel und Blütengröße ist *S. macedonicum* auch eine kleinere Pflanze. Rosetten 3–5 cm ∅, stark beblättert, mehr offen und flach. Das Rosettenlaub ist breit, verkehrt-lanzenförmig, leicht überlappend, 1,5–2 cm lang und 6–8 mm breit. Die Farbe ist grün, an exponierten Plätzen zeigt sich nahe der Spitze ein rötlicher Überzug, und sie sind fein glänzend flauschhaarig mit Randwimpern. Die Tochterrosetten bilden sich an 5–7 cm langen Stolonen. Blütenstiel 8–10 cm hoch, Blüten 1,5–2 cm ∅. Die 11–12 Blumenblätter sind dunkelrotpurpur. *S. macedonicum* ist leicht zu kultivieren, aber ein verhältnismäßig fauler Blüher. Verschiedene geographische Formen sind bekannt und im Handel. *S. macedonicum* von Ljubotin hat flachere, lichtgrünere Rosetten, im Innern mehr geschlossen. *S. macedonicum* von Pasina Glava hat eher kugelige Rosetten und ist größer als der Typ. *S. macedonicum* vom Pepel Jak ist schwierig zu kultivieren.

Sempervivum marmoreum Griseb.
(syn. *Sempervivum schlehanii* Schott, *S. blandum* Schott, *S. rubicundum* Schur, *S. ornatum* hort.)
Eine sehr verbreitete Art, in ganz Südosteuropa zu finden: Albanien, Bulgarien, Griechenland, Jugoslawien, Rumänien, südwestl. Sowjetunion und südöstl. Tschechoslowakei. Durch das weite Verbreitungsgebiet bedingt, ist diese Art sehr variabel. Es ähnelt etwas *S. tectorum, S. marmoreum* ist aber

kleiner und durch die Blüten gut zu unterscheiden, die weißgerandet sind. Der eigentliche Typ ist in Gärten selten und eine weniger auffällige, *S. tectorum* ähnliche Pflanze. Die jungen Rosettenblätter sind behaart, die älteren kahl. Das grüne Laub hat im Innern einen leicht rötlichen Schimmer. Rosettendurchmesser 5–10 cm ziemlich offen. Die Rosettenblätter sind eiförmig mit Spitzchen ca. 2,5 cm lang und 12 mm breit, Ränder mit kräftigen, zurückgebogenen Wimpern. Die Tochterrosetten sind an kurzen Stolonen. Blütenstiel 10–15 cm hoch, Blüten 2,5 cm ⌀. Die normalerweise 12–13 Blumenblätter sind hellrosapurpur mit weißem Rand und karminroten Mittelband. Blüht im Juli.

S. marmoreum 'Bruneifolium'
Eine Sorte mit gänzlich braunen Rosetten, welche im Winter mehr rot erscheinen. Davon gibt es noch eine dunklere Farbvariante *S. marmoreum* 'Bruneifolium Dark form', die auch unter der Bezeichnung *S. m.* 'Chocolate' im Handel ist.

S. marmoreum var. *dinaricum* Becherer
Eine Varietät, deren Blätter sich stark überlappen. Rosetten bis 2,5 cm ⌀, die Blumenblätter sind kleiner und schmaler. Nicht geklärt, ob es eine eigene Varietät ist.
S. marmoreum var. *dinaricum*
Von den Karawanken, eine Lokalform mit hellrotbraunen Spitzen.

S. marmoreum 'Rubicundum' ('Rubrifolium'), Mahagonisteinwurz
Eine Form, deren Laub tiefrot ist, nur die Ränder und Spitzen sind grün, Blüten dunkelrosa, sehr schön, mit weißem Saum.

S. marmoreum 'Rubicundum Ornatum'
Eine wunderschöne Sorte. Große, rot belaubte Rosetten mit grünen Spitzen. Nicht mit *S. tectorum* 'Ornatum' verwechseln.

S. marmoreum 'Rubicundum Christii'
Ähnelt der Normalform, nur kleiner.

S. marmoreum von Kanzan Gorge
Ist eine mittelgroße, attraktive Lokalform von tiefgrüner Farbe mit braunen Spitzen.

S. marmoreum von Monte Trione

Eine Pflanze mit kompakten bis halbkompakten Rosetten bis 5 cm ⌀, an den Rändern extra stark bewimpert. Die Spitzen sind stark braunpurpur. Die Pflanze ist mehr drüsenhaarig als der Typ.

S. marmoreum von Sveta Peta

Hat große fahlgrüne Rosetten.

S. marmoreum von Okol

Hat kleine bronzegrüne Rosetten.

In deutschen Gärtnereien sind unter dem Namen 'Rubrifolium' und 'Mahagoni' weitere *S. marmoreum*-Typen im Handel. Doch sind die Typen von Herkunft zu Herkunft sehr verschieden.

Sempervivum minus Turrill

In der nördlichen Türkei vorkommend. Rosetten 1–2 cm ⌀. Ähnelt *S. pumilum,* aber die gelben Blüten unterscheiden sie. Bildete dichte Polster. Das Rosettenlaub ist lanzettlich, länglich oder lanzettlich-elliptisch mit mehr oder weniger kurzer Spitze, 8 mm lang, 3,5 mm breit und 1,5 mm dick. Beiderseits mit kurzen, glänzenden Drüsenhaaren. Farbe saftiggrün bis olivgrün, Laubbasis purpur. Die Ränder sind drüsig bewimpert. Die Tochterrosetten stehen an kurzen Ausläufern oder sind fast stengellos. Der 2,5–6 cm hohe Blütenstiel, der reichlich kommt, trägt Blüten mit 1,6 cm ⌀. Die 11–12 Blumenblätter haben eine fahlgelbe Farbe. Eine schöne, kleine Art für den Garten. Die Rosetten formen bald dichte, grüne Klumpen, die an exponierter Stelle einen olivbronze Überzug haben. Von der anderen kleinen *S. pumilum* durch die gelben Blüten von *S. minus* leicht zu unterscheiden.

S. minus var. *glabrum* Wale

Rosetten etwas größer und offener als bei der typischen Form. Rosettenblätter 9,5 mm lang, 4 mm breit und 1,5 mm dick, unbehaart, wenn voll ausgebildet. Blütenstiele 7 cm hoch. Blüten ebenfalls etwas größer.

S. minus var. *glabrum* f. *viridifolium* Wale

Hat gänzlich grüne Blätter ohne purpurne Basis, mehr offen und die kaum fleischigen Blätter dicht zusammengedrängt.

Sempervivum montanum L., Berghauswurz
Eine Art mit sehr großer Verbreitung in SW-Zentral- und O-Europa (auch in Korsika). In den Gebirgen sehr verbreitet und leicht zu finden. Ebenfalls in vielen Gärten kultiviert, besonders die kleine Form *S. montanum* ssp. *montanum* Wettstein ex Hayek. In der Natur auf Urgestein wachsend. Die vielen kleinen Rosetten bilden dichte Polster. Rosetten 1–3 cm ⌀, manchmal auch bis 4,5 cm ⌀. Die Rosetten sind mehr kugelig geschlossen. Das Rosettenlaub ist keilig verkehrt-lanzettlich, kurz gespitzt, graugrün bis dunkelgrün, gelegentlich mit dunklen Spitzen. Meist 1–2 cm lang, evtl. auch bis 4 cm und 3–5 mm breit, dicht und gleichmäßig drüsenhaarig. Diese Haare zieht man zur Identifizierung heran, trotzdem ist dies infolge der leichten Neigung zur Hybridisierung nicht einfach, in der Natur mit *S. arachnoideum, S. grandiflorum, S. tectorum* und *S. wulfenii;* in Gärten auch mit anderen. Die Tochterrosetten sind zahlreich, an schlanken 1–3 cm langen, behaarten und belaubten Stolonen. Blütenstiel 5–8 cm hoch, in Ausnahmefällen auch bis 20 cm hoch. Blumenblätter meist 10–15 Stück, hellpurpur mit deutlichen dunkleren Mittelstreifen. Es ist eine ziemlich variable Art, die in mitteleuropäischen Gärten gut gedeiht. *S. montanum* 'Rubrum' unterscheidet sich von der Stammform durch mahagonirotes Laub. Liebt keinen Kalk. Blüht Juli-September.

S. montanum ssp. *burnatii* Wettst. ex Heyek
Eine Unterart aus den Südwestalpen. Rosetten bis 10 cm ⌀ (oft auch bis 15 cm), ziemlich offen stehend, Rosettenblätter keilförmig, verkehrt-lanzettlich, grün. Tochterrosetten an langen, starken Stielen. Blütenstiel bis 30 cm hoch, kräftig. Die Rosetten haben eine Ähnlichkeit mit *S. grandiflorum*. Aber diese Subspezies hat nicht die braunen Spitzen und den deutlichen Geruch von *S. grandiflorum*. Diese typische Meeralpenpflanze wächst gut im Garten.

S. montanum ssp. *stiriacum* Wettst. ex Heyek
Eine Unterart aus den östlichen Alpen (Österreich). Rosetten 3–5 cm ⌀. Die Blätter gegenüber der typischen Form breiter bis schmal lanzenförmig mit einer stärker deutlich ausgeprägten braunen Spitze (Erkennungsmerkmal). Blüten dunkelviolettrot. Eine Form dieser Unterart (*S. montanum* ssp. *stiriacum* f. *braunii*) hat weiße oder gelblichweiße Blüten. Kalkempfindlich, blüht Juli-August.

S. montanum ssp. *carpaticum* Wettst.
Kommt in den Karpaten und in der Tatra vor. Große Rosetten, mehr oder weniger geschlossen. Rosetten an langen Stolonen. Blätter verkehrt-eilänglich, kurz gespitzt. Die Blüten sind zu 6–8 Stück dicht gedrängt.

S. montanum ssp. *minimum* Huber
Eine zwergige Unterart.

S. montanum ssp. *monticolum* Lam.
Blätter plötzlich in eine kurze Spitze übergehend. Rückseite der Blumenblätter blasser.

S. montanum f. *pallidum* Wettst.
Form mit gelblichen oder weißlichen Blüten.
Im Handel gibt es noch Lokalformen von Trutmannstal, von Windachtal und vom Großglockner.

Sempervivum nevadense Wale
Südl. Spanien, besonders in der Sierra Nevada. *S. cantabricum* nahestehend. Rosetten 2,5–3,5 cm ⌀ mit nach innen gebogenen Blättern, verkehrt-eiförmig in eine kleine, scharfe Spitze endend. Im jungen Zustand glänzend flaumhaarig, später normalerweise glatt und ohne Haare. Blätter 12–18 mm lang, 5–7 mm breit und 2,5–3 mm dick, mit kurzen Randwimpern. Farbe grün, an exponierten Plätzen zeigt die Rückseite in der oberen Hälfte einen Scharlachton. Mit kurzen und dünnen Stolonen, Blütenstiel ca. 12 cm hoch, Blüten 2–3 cm ⌀. Die etwa 11 Blumenblätter sind rötlichkarmin. Im Garten bilden sich bald dichte, kompakte Rosettenmassen. Ist sehr einfach zu kultivieren und ziemlich unverwechselbar.

S. nevadense ssp. *hirtellum* Wale
In der Rosette abweichend von der typischen Art. Sie sind größer, und die älteren Blätter sind dicht drüsenhaarig. In der Blüte ist kein Unterschied erkenntlich.

Sempervivum octopodes Turrill
Südl. Jugoslawien. Rosetten mehr oder weniger stark kompakt, ca. 2 cm ⌀, Blätter nach innen gebogen. Blätter grün oft gelbgrün, verkehrt-lanzettlich bis verkehrt-eiförmig, ca. 7 mm lang, 3 mm breit, Rückseite gewölbt, mehr

oder weniger drüsig behaart mit Randwimpern, die zur Spitze hin länger werden. Die Spitze selbst ist dunkelbraun und hat lange Büschelhaare. Die Tochterrosetten sitzen an bis zu 9 cm langen, dünnen Stolonen. Der Blütenstiel ist dicht drüsig behaart und etwa 9 cm hoch. Die Blüten haben etwa 1–1,8 cm $\varnothing$, sie sind blaßgelb mit einer fahlroten Basis. Die Art ist schwierig in der Kultur, denn sie ist sehr empfindlich gegen Winternässe. Die Tochterrosetten an den sehr langen Ausläufern geben der Pflanze ihr typisches Aussehen, was bei anderen Arten selten anzutreffen ist.

S. octopodes ssp. apetalum Turrill

Wächst im Süden Jugoslawiens. Die Rosetten sind ein wenig größer als die der Art und zeigen ein lichteres Grün mit weniger ausgebildeten, braunen Spitzen. Der Hauptunterschied ist der, daß die Blüten keine Blumenblätter haben. Diese Unterart ist leicht zu kultivieren und leidet nicht so unter der Winternässe wie die Stammform. Deshalb ist sie öfter in Gärten anzutreffen. Viele Tochterrosetten an langen Stolonen.

Sempervivum ossetiense Wale

Sowjetunion, Kaukasusgebiet. Rosetten ca. 3 cm $\varnothing$, dichte Polster bildend. Die Rosetten haben weniger Blätter als andere Arten. Die Rosettenblätter sind lanzettlich bis länglich-lanzettlich, sehr fleischig, 14 cm lang, 6 mm breit, 4 mm dick, spitz bis kurz zugespitzt und stark gewölbt. Oben und unten dicht und kurz drüsig behaart. Die Randwimpern sind etwas länger als die Behaarung. Farbe grün mit einer schmalen, rotbraunen Spitze. Blütenstiel 9–10 cm hoch, Blüten ca. 2,5 cm $\varnothing$. Die meist 10 Blumenblätter sind weißlich mit breitem, roten Mittelrand. An der Rückseite feine, rote Linien. Keine leicht zu kultivierende Art, da empfindlich gegen Winternässe. Bildet wenig Tochterrosetten und blüht selten. Die sehr fleischigen Blätter sind ein gutes Unterscheidungsmerkmal.

Während bei Bergwanderungen die Rosetten von Sempervivum wenig auffallen, da sie meist zwischen allerlei anderen Pflanzen verborgen sind, kann man zur Blütezeit solche schönen Plätze eher finden. Hier Sempervivum arachnoideum, Phyteuma und Gräser am P. d. Midi. Unten links: Zu den meistverbreiteten Hybriden gehören in Deutschland die Züchtungen von Arends 'Alpha', 'Beta' und 'Gamma'. Hier die kontrastreiche 'Gamma', die zu anderen Jahreszeiten wieder ganz andere Färbungen annimmt. Unten rechts: Eine schöne rote Hybride von Sempervivum marmoreum.

Sempervivum pittonii Schott, Nym. et Kotschy, Serpentinhauswurz
Zentral-Steiermark, in etwa 800–1000 m Höhe auf Serpentin wachsend.
Eine hübsche, niedliche, behaarte, gelbblühende Art. Hat Ähnlichkeit mit
S. leucanthum, ist aber deutlich zu unterscheiden durch die kleineren, dichten Rosetten, sehr geschlossen wachsend. (*S. leucanthum* hat einige Zentimeter lange Stolonen und formt eine lose Matte.) In der Blüte sind sie wenig
zu unterscheiden. Rosetten 3–5 cm ∅. Rosettenblätter nach innen gebogen,
12–20 mm lang und 3–8 mm, breit, kaum gespitzt, zottig-drüsenhaarig und
gewimpert. Die Rosetten sind graugrün mit einer deutlichen, abgesetzten
kleinen braunen Spitze. Die Tochterrosetten sind an 2–3 cm langen kurzen
Ausläufern, einen dichten Hügel formend. Blütenstiel meist 5–7 cm hoch,
vereinzelt auch höher (bis 20 cm). Blüten 2–2,5 cm ∅. Blumenblätter meist
9–12, fahlgelb bis grünlichgelb. Kein starker Wachser, aber eine verhältnismäßig leicht zu erkennende, kleine Art. Evtl. noch mit *S. montanum* ssp.
stiriacum zu verwechseln, aber während der Blüte durch die Blütenfarbe
leicht zu unterscheiden. Blütezeit Juni–Juli. Liebt keinen Kalk. Wächst
gut unter überhängenden Steinen.

Sempervivum pumilum M. B.
UdSSR: Kaukasus. Kleine Rosetten mit 1–2 cm ∅. Ähnelt einer kleinen
spitz belaubten *S. montanum* mit mehr offenen Rosetten und kurz gestiel-
ten Tochterrosetten. In der Blüte wird der Unterschied aber deutlich. Die
Blumenblätter sind viel kürzer und breiter und gleichen in der Form eher
denen von *S. arachnoideum*. Die Rosettenblätter sind lanzettlich, mehr
oder weniger stark überlappend. Farbe grün, etwa 1 cm lang, 3–4 mm breit
und 2 mm dick. Drüsig-flaumhaarig auf beiden Seiten und am Rand gewimpert. Tochterrosetten an sehr dünnen, etwas über 1 cm langen Stolonen, die benötigen nur kurze Zeit um die Größe der Elternrosetten zu erreichen. Dies ist ebenfalls ein deutliches Erkennungsmerkmal gegenüber *S.
montanum*. Blütenstiel 4–10 cm hoch, Blüten etwa 2 cm ∅, 2–7blütig pro

*Oben links: Sempervivum arachnoideum in einer Urgesteinsspalte. Oben rechts: Hy-
bride von Sempervivum arachnoideum, verbreitet als Sempervivum valesiacum Lager ex De La Soie. Mitte links: Vor der Zwergzuckerhutfichte 'Laurin' und dem Zi-
tronenthymian links 'Silverine' (großrosettig) und 'Purdys 50–60' im Trog. Mitte
rechts: Jovibarba soboliferum. Unten links: Die empfehlenswerte Sorte 'Jubilee' zwischen Tuffsteinbrocken. Unten rechts: Eine schön rot gefärbte Sempervivum marmo-
reum-Hybride.*

Stiel. Die normal 10–12 Blumenblätter sind rosigpurpur mit kahlem Rand. Es gibt vier verschiedene geographische Formen, aber wenig verbreitet: Adyl-Su-Form Nr. 1, Adyl-Su-Form Nr. 2, Armchi-Form, Elbruz-Form.

Sempervivum reginae-amaliae Heldr. et Guicc. ex Hal.
Fundort südl. Albanien und nördl. Griechenland. Rosetten 2,5–3 cm ∅. Die Rosettenblätter spatelig bis verkehrt-eiförmig, flaumhaarig und am Rande gewimpert. Länge der Blätter etwa 18 mm, 6–7 mm breit und 2 mm dick. Die Färbung ist normal ein dunkles Grün, die äußeren Blätter sind mehr oder weniger rot gefärbt. Es gibt aber auch Formen, die gänzlich purpurrot sind. Die Tochterrosetten sitzen an kurzen aber kräftigen Stolonen. Blütenstiel 12 cm hoch, Blüten etwas über 2,5 cm ∅. Die gewöhnlich 13 Blütenblätter sind karminrot mit weißem Rand. Es sind vier etwas unterschiedliche geographische Formen aus Griechenland und eine aus Albanien bekannt. Im Handel sind außer der Art besonders eine rote Varietät unter der Bezeichnung 'Red Form' und der Typ von 'Marvi Petri'. Alle können leicht mit *S. erythaeum* verwechselt werden. Die Rosettenblätter dieser Art sind aber länger und schmäler als die der *S. reginae-amaliae*-Typen. Hinsichtlich der Bezeichnung herrscht eine ziemliche Verwirrung. Teilweise wurde eine Form von *Jovibarba heuffelii* damit bezeichnet (Kennzeichen Rosettenteilung) und teilweise auch ein Typ von *S. marmoreum (S. schlehanii)*. Von *S. reginae-amaliae* ist eine größere Anzahl von Lokalformen bekannt, die besonders in England weitverbreitet sind.

S. reginae-amaliae von Kambeecho
Größere Rosetten mit besonders fleischigen Blättern, wenig beblättert und von düster grüner Farbe. Davon gibt es auch eine rötliche Form, deren Blätter weniger fleischig sind.

S. reginae-amaliae von Kiona
Hat kaum mehr als 2 cm ∅ pro Rosette und zeigt weniger fleischiges Laub.

S. reginae-amaliae von Marvi Petri
Graugrüne Rosetten zwischen 2 und 4 cm ∅ und von mehr offener Form.

S. reginae-amaliae von Peristeria
Grüne Rosetten mehr al 3 cm ∅, lockerer in der Form, die Blätter sind schmäler.

S. reginae-amaliae von Sarpun
Halbkugelige Form, 2–2,5 cm ∅, lichtgrün.

S. reginae-amaliae von Vardusa
Kleine graugrüne Rosetten bis 2,5 cm ∅, vielblätterig und flach, bekommt
im Sommer mehr orangebraune Töne.

Sempervivum ruthenicum Schnittsp. et Lehm., Fettblattsteinwurz
(syn. *Sempervivum globiferum* L. emend. Koch)
Verbreitet in weiten Teilen SO-Europas: UdSSR, Ukraine, Rumänien.
Mittelgroße Rosetten mit etwa 5 cm ∅, ganz oder halboffen, ziemlich flach
mit weniger Blättern als die meisten anderen Arten. Die Rosettenblätter
sind dunkelgrün, breit elliptisch-keulenförmig und flaumhaarig. Die Ränder sind gewimpert. Die Tochterrosetten sitzen an kurzen und kräftigen,
3–5 cm langen Stolonen. Der Blütenstiel erreicht eine Höhe bis zu 30 cm
und mehr. Die Blüten haben 2,5 cm ∅, und die 11–12 Blumenblätter haben
eine grünlichgelbe Farbe mit einem Purpurhauch an der Basis, der sich mit
der Dauer der Entwicklung verstärkt. Diese Art ist leicht zu kultivieren,
und der Zuwachs ist gut. Sie kann unter Umständen mit *S.zelebori* Schott
verwechselt werden, *S. ruthenicum* hat aber größere Rosetten und einen
höheren Blütenstiel; die Blüten von *S. zelebori* zeigen ein tieferes Gelb.
Auch mit anderen behaarten Formen des Balkans sind leicht Verwechslun-
gen möglich.

Sempervivum tectorum L., Dachwurz, Donnerwurz
Eine außerordentlich variable Art mit weitem Verbreitungsgebiet über die
ganzen Alpen, die Pyrenäen, Zentral-Frankreich und den nördlichen Teil
des Balkans. Es gibt keine andere *Sempervivum* mit so vielen Unterarten
und Formen. In den Alpen in der Blaugrashalde wachsend, mittelgroße bis
große, 5–7 cm ∅, offene und flache Rosetten (sie sind im Spätherbst, Winter und frühen Frühling stärker geschlossen). Es gibt aber auch kleinere und
wesentlich größere Typen (bis über 20 cm ∅). Die Rosettenblätter sind
breitoval-lanzettlich bis breitoval-verkehrtlanzettlich, 3–6 cm lang und
mehr, 1–1,5 cm breit. Das sehr fleischige Blatt ist ohne Haare, grün und mit
einer deutlichen, purpurnen bis bräunlichen Spitze versehen. Die Tochterrosetten sitzen an kräftigen Stolonen etwa 4–5 cm lang. Der Blütenstiel ist
20–30 cm hoch, reichverzweigt, und die Blüten haben einen über 2,5 cm ∅.
Die normal 12–16 Blumenblätter sind weißlich bis purpurn mit roten Li-

nien, der Gesamteindruck ist purpurrot. Alle *S. tectorum*-Typen sind leicht zu kultivieren und bilden bald große Rosettenpolster. Juli–August blühend.

S. tectorum var. *alpinum* (Griseb. et Schenk) Praeg., Alpenhauswurz
In den Alpen und in Norditalien wachsend. Rosetten 2–8 cm ⌀. Blätter am Grunde keilig, plötzlich verbreitert und jäh zugespitzt. Farbe bläulichgrün, an der Basis auffallend rot (wichtiges Erkennungsmerkmal!). Die Ränder sind gewimpert. Blüten rosa. Auf basischen bis sauren Böden. Blüte Juli-September.

S. tectorum ssp. *boutignianum* Billot et Greinier
Diese Unterart umfaßt die in den Pyrenäen vorkommenden *S. tectorum*-Formen. Steht der ssp. *alpinum* nahe und *S. arvernense*.

S. tectorum ssp. *boutignianum* f. *jordanianum* Rouyi et Cam.
(syn. *S. pyrenaicum* Jord. et Fourr.)
In den östl. Pyrenäen wachsend. Blüten 16–22 mm ⌀.

S. tectorum ssp. *boutignianun* f. *pallescens* Rouyi et Cam.
(syn. *S. pyrenaicum* Lam.)
In den Hochpyrenäen. Blüten 26 mm ⌀ (Unterschied zur vorhergehenden Unterart).

S. tectorum ssp. *glaucum* Ten., Apenninsteinwurz
Mehr auf Urgestein wachsend, in den südlichen und östlichen Alpen (bis nach Istrien). Etwa 5–10 cm ⌀. Die Rosettenblätter am Grunde keilig, plötzlich bis auf 2 cm verbreitet, länglich kurzgespitzt. Die Rosetten sind graugrün, die Basis ist weißlich, die Spitze rotbraun. Steife Wimpern an der Spitze. Der Blütenstand ist zottig-wollig, die Blütenfarbe rosa.

S. tectorum ssp. *rupestre* Bergmanns
Mitteleuropäische Gebirge, Kaukasus, Iran. Rosetten 4–9 cm ⌀. Blätter länglich oder eiförmig, kahl, Ränder gewimpert, Spitze mit weißen Büschelhaaren und drüsenhaarig.

S. tectorum ssp. *tectorum*, sensu stricto
Über viele Teile Europas verbreitet, aber nirgends heimisch. Rosetten 8–14 cm oft bis 20 cm ⌀. Rosettenblätter verkehrt-eilanzettlich, 4–6 cm

lang, 1–2 cm breit, allmählich zugespitzt, prächtig grün, an der Basis weißlich (Unterschied zu ssp. *alpinum*), rotbraune Spitze. Blütenstand bis ca. 50 cm hoch, größer als bei ssp. *glaucum*, reich verzweigt. Das prächtig grüne Laub unterscheidet es deutlich von ssp. *glaucum* und in der Größe von ssp. *alpinum* (syn. *S. juratense* Jord.).

S. tectorum ssp. *tectorum* 'Atropurpureum'
Große, dunkelviolettrötliche Rosetten, 8–9 cm ⌀. Schlank gespitztes Laub mit sägeartigen Enden. Die typische Farbe zeigt sich nicht gleich nach der Pflanzung. Soll im südlichen Jura vorkommen.

S. tectorum ssp. *tectorum* 'Bicolor'
Blätter grünrot, mittelgroße breite, flache Rosetten.

S. tectorum ssp. *tectorum* 'Boissieri'
Rosetten 5–8 cm ⌀, mit kurzen Ausläufern. Blätter weniger gespitzt als bei ssp. *tectorum*, graugrüne Farbe, rote Blüte.

S. tectorum ssp. *tectorum* var. *lamottei*
Breite Rosetten, Blätter grün, rötliche Spitzen, Blüten blaß. In französischen Mittelgebirgen vorkommend.

S. tectorum ssp. *tectorum* var. *minutum*
In Spanien vorkommende, wesentlich kleinere Varietät.

S. tectorum ssp. *tectorum* 'Ornatum', Geschmückte Hauswurz
Die unteren zwei Drittel der Rosetten sind karminrot gefärbt, im oberen Drittel sind sie grün.

S. tectorum ssp. *tectorum* 'Triste', Kupfersteinwurz
Dunkelrötlichbraune, eher kleinere Rosetten.

S. tectorum ssp. *tectorum* 'Atroviolaceum'
Violettpurpurne Rosetten, die nach oben mehr in Blaugrün übergehen. Spitze braun. Rosetten sehr groß.

S. tectorum ssp. *tectorum* 'Royanum'
Große, gelblichgrüne Rosetten mit rot überhauchten Laubspitzen.

S. tectorum 'Robustum'
Gartenform mit besonders großen, blaugrünen Rosetten.

S. tectorum 'Nigrum'
Hübsche Gartensorte von apfelgrüner Farbe mit stark dunkelpurpurroten Blattspitzen.

S. tectorum 'Edinburgh'
Ein dunkler Sport von *S. tectorum*.

Sempervivum thompsonianum Wale
Südl. Jugoslawien und Griechenland. Rosetten 1,5–2,5 cm ∅, fast kugelige Form, 6–8 cm lange, vom Grunde ausgehende Stolonen, Rosettenblätter eilanzettlich, 14 mm lang, 4 mm breit, 2 mm dick, behaart. Die Rosette ist gelblichgrün und leicht rot an der Außenseite überhaucht, an exponierten Pflanzenplätzen. Blütenstiel ca. 8 cm hoch, ziemlich kompakt. Blüten ca 19 mm ∅. Die normal 10 Blumenblätter sind an der Spitze blaßpurpurn, in der Mitte mit weißem Rand, unten grünlichgelb. Kann mit einer Form von *S. macedonicum* (von Mt. Ljubotin) verwechselt werden. *S. thompsonianum* hat aber eine schärfere Spitze und auch das rötlich überhauchte äußere Laub. Macht in der Kultur keine Schwierigkeit, ist aber ein fauler Blüher.

Sempervivum transcaucasicum Muirh.
(syn. *Sempervivum globiferum* auct. non L. nec Curt.)
UdSSR: Kaukasus. Rosetten 5–7 cm ∅, dichtstehend, halb offen, Tochterrosetten an kurzen (2–3 cm lang) kräftigen Stolonen. Rosettenblätter verkehrt-eiförmig bis verkehrt-lanzettlich, kurz gespitzt, dicht flaumhaarig, Ränder gewimpert. Farbe grün oder grünlichgelb, an der Spitze rosa. Blütenstiel 15–18 cm hoch, drüsenhaarig, Blüten 2,5 cm ∅. Die normal 12–14 Blumenblätter sind grünlichgelb, an der Basis blaßpurpur gefärbt. Fauler Blüher, sollte etwa vor Winternässe geschützt werden.

Sempervivum wulfenii Hoppe ex Mert. et. W. D. J. Koch, Wulfens Hauswurz
In den Schweizer und österreichischen Alpen wachsend, aber selten. Ähnelt in der Form und hinsichtlich der glatten Rosettenblätter *S. tectorum*. Hauptunterscheidungsmerkmale sind: Rosettenblätter weniger zahlreich, innere Blätter kegelförmig geschlossen, mehr gräulichen Farbton, purpur-

rote Basis und gelbe Blüten. Rosetten 5–9 cm $\varnothing$. Flach ausgebreitet mit einer etwas konischen Erhöhung der inneren Rosettenblätter. Diese sind unbehaart, länglich, spatelig, plötzlich zugespitzt, 2–4 cm lang, 1–1,5 cm breit. Farbe graugrün mit purpurroter Basis. Es werden nur wenige Ausläufer gebildet an kräftigen Stolonen von etwa 10 cm Länge. Blütenstiel drüsig-zottig, ca, 20 cm hoch, die Blüten haben 2,5 cm $\varnothing$ und sitzen dichtblütig, fast kopfig. Die normal 12–15 Blumenblätter sind gelb oder grünlichgelb mit einer purpurfarbenen Basis. Staubblätter purpurn, Griffel grünlichgelb. Wächst in der Kultur langsam, wenig Zuwachs durch Tochterrosetten, deshalb in den Gärten selten zu finden. Fauler Blüher. Besser Schutz vor Winternässe. Juni-Juli blühend. Wächst am Naturstandort auf kalkarmen, steinigen Matten und Weiden oder im festen Gesteinsschutt, ist auch im Garten ein Kalkhasser.

Sempervivum zelebori Schott
(syn. *Sempervivum ruthenicum* Koch)
Bulgarien, Rumänien, geht aber noch über diese Länder hinaus. Rosetten kompakt und mehr oder weniger kugelförmig, 3–4,5 cm $\varnothing$. Wenige Tochterrosetten an kurzen Stolonen. Rosettenblätter breit-elliptisch bis verkehrt-eiförmig, kurz überlappend, fahlgrün, graugrün oder blaugrün, samtig flaumhaarig. Spitze klein dunkel oder nicht vorhanden. An der unteren Rückseite mehr oder weniger gekielt, Blätter über 15 mm lang, 8 mm breit. Die äußeren Blätter sind rosa überhaucht, wenn sie an exponierten Plätzen gepflanzt. Blütenstiel 10–15 cm hoch, Blüten 2,5 cm $\varnothing$. Die normal 12–14 Blumenblätter sind klargelb mit einer purpurnen Basis.

Diese Art wurde lange Zeit *S. ruthenicum* Schnittsp. et Lehm zugesellt. Sie ist aber von dieser deutlich zu unterscheiden. Eine während des ganzen Jahres gut aussehende Art, mit dem samtigen Rosettenlaub und dem rosa Hauch an exponierter Stelle. Formt schnell dichte Matten und wächst ohne Schwierigkeiten. Im Handel ist noch eine gelbliche Form, die Rosettenblätter sind besonders im Frühling stärker gelblich gegenüber dem Typ.

Weitere Arten ohne nähere Beschreibung
Vom Botanischen Garten Edinburg wurde 1969 eine ganze Anzahl von in der Türkei gefundenen Arten beschrieben. Da es zweifelhaft ist, ob sie alle ihren Spezies-Status behalten und diese Pflanzen in den nächsten Jahren kaum stark verbreitet werden, soll auf eine nähere Beschreibung verzichtet werden. Es handelt sind um:

S. artvinense Muir., *S. brevipilum* Muir., *S. davisii* Muir., *S. furseorum* Muir., *S. gilbianii* Muir., *S. ispartae* Muir., *S. staintonii* Muir., ferner *S. balcanicum* Stoy. et Stef., eine nicht ausreichend bekannte Art; wahrscheinlich eine Abart einer anderen Spezies *(S. erythraeum, S. ballsii, S. marmoreum?)*, nach J. A. Huber zu *S. marmoreum. S. italicum* Ricci, *S. juvanii* Strgar. und *S. sosnowskyi* sind weitere in neuerer Zeit beschriebene *Sempervivum. S. glabrifolium* Borissova wurde schon 1939 beschrieben, ist aber wenig bekannt und seine Stellung zu *S. armenum* ist nicht genügend geklärt. *S. vicentei* ist eine alte Art, aber neu gesammelte Pflanzen passen nicht ganz zur Originalbeschreibung, deshalb sei auch diese Art nur erwähnt.

Naturhybriden von Sempervivum

An Stellen, an denen sich die natürlichen Verbreitungsgebiete überlappen, sind durch die leichte Kreuzbarkeit der *Sempervivum* eine größere Anzahl von Naturhybriden entstanden. Besonders bei fünf Arten *(S. arachnoideum, S. grandiflorum, S. montanum, S. tectorum, S. wulfenii)* trifft dies zu. Durch die vielen artähnlichen Namen, die sie teilweise führen, ist der Namenswirrwarr noch vergrößert.

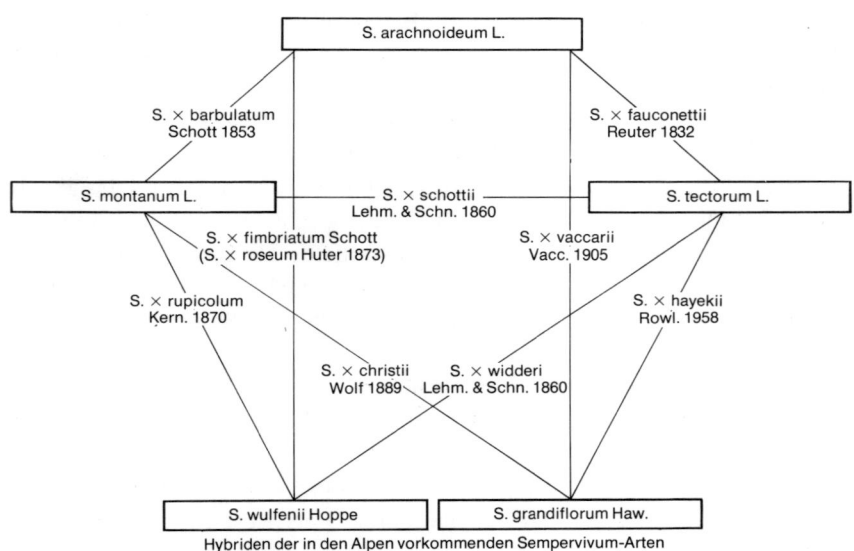

Hybriden der in den Alpen vorkommenden Sempervivum-Arten
(Mit freundlicher Genehmigung der Sempervivum Society)

Sempervivum × *barbulatum* Schott
(syn. *Sempervivum* × *delasoiei* Schnittsp. et Lehm.
Hybride aus *S. arachnoideum* × *S. montanum* ssp. *montanum*. Kommt in
den Alpen in den überlappenden Verbreitungsgebieten vor. Rosettenblätter grün mit purpurbrauner Spitze, drüsenhaarig bedeckt, an der Spitze
spinnwebartig. Es kommen somit beide Eltern im Aussehen zur Geltung.
Die Rosetten sind klein, etwas über 1 cm ⌀. Die Blüten liegen im Aussehen
in der Mitte zwischen den länglichen Blumenblättern von *S. montanum* und
den kürzeren, breiteren von *S. arachnoideum*. Leicht zu kultivieren. *S.* ×
barbulatum 'Hookeri' ist eine kleine hübsche Sorte.

Sempervivum × *christii* Wolf
Hybride aus *S. grandiflorum* × *S. montanum* ssp. *montanum*. Natürliches
Vorkommen in der Schweiz und in N-Italien. Rosettenblätter grün oft mit
purpurbraunen Spitzen. Variiert auch in der Behaarung, die mehr oder weniger vorhanden ist. Die Blütenfarbe ist nicht konstant, meist purpur mit
gelben Spitzen.

Sempervivum × *fauconettii* Reuter
Hybride aus *S. arachnoideum* ssp. *tomentosum* × *S. tectorum* ssp. *alpinum*.
Eine Kreuzung zwischen den wichtigsten Formen. Entsprechend dem großen Verbreitungsgebiet der Eltern wachsend, gehäuft in den Schweizer Ju-
rabergen. Rosetten kleiner als *S. tectorum* und mit einem Haartuff an der
Spitze, den *S. arachnoideum*-Elternteil kennzeichnend. In der Jugend auch
oft spinnwebartig an den Spitzen. Eine Hybride mit gleichen Eltern ist *S.
thompsonii* Linds. mit kleinen grünen Rosetten, an den Spitzen leicht besetzt mit wolligen Haaren. Besser zu bezeichnen als *S.* × *fauconettii*
'Thompsonii'.

Sempervivum × *fimbriatum* Schott, Wimpersteinrose
Hybride aus *S. arachnoideum* ssp. *arachnoideum* × *S. wulfenii*. Grüne Rosetten, an der Spitze ein Büschel langer weißer Haare. Unter diesen Namen
meist *S.* × *barbulatum* in den Gärten verbreitet als *S* × *fimbriatum*
Schnittsp. et Lehm.

Sempervivum × *funckii* F. Braun
Eine weitverbreitete Hybride, an der drei Arten beteiligt waren (*S. arachnoideum, S. montanum* und *S. tectorum*). In den Alpen gefunden und seit

langem in den Gärten kultiviert. Mittelgroße grüne, manchmal außen rot überhauchte, sternförmige, offene Rosetten mit 5 cm ∅. Bringt sehr viele Tochterrosetten hervor, die bald dichte Teppiche formen. Rosettenblätter beidseitig drüsenhaarig und gewimpert. Diese Randwimpern helfen sie von einigen *S. montanum*-Formen zu unterscheiden. Blüten groß rosarot mit kräftigen roten Mittelstreifen. Rötliche Blüten, Blütezeit Juli, 10–15 cm hoch. Leichte Kultur.

Sempervivum × hayekii Rowley
Hybride aus *S. grandiflorum × S. tectorum*. In den Alpen in einem sehr begrenzten Gebiet wachsend (Wallis). Große Rosetten, die stark wachsen. Rosettenblätter fast kahl oder leicht flaumhaarig am Rand gewimpert. Blüten fahlgelbpurpur.

Sempervivum × praegeri
Eine Hybride (*Sempervivum ciliosum* Craib × *Sempervivum erythraeum* Praeg.), die in Bulgarien vorkommt. Rosetten zwischen den Eltern liegend. Dicht drüsen-flaumhaarig mit langen Haaren nahe der Spitze, aber nicht so lang wie bei *S. ciliosum*. Blumenblätter grünlichgelb mit leichtem Hauch nahe der Spitze.

Sempervivum × roseum Huter
Nach Huber in Hegi II syn. zu *S. fimbriatum* Schott, die richtige Bezeichnung lautet dann: *S. fimbriatum* Schott (syn. *S. × roseum* Hut. et Sand.) = *S. arachnoideum* ssp. *arachnoideum × S. wulfenii*. Trotz gleicher Eltern gibt es aber unterschiedliche Typen.

Sempervivum × rupicolum Kern.
(syn. *Sempervivum × braunii* Facch., *S. × huteri* Hausm.)
Hybride aus *S. montanum* ssp. *montanum × S. wulfenii*. Tiroler und Schweizer Alpen. Rosetten 4–5 cm ∅. Rosettenblätter länglich bis verkehrt-eiförmig, kurz gespitzt; beidseitig gewölbt. An der Basis rötlich. Auf der Rückseite leicht drüsenhaarig. Die Kanten sind gewimpert. Blütenfarbe hellgelb mit roten Strichen.

Sempervivum × schottii Lehm. et. Schnittsp.
Hybride aus *S. montanum* ssp. *montanum × S. tectorum*. Französische und Schweizer Alpen. Wie ein kleines *S. tectorum* ssp. *tectorum* mit dichteren

Rosetten, aber grundsätzlich eine variable Hybride. Rosettenlaub mehr oder weniger drüsenhaarig, die Spitze ist purpurn. Blüte purpurn.

Sempervivum × *vaccari* Vacc.
Hybride aus *S. arachnoideum* ssp. *arachnoideum* × *S. grandiflorum.* Nur begrenzt vorkommend (Wallis). Rosetten wie kleinere *S. grandiflorum-*Rosetten, an den Spitzen der Rosettenblätter locker spinnwebartig. Blüten rötlich, oft sind die Spitzen auch gelblich.

Sempervivum × *versicolor* Velen.
Der hybride Ursprung ist nicht völlig geklärt, wahrscheinlich aber eine Kreuzung zwischen *S. marmoreum* und *S. zelebori.* Sie ähnelt stark *S. tectorum.* Rosettenblätter am Grunde verschmälert, nach oben zu verbreitert. Die Ränder sind stark gewimpert. Die Farbe ist grün mit braunen Spitzen, ausgenommen die jungen Rosetten, die haarig sind wie bei *S. marmoreum.* Blüten anfangs gelb, später blaßviolett. Natürliches Verbreitungsgebiet nicht bekannt. In Dörfern am Fuße des Balkangebirges gefunden.

Sempervivum × *widderi* Lehm. et. Schnittsp.
Hybride aus *S. tectorum* ssp. *alpinum* × *S. wulfenii.* Schweiz oberhalb vom Berninapaß. Große Rosetten ähnlich denen von *S. wulfenii* (meist ohne purpurner Spitze). Rosettenblätter glatt, ohne Haare, an den Rändern ge-wimpert. An der Basis rot getönt. Blütenfarbe gelb, nach unten zu rot oder gelb mit roten Streifen.

Sempervivum arachnoideum L. × *Sempervivum nevadense* Wale
Grüne Rosetten, rötlich überhaucht.

Sempervivum arachnoideum L. × *Sempervivum pittonii* Schott
Im Aussehen zwischen den Eltern stehend.

Sempervivum × *flavipilum* Hausmann
(syn. *Sempervivum* × *fauconettii* var. *flavipilum)*
Kreuzung zwischen S. arachnoideum ssp. *arachnoideum* und *S. tectorum* ssp. *glaucum.* Ähnlich *S.* × *fauconettii,* aber mit gelblichen Haaren. Auch oft als *S. hausmannii* Lehm. und *S. mettenianum* bezeichnet.

Sempervivum × *pernkofferi* Hayek
(syn. *Sempervivum* × *rupicolum* var. *pernkofferi* (Hayek) Rowl)
Hybride aus *S. montanum* ssp. *stiriacum* × *S. wulfenii*. In der Steiermark
und in Kärnten. Rosettenblätter verkehrt-lanzettlich, schwächer drüsenhaarig. Blüten gelblichrot.

Sempervivum calcaratum Baker hort. (*Sempervivum comollii* der Gärten)
Eine Hybride unbekannter Eltern. Große Rosetten bis 15 cm ∅. Die Blätter sind graugrün oft mit purpurnen Schein, die Basis ist karminrot. Blütenstiele über 30 cm hoch, die Blüten sind düster rötlichpurpur. Die Tochterrosetten sitzen an etwa 5 cm langen Stolonen. Hinsichtlich der Eltern kann
nur gesagt werden, daß *S. tectorum* daran beteiligt war. Sehr gute Gartenpflanze, einfach zu kultivieren.

Jovibarba-Arten

Jovibarba allionii (Jord. et Fourr.) D. A. Webb
(syn. *Sempervivum allionii* (Jord. et Fourr.) Nym., *Diopogon hirtus* ssp. *allionii* (Jord. et Fourr.) H. Huber)
Kommt im südwestlichen Teil der Alpen vor: Seealpen, italienische und
österreichische Alpen. Geschlossene Rosetten, kugelig, fahlgrün bis gelbgrün, 2–3 cm, selten 4 cm ∅. Die Rosettenblätter sind stark nach innen gekrümmt, die Flächen sind drüsig behaart, besonders nach unten zu, lanzettlich bis eiförmig-lanzettlich, überlappend 12–15 mm lang und 4–5 mm
breit. An exponierten Plätzen außen leicht rötlich gefärbt. Die Tochterrosetten sind ungestielt oder nur an dünnen, ganz kurzen Stolonen. Blütenstiel 10–15 cm hoch. Blumenblätter meist 6–7 Stück grünlichweiß. Eine
hübsche Pflanze für den Garten durch ihre fahle gelbgrüne Rosettenfarbe.
Sie sieht Sommer wie Winter gut aus, ist aber der faulste Blüher aller *Jovibarba*.

Jovibarba arenaria (H. D. J. Koch) Opiz
(syn. *Sempervivum arenarium* H. D. J. Koch, *Diopogon hirtus* ssp. *arenarius*
(H. D. J. Koch) H. Huber)
Verbreitet über die östlichen Alpen in Österreich und Italien. Gewöhnlich
ohne Schwierigkeiten zu jeder Jahreszeit wegen der geringen Größe von
anderen zu unterscheiden, noch kleiner als das typische *S. arachnoideum*.
Rosetten mehr oder weniger kugelig geschlossen, frisch grün, Außenseite

meist rötlich überhaucht, besonders an exponierten Stellen. Das Fehlen von Haaren auf der Vorder- und Rückseite, genauso wie von Spinnwebhaaren und Haarbüscheln auf der Blattspitze ist kennzeichnend zur Unterscheidung gegenüber anderen kleinen *Sempervivum* und *Jovibarba*, wie *J. allionii*, *S. montanum* und *S. arachnoideum*. Die sechs aufgerichteten grünlichweißen Blüten sind kennzeichnend für *J. arenaria* innerhalb dieser Gattung. Kann evtl. mit *J. hirta* verwechselt werden. Diese Art hat aber mehr sukkulentes Laub und einen kräftigeren Blütenstiel. Rosetten 0,5–2 cm ∅. Rosettenblätter lanzettlich, am breitesten nahe der Mitte, 8–12 mm lang, 3–5 mm breit, 1,25 mm dick. Flächen kahl, nur ganz kurze, feine Randwimpern. Tochterrosetten klein, an sehr dünnen schlanken Ausläufern. Blütenstiele 7–12 cm hoch. Blumenblätter normal 6 Stück und 12–15 mm lang. Fauler Blüher, Blütenfarbe grünliches Gelbweiß. Blüht Juni-August. Eine hübsche Art für den Garten, die bald größere Matten bildet. Eine geographische Form aus dem Murtal ist besonders prächtig gefärbt. Auf Urgestein wachsend, liebt auch im Garten keinen Kalk.

Jovibarba heuffelii (Schott) A. et D. Löve, Jadewirbelsteinwurz
(syn. *Sempervivum heuffelii* Schott, *Diopogon heuffelii* (Schott) H. Huber)
SO-Europa, weitverstreut bis S-Griechenland. Wegen der schmalen, gelben, wenigzähligen Blüten gehört diese Pflanze zur Gattung *Jovibarba*, obwohl die Rosetten eher einem *Sempervivum tectorum* ähneln als Rosetten von anderen *Jovibarba*-Arten. Sie bildet jedoch keinerlei Ausläufer und bringt auch keine Tochterrosetten zwischen oder auf den älteren Rosetten hervor, sondern sie vermehrt sich vegetativ durch Rosettenteilung der alten Rosetten in zwei oder mehr neuen. Wegen der weiten Verbreitung eine ziemlich variable Art hinsichtlich der Größe, der Färbung der Rosettenblätter und der Behaarung. Flache, offene Rosetten 5–7 cm ∅, bei einzelnen Formen auch 3–12 cm. Rosettenlaub variabel, breit-elliptisch bis länglich-spatelig und verkehrt-eiförmig, sehr gespitzt. Blütenstiel 10–30 cm hoch, Blüten 12–15 mm lang. Die Blumenblätter, normal 6–7 Stück, sind gelbweiß bis fahlgelb. Guter Blüher. Rosetten, die blühen, sterben ab. Diese Art hat eine starke Hauptwurzel.

J. heuffelii var. *glabrum*
Balkan. Rosettenblätter beiderseits kahl, 2,5–3,5 cm lang, 1,5–2 cm breit, lang gespitzt. Blattfarbe lichtgrün mit einem rosapurpurnen Hauch im letzten Drittel. Blumenblatt begrannt, gelb.

J. heuffelii var. *heuffelii*
Rosetten 6–12 cm ⌀, ausgebreitet. Rosettenblätter 5,5 cm lang, 1,5 cm breit, beiderseits zerstreut, drüsig behaart. Mit Grannenspitze, Ränder gewimpert, teilweis gerötete Spitze. Blüten gelblichweiß bis blaßgelb.

J. heuffelii var. *kopaonikensis*
Bulgarien. Blaugrüne bis graugrüne Rosetten. Blüten etwas bauchiger.

Jovibarba heuffelii var. *patens*
Mittelgroß, fein grüngrau behaart. Auffallend schön, reichblühend.

J. heuffelii var. *reginae-amaliae*, Bronzewirbelsteinwurz
Die Rosetten zeigen einen reineren Grünton an der Basis, mit rötlichen Spitzen.

J. heuffelii var. *stramineus*
Bulgarien. Kleinere, glänzende, dunkelsmaragdgrüne Blätter mit deutlich abgesetzter brauner Spitze. Blüten tiefer gelb.

Im Handel sind weiter verschiedene Lokalformen, so von Anabakanak, Anthoborio, Haila, Jakupica, Koprivnik, Kosovo, Ljubotin, Osljak, Ostrovica, Pasina Glava, Rhodope, Sapka, Stogovo, Treska Gorge und Vitse. Weiterhin gibt es eine Reihe von Sorten: 'Bronze Ingot,' bräunliche Rosetten mit bronze Schein; 'Chocoleto', dunkelbraune Rosetten; 'Giuseppi Spiny', kräftig rötlich überhaucht, Laubspitzen scharf gezeichnet; 'Minutum', kleine graugrüne Rosetten; 'Miller's Violet', purpurviolett; 'Tan', rotbraune Färbung. *J. heuffelii* var. *glabrum* 'Xanthoheuff' hat einen schönen gelben Ton, im Innern grünlich, die Rosetten sind kleiner als bei der Art. *J. heuffelii* var. *glabrum* 'Burmuda', große, flache, runde Rosetten von gräulichem Tieflila mit dicken, sukkulenten Blättern und cremefarbiger, scharfer Spitze. *J. heuffelii* var. *glabrum* 'Cameo', gräulichpurpurrot die äußeren Blätter, die inneren sind fahlblaugrün, cremefarbige scharfe Spitze und weiße Wimpern, aufrechte Stellung. Weitere neue Sorten sind 'Beacon Hill', 'Purple Haze' und 'Violet'. Alle die letztgenannten neuen Auslesen sind gesuchte Raritäten.

Jovibarba hirta (L.) Opiz
(syn. *Semp. hirtum* L., Diopogon *hirtus* (L.) H. P. Fuchs ex H. Huber)

Wird oft mit anderen *Jovibarba*-Arten verwechselt. *J. hirta* ist zwar variabel in seiner Erscheinung, aber normalerweise von seinen anderen Verwandten durch die etwas größeren Rosetten, die mehr offen sind, zu unterscheiden. In den östlichen Alpen, in Ungarn, den Karpaten und in Dalmatien vorkommend. Rosetten offen und sternartig, 2,5–5 cm, selten auch bis 7 cm ∅. Rosettenlaub 1,3–3 cm lang, 5–7 mm breit und 3 mm dick, breit-lanzettlich oder eiförmig-lanzettlich, spitz. Ober- und Unterseite kahl, keine Randfransen. Meist grün, manchmal mit einer braunen Spitze oder rötlich an der Rückseite überzogen. Viele kugelrunde Tochterrosetten werden an dünnen Stolonen hervorgebracht. Der Blütenstiel ist kräftig und 10–20 cm hoch. Blumenblätter normal 6 Stück, ca. 18 mm lang, fahlgelb bis grünlichweiß. Eine variable Pflanze, die etliche Varietäten hat. Leicht zu kultivieren, durch die vielen Tochterrosetten bald größere Flächen bedeckend. Liebt Kalk. Blüht Juli-August.

J. hirta var. *hillebrandtii* Schott
Eine Form aus Kärnten und der Steiermark mit mehr graugrünen Rosetten, 8–12 mm ∅, breiteren Stengelblättern, verkahlend.

J. hirta var. *neilreichii* (Schott, Nym. et Kotsch)
Niederösterreich, Kärnten. Sehr offene Rosetten, schmale Rosettenblätter 2–3 mm breit, kräftig grün, Stengelblätter kahl.
    Im Handel sind etliche Lokalformen, so *Jovibarba hirta* von der Belansky Tatra, stark rötlich überhaucht, von der Hohen Tatra mit lichtgrünen, rotgespitzten Rosetten, von Smeryouka mit kleinen, mehr offenen Rosetten rötlich überzogen und von Wintergraben, mittelgroße, schön geformte Rosetten.

Jovibarba sobolifera (Sims) Opiz, Kugelsteinrose
(syn. *Semp. soboliferum* Sims, *Diopogon hirtus* ssp. *borealis* H. Huber)
Die typische Henne-und-Küken-Hauswurz der Engländer, aber oft mit anderen *Jovibarba* verwechselt. Von *J. allioni* unterscheidet es sich dadurch, daß diese behaarte Rosetten hat (nur bei genauer Betrachtung sichtbar), außerdem die fahl gelbgrüne Farbe. *J. arenaria* hat kleinere Rosetten (1–2 cm), *J. sobolifera*-Rosetten dagegen haben 1,5–3 cm ∅. *J. hirta* ist wesentlich größer. Vorkommen: Nördliches Eurasien. Es ist mehr eine Pflanze des flacheren Landes und von Mittelgebirgen. Kommt in der Schweiz nicht vor. Nördlichste Verbreitung bei Archangelsk. Rosetten

flach kugelig, Rosettenlaub verkehrt-lanzettlich nach innen gebogen, sehr fleischig und ohne Haare. Leicht an den Kanten gefranst. Grün, oft an der Rückseite rot gefärbt. Viele Tochterrosetten an fadenartigen Stolonen zwischen den Blättern hervorkommend, werden auf den älteren Rosetten hervorgebracht, dichte, kleine Hügel formend. Blütenstiel 10–20 cm hoch. Die normal 6 Blumenblätter sind glockig und grünlichgelb. Leicht im Garten wachsend. Die kugeligen Tochterrosetten rollen nach allen Seiten und wurzeln dann fest. Selten blühend. Liebt keinen Kalk. Auch noch in Halbschatten bis Schatten und an feuchteren Plätzen gut gedeihend. Es gibt auch eine grüne Form ohne die rötlichen Tönung.

Gartensorten von Sempervivum

(In Klammern, wo möglich, die Züchter und die Entstehungsjahre)

Besonders in Deutschland verbreitete Sorten
'Adlerhorst' (K + S = Kayser und Seibert)
Große, breite, flache Rosetten. Rosettenblätter hellgrün mit olivem Schein, zur Basis leicht rötlich. Die Spitzen sind breit purpurrot gezeichnet.

'Alpha' (Arends 1927)
Mittelgroße Rosetten, ca. 5 cm Ø, hellbraun mit wirbeligen Rosettenblättern, gekräuselt und gewimpert. Oft stehen zwei Tochterrosetten Rücken an Rücken. Hübsche Polster, die sich überall durchsetzen. Blütenstiel 10–15 cm hoch. Blüten rosa.

'Amtmann Fischer'
Oliv-smaragdgrüne Blätter, bewimpert. Blattspitzen violett-braun-purpur. Rosetten groß, 8–9 cm Ø. Blüten purpurkarmin, heller Rand.

Oben links: Sempervivum 'Purpurriese' vor Acanthus dioscoridis var. perringii. Oben rechts: Die gelbrötliche 'Lady Kelly' in einem quer gelegten Beton-Mauerstein. Mitte links: Sempervivum 'Monstrosum' mit grünen Riesenrosetten. Mitte rechts: Weitverbreitet ist Sempervivum tectorum ssp. tectorum 'Atroviolaceum'. Unten links: Außen Jovibarba heuffelii var. glabrum 'Chocoleto', daneben eine seltene Hybride, Sempervivum arachnoideum × Sempervivum calcareum. Unten rechts: Rosettenteilung bei Jovibarba heuffelii.

'Berggeist' (K + S)
Große Rosetten. Rosettenblätter frischgrün, länglich, sehr gespitzt.
Schmale rötliche Spitze. Die Grünfärbung wird nach außen zu gelblich.

'Beta' (Arends 1927)
Rosetten kompakt, mittelgroß, 2,5–3 cm ⌀, braun, innen heller. Jedes Blatt
mit einem Büschel weißer Haare besetzt. Der Gesamteindruck ist rotbraun
mit Silberschein. Blütenstiel 10–15 cm hoch, Blüten dunkelrosa.

'Commander Hay' (Lord Morton?)
Sehr große Rosetten, bis 20 cm ⌀, hellbraunrot in eine grüne Spitze übergehend. Eine Hybride zwischen einer großen *S. tectorum*-Form und *S.
marmoreum* 'Rubicundum Ornatum'. Blüten rosarot.

'Donarrose' (K + S)
Große bis mittelgroße, braun- bis karminrote Rosetten mit auffälligen, sil-
brigen Randfransen. Guter Kontrast von innen nach außen silber-rot-grün.
Blüten dunkelrosa.

'Gamma' (Arends 1927)
Mittelgroße Rosetten schwarz-braun-grünlich-silbern, innen heller. Die
Farbtönungen sind schlecht zu beschreiben. Bewimpert, Blütenstiel 10–15
cm hoch, Blüten rosa.

'Gratstürmer' (K + S)
Sehr große Rosetten mit rötlicholiven Mischtönen. Die Rosettenblätter
sind locker angeordnet.

'Grüne Rose'
Blätter smaragdgrün, Spitzen und Blattrücken violett-braunrot, bewimpert, Blüten karminrosa, Ränder hell.

*Oben links: Sempervivum zelebori und Sempervivum pittonii (untere Pflanze). Oben
rechts: Kontrastreich ist Sempervivum tectorum ssp. tectorum 'Atropurpureum'.
Mitte links: Sempervivum kernerianum, keine Spezies, sondern eine in den Gärten
verbreitete Form unbekannter Herkunft. Mitte rechts: Jovibarba heuffelii var. glabrum mit blaugrünen Rosetten. Unten links: Sempervivum 'Smaragd' in einer Tuff-
steinfuge neben Paronychia. Unten rechts: Eine großrosettige Züchtung ist Sempervivum 'Herkules'.*

'Grünschnabel' (K + S)
Braunviolette Rosetten von innen nach außen in Grün übergehend. Grüne Spitze mit fein silbrigen Haaren und Randbewimperung.

'Herkules' (K + S)
Sehr große, dunkelgrüne Rosetten, an der Basis rötlich, mit braunroten Spitzen.

'Hey Hey'
Besponnene Hybride mit prächtig roter Färbung im Frühling, hellrosarote Blüten. Ähnelt der Sorte 'Poke Ete'.

'Jubilee'
Eine Hybride zwischen *S. arachnoideum* und einer besonderen *S. montanum*-Form. Mittelgroß, gut wachsend und dabei schnell größere Matten formend, grün-purpurrote Rosetten.

'Mahagonistern'
Ausleseform mit größeren Blättern von *S. marmoreum* (*Schlehanii*) 'Rubicundum'. Rosetten im Innern grünlich, nach außen zu in Rot übergehend mit grünen Spitzen. Drüsenhaarig. Blüten rosa.

'Metallicum Giganteum' ('Stahlriese')
Sehr große Rosetten rötlichbraun mit metallischem Schimmer. Blüten purpurrosa, Blütenstiel 25 cm hoch.

'Mondstein'
Hellbraunrote, kleine bis mittelgroße Rosetten. Spitzen der äußeren Blätter leicht grünlich.

'Monstrosum', Riesentellersteinrose
Rosettendurchmesser bis 25 cm, blaugraugrün. Blüten rötlich, Blütenstiel 30 cm hoch.

'Nocturno'
Mittelgroße, schwarzgrüne bis dunkelpurpurbraune Rosetten. Am Rand mit weißen Drüsenhaaren (*S. marmoreum*-Hybride) Blüten rosa.

'Noir' (*S. tectorum*-Typ)
Sehr dunkle, mittelgroße bis große Rosetten. Im Mai weitausgebreitet. Im
Innern dann hellgrün und außen breite schwarzbraune Spitzen. Im Juli
dunkeloliv mit schwarzbraunem Rand.

'Norne' (K + S)
Große Rosetten. Die Farbe ist eine Mischung von düsteren Grün-Oliv- und
Purpurtönen. Gute Kontrastpflanze zu hellfarbigen Sorten.

'Ockerwurz' (Köhlein 1967)
Ocker-smaragdgrüne Rosetten, 3–4 cm ∅. Blattspitze hellrot, Rand
schwach drüsenhaarig. Blüten lachsrosa.

'Othello'
Sehr große Rosetten tiefdunkelbraunrot. Dunkelrosa Blüten. Sehr wüchsig.

'Pilatus' (Eschmann)
Sehr dunkle Rosetten, dunkelpurpurbraun, am Rande gewimpert. Blüten
hellkarminrosa.

'Pseudoornatum'
Sehr große, weinrote Rosetten.

'Purpurriese' (K + S)
Große bis mittelgroße Rosetten, ganz purpurrot, leicht bewimpert. Blüten
purpurrosa *(S. marmoreum*-Hybride).

'Rauhreif'
Mittelgroße bis große, purpurrote Rosetten, stark bewimpert *(S. arachnoideum*-Hybride). Blüten lachsrosa, Blütenstiel 10–15 cm hoch.

'Rheinkiesel' (Goos und Koenemann 1937)
Kleine bis mittelgroße, dicht silbrig übersponnene grüne Rosetten, kugelige
Form (*S. arachnoideum*-Hybride oder -Form). Blüten leuchtend rosalachs.
Blütenstiel nur 8 cm hoch.

'Rhone' (Eschmann)
Mittelgroße Rosetten, hellgraugrün mit hellroten Blattspitzen und gewimperten Rand. Blüten lachsrosa.

'Rotkopf' (Köhlein 1967)
Rötliche Rosetten mit gräulichem Unterton, mittelgroß, die auch im Winter gut die Farbe halten. Fein bewimpert.

'Rotmantel' (K + S)
Kontrastreiche große Rosetten. Basis leicht rot in Grün übergehend. Zur Spitze hin olivbraun.

'Rotspitz' (K + S)
Große Rosetten, hellgrün mit olivem Schein, kleine purpurrote Spitze bei den Innenblättern. Nach außen größere Zone und scharlachrote Farbe.

'Rotsandsteinriese'
Sehr große Rosetten. Von innen nach außen zeigt die Rosette folgende Farben: bläulichgrün, rotviolett, gelbbraun. Wohl identisch mit der als 'Typ Feldmaier' verbreiteten Sorte.

'Rubin' (Goos und Koenemann 1937)
Große, tiefrubinrote bis granatrote Rosetten, während der Hauptwachstumszeit ab April leuchtend. Benötigt einen etwas nahrhafteren Boden. Blüten lachsrosa, Blütenstiel 15 cm hoch. Blüht im Juli. Zu silberblätterigen Kleinstauden.

'Säntis' (Eschmann)
Große Rosette, hellbraunviolett. Blüten hellrosa.

'Seerosenstern'
Große, besonders schön geformte, seerosenartige, grüne Rosetten mit auffallend rotbraunen Spitzen. Der Farbkontrast ist besonders im März auffällig (*S. tectorum*-Form oder -Hybride).

'Silberkarneol'
Mittelgroße, rötliche Rosetten, am Grunde smaragdgrün-silbrig übersponnen (*S. arachnoideum-marmoreum*-Hybride). Benötigt etwas mehr Zeit,

um die volle Schönheit der Bronze-, Silber- und Karneoltöne zu zeigen. Blüten purpurrosa.

'Simplonstern'
Blaugrün, große Rosetten mit nur schwach gefärbten, braunen Spitzen (*S. tectorum*-Form).

'Smaragd' (Goos und Koenemann 1937)
Mittelgroße Rosetten, smaragdgrün bis olivgrün mit braunen Spitzen, Blüten rosa.

'Shootrolds Triumph'
Dunkle Rosetten mit weißen Spinnwebhaaren. Leuchtend rosarote Blüten. Blütenstiel 10 cm hoch. Eine der schönsten *S. arachnoideum*-Hybriden.

'Spinell' (K + S)
Kleine, braunrote, oft ockerfarbig getönte Rosetten (*S. marmoreum*-Hybride). Blüten rosa.

'Sunset'
Leuchtend smaragdgrüner *S. tectorum*-Typ mit braunen Spitzen.

'Topas' (Goos und Koenemann 1937)
Mittelgroße Rosetten dunkeltopasbraun. Zäh und unverwüstlich. Blüten dunkelrosa, 10–15 cm hoch, im Juli.

'Turmalin' (K + S)
Mittelgroße Rosetten, braunolive Grundtönung, Basis mehr rötlich, Spitze und Außenblätter stärker dunkelbraunrot.

'Species Sponnier'
Sehr große Rosetten, seerosenartig, rötlich, zum Rand zu olivgrün (*S. tectorum*-Typ).

'Uralturmalin'
Großrosettig, purpurbraunrot, an der Basis gelbgrün, schwach bewimperter Rand, Blüten karminrosa.

'Wunderhold' (K + S)
Große Rosetten von gleichmäßig heller gelbgrüner Farbe und klar abgesetzter brauner Spitze. Sehr schöner Kontrast.

'Zackenkrone' (K + S)
Kontrastreichstes, großrosettiges *Sempervivum*. Rosettenblätter innen karminrot, außen hellgrün. Im Innern mehr Rotanteil als außen.

'Zinaler Rothorn'
Mittelgroße Rosetten dunkelbraun mit grünen Spitzen, silbrig übersponnen (*S. arachoideum*-Form); superb! Breite, rosarote Blütenblätter.

'Zirkon' (K + S)
Mittelgroße, rotbraune Rosetten mit olivgrünen Tönen, mit langen schmalen spitzen Blättern, dunkelbraune Spitze. Größere Rosetten mehr olivgrün, kleinere mehr rotbraun. Blüten rosa.

'Zwielicht' (K + S)
Große Rosetten mit roten und grünen Mischtönen.

Mehr in England und in den USA verbreitete Sorten

'Arcady Seeding'
Samtiges Smaragdgrün mit maronfarbigen Spitzen.

'Ashes of Roses'
Die tief rosaroten, kleinen Rosetten und der weißliche Überzug ergeben einen rosa Effekt. Vermehrt sich gut.

'Bagdad'
Samtig, fahlgrüne Rosetten, Spitzen trübkupferrot, 5–8 cm Ø.

'Black Prince' (L. A. Earl)
Mittelgroße, auffällige Rosetten von dunkler, schwarzpurpurner Farbe. Die äußeren Blätter haben eine grünliche Spitze. Sie sind glatt, lang und dünn und stark gespitzt. Die silbrigen Randwimpern kontrastieren gut zur Blattfarbe. Auch außerhalb der Vegetationsperiode die Färbung gut haltend. Prämierte Neuheit!

'Blood Tip'
Kleine bräunlicholivgrüne Rosetten mit gespitztem Laub und rötlichpurpurnen Spitzen. Basis stärker rötlich getönt.

'Carmen'
Große, glühend orangerote Rosetten mit langem Laub in eine dunkle Spitze endend. Hält die Farbe durch den ganzen Sommer, auch schöne Winterfärbung.

'Carneus'
Glatte, große Rosetten von staubig blaugrüner Farbe und karminroten Spitzen. Leuchtend rosa an der Blattbasis. Die Rosetten sind im Frühling stärker gerötet.

'Clara Noyes'
Kleine Rosetten mit schlankem Laub, in der Farbe von dunklen Walderdbeeren. Außenzonen mehr olivgrün. Blütenstiel 25 cm hoch, schlank, mit anliegenden Stengelblättern. Frischrosa, sternige Blüten, innen karmin. Silbriger Effekt durch die Haarbüschel auf den Spitzen.

'Cleveland Morgan'
Rosetten mit ca. 5,5 cm ⌀. Die Tochterrosetten zeigen einen lichtrosa Ton, ältere Rosetten sind glänzend dunkelrot mit kontrastreicher, grüner Basis. Plüschartige Oberflächenstruktur. Blüten ca. 27 cm hoch, Stiel dicht und groß beblättert, rötlich getönt. Blüten blaßrosa nach innen mehr karmin. Hellgrünes Zentrum.

'Compte de Congai'
Mittelgroße, aufragende Rosetten, breites, glattes Laub, bronze-grün-violett überhaucht (*S. tectorum*-Form).

'Correvons Hybrid'
Samtig, graugrüne, mittelgroße Rosetten mit ungewöhnlicher Tönung.

'Crebben' (L. A. Earl)
Attraktive Hybride mit mäßig großen Rosetten, normal mit 4 cm ⌀. Längliche, sukkulente Blätter überzogen mit feinen Haaren. Die Farbe im Frühling ist eine Mischung aus leuchtendem Rosa mit Orange und Grün.

'Elene'
Lange satinartige Rosettenblätter, kräftig rosa überhaucht. Purpurne Spitzen und leuchtend silbrige Blattränder, mittelgroß.

'El Toro' (D. T. Ford)
Neue Hybride zwischen 'Hayling' und 'Lady Kelly'. Großrosettige, wertvolle Hybride, 8–10 cm ⌀. Innen mehr grünlich, außen rötlich.

'Emerald Giant'
Sehr große, leuchtend lichtgrüne Rosetten mit braun gefärbten Spitzen. Hat oft im Winter und Frühling eine orange Tönung.

'Engles 13–2'
Plüschartige, graugrüne Blätter, mauverot gerändert. Ein Klumpen der Rosetten ergibt einen rosafarbenen Effekt.

'Engles Rubrum'
Leuchtend rote Rosettenblätter mit fein gesägtem Rand. Zeigt ein wunderschönes Purpurrot im Frühling und Herbst.

'Excaliber'
Sämlinge von *S. ossetiense*, diesem in Wuchs und Form ähnlich. Mittelgroße, flache Rosetten mit Tochterrosetten an langen, kräftigen Stielen. Die kurzen, dicken Blätter sind bedeckt mit samtartigen Haaren. Im frühen Frühjahr sind die Rosetten ganz rosarot. Später sind sie mehr grün überhaucht und mit einer dunklen Blattspitze versehen.

'Fame' (N. Moore)
Eine im Aussehen *S. tectorum* ähnliche Pflanze, aber farbkräftiger.

'Garnet' (D. T. Ford)
Ähnlich 'Commander Hay'. Mittelgroße Rosetten, smaragdgrün und tief rot. Besonders im zeitigen Frühling zeigt diese Hybride die beste Färbung, später ist die Pflanze weniger auffällig.

'Gloriosum'
Mittelgroße Rosetten, *S. tectorum*-ähnlich, aber mit feiner, weinroter Färbung im Sommer.

'Greyfriars' (L. A. Earl)
Eine hübsche, rötliche *S. arachnoideum*-Hybride. Die rote Blattfarbe zeigt das ganze Jahr über auch verschiedene Grautöne.

'Hayling' (D. T. Ford)
Eine Hybride zwischen 'Commander Hay' und *S. marmoreum* 'Rubrifolium Ornatum'. Kräftiger getönt als 'Commander Hay', von innen nach außen in rot übergehend.

'Hallauers Seedling'
Rötlich gefärbte Blätter, stark bewimpert und mit Haarbüscheln besetzt. Das lange, silbrige Haar sitzt auf beiden Seiten der Blätter.

'Halls Hybrid' (auch als 'Halls Variety' im Handel)
Großrosettig, rötlichblau, ähnlich Granat.

'H. Celon'
Lange, zugespitzte Rosettenblätter satinartig, grün leicht purpur überhaucht. Große Rosetten. Kräftig braunrote Spitze. *S. tectorum*-Hybride.

'Hedgehog'
Schlanke, gespitzte Rosettenblätter, dunkelgrün mit mahagonirot. Tochterrosetten an langen, feinen Stolonen, die zwischen den Blättern hervorkommen.

'Jade West'
Ähnlich der Hybride 'Emerald Giant', die Farbe ist aber ein tiefes Jadegrün. Die langen Rosettenblätter haben eine rötlichbraune Spitze.

'Kappa'
Auch unter der Bezeichnung *S. arachnoideum* var. *tomentosum* 'Kappa' bekannt. Ähnlich wie *S. arachnoideum* var. *tomentosum* 'Stansfieldii', aber schneller wachsend und farbenfreudiger (mit sehr tiefem, dunklen Rot.)

'King George'
Ähnlich 'Jubilee', hat wahrscheinlich die gleichen Eltern. 'Jubilee' hält im Frühsommer die Färbung etwas länger, sonst besteht zwischen diesen beiden Arten kein Unterschied.

'Kismet' (Dr. C. W. Nixon)
S. tectorum-Hybride, die während des größten Teil des Jahres sich wenig von anderen *S. tectorum*-Hybriden unterscheidet. Zur Hauptfärbung zeigt sie aber graugrüne bis orange Töne mit dunklen Blattspitzen.

'King Lear'
Große, glatte, mahagonirote Rosetten. Blätter an der Basis blaugrün.

'Laharpei'
Breites, blaugrünes Blatt, gut rosapurpur gespitzt, an der Basis lavendel überhaucht.

'Lady Kelly'
Große, ockerbraune bis rötliche Rosetten mit Purpur, in der Form wie *S. tectorum*. Zu verschiedenen Zeiten unterschiedliche Töne. Schön!

'Lavender and Old Lace'
Blätter an der Basis grün, der Rest der Rosette ist rosig lavendel mit silbrigen Laubkanten durch die weißen Haare. Im Herbst stärker rosa getönt, auch im Winter gute Färbung.

'Laura Lee'
Mittelgroße, leicht rosa Rosetten mit haarigen Kanten und Haarbüscheln auf den Blattspitzen.

'Malarbon' (N. Moore)
Mittelgroße Rosetten mit nach innen gebogenen Blättern, fahlapfelgrün, lavendelrosa überzogen, im Frühling tiefer rosarot. Die fleischigen Blätter sind samtartig überzogen. Tochterrosetten an kräftigen Stolonen.

'Malbys Hybrid'
Mittelgroße, flache, kompakte Rosetten, leuchtend rote Blätter mit auffällig gewimperten Rand. An der Basis mehr ocker. Bringt viele Tochterrosetten. An exponierten Stellen sind die Rosetten mehr kugelig. Im Herbst dunkler rot.

'Mauvine'
Blaugrüne bis olivgrüne, mittelgroße, kugelige, glatte Rosetten mit einer

feinen, rosa Linie auf den Spitzen. Basis und nach innen zu rötlich. Leicht silbrig bewimpert.

'Minots Seedling'
Oft unsymmetrische, schräge Rosetten. Besonders kräftig an der Außenseite karminrot gefärbt, im Innern mehr gelboliv, am Rand stark flaumig behaart.

'Morellianum'
Silbrig-graugrüne, samtartige Rosetten mit purpurroten Spitzen. Tochterrosetten an langen, gekrümmten Stielen.

'Nigrum'
Lange spitze, grüne Blätter. Farbe maronrot, das sich mit dem Alter verstärkt, silbrig gewimperten Rand.

'Oddity'
Eine ungewöhnliche Mutation. Die Blattbasis ist gedreht, der Rest des Blattes ist geröhrt. Grün mit tief purpurnen Spitzen.

'Ohio-Burgundy' (E. Skrocki)
Eine Hybride mit auffälligen Rottönen. Große, kompakte Rosetten.

'Old Rose'
Aschgrau-rosapurpurne Rosetten mit samtartiger Textur. Breites Laub mit gewimperten Kanten und Spitzen. Mittelgroß.

'Patrician'
Im Innern der Rosetten olivgrün, äußere Blätter und die Spitzen rot. Feine Randfransen. Im Herbst mehr rosarot.

'Pekinense'
Wünscht etwas nahrhaften Boden. Rosetten licht- oder cremegrün, im Frühling rot überhaucht. Auf den Blattspitzen leichte Haarbüschel.

'Poke Eat'
Eine kompakt wachsende Hybride, deren eine Elternteil *S. arachnoideum* ist. Die gut gefärbten Rosetten haben ein Haarbüschel auf den Blattspitzen.

'Purdys 50–5'
Licht rosaviolette, große Rosetten, samtartiges Laub mit silbrigen Rändern.

'Purdys 90–1'
Samtartige, graugrüne, mittelgroße Rosetten, leicht rötlich schattiert mit rötlichviolettem Rand und Spitze. Im Frühling ganz rosigpurpurn. Sehr schön.

'Ramses'
Große, glattbelaubte, rote Rosetten von kräftigem Aussehen. Hält die Farbe gut.

'Rouge' (D. T. Ford)
Hybride zwischen 'Commander Hay' und 'Hayling'. In Form und Farbe zwischen den Eltern. Formmäßig mehr zu 'Commander Hay' tendierend, in der Färbung aber mehr zur besseren 'Hayling'.

'Rubikon' (E. Skrocki)
Hybride mit *S. marmoreum* 'Rubrifolium'. Flache Rosetten mit langsamem Zuwachs, 5–5,5 cm ∅. Sehr dunkelrot. Etwas empfindlich gegen Winternässe.

'Rubra Ash'
Fahl oliv bis rosapurpurn, mittelgroße Rosetten, die mit feinem Haarflaum bedeckt sind. Ergibt ein ascheartiges Aussehen. Die Spitze ist tiefrot, die dicht geschlossenen, inneren Blätter wirken grünlich.

'Rubra Ray'
Mehr mittelgroße, weinrote Rosetten mit auffallenden, grünen Spitzen. Sternartige Form durch die lockeren Rosetten. Sehr farbenfreudig.

'Ruby' (D. T. Ford)
Große, rubinrote Rosetten mit Grün.

'Silverine'
Mehr offene, große Rosetten, glatte Blätter, sehr gespitzt, olivgrün-hellblaugrün. Basis rötlich. Keine Färbung an der Spitze. Rosetten bis 20 cm ∅.

'Shirleys Joy' (N. Moore)
Ähnlich 'Poke Ete', aber die stärkere Behaarung gibt den Rosetten ein eis-ähnliches Aussehen.

'Spanish Dancer'
Stark wachsend, flache Rosetten, fahlapfelgrün, rosa überhaucht. Zur Hauptfärbung zeigen die Rosetten einen mehr metallischen, bronze Schein, fein mit Haaren überzogen, lange Spitze.

'Standsfieldii'
Rosetten 2,5 cm ∅, flach, blutrot, silbrig übersponnen. Eine der bestausse-henden *S. arachnoideum*-Hybriden. Hält die Farbe gut durch den Sommer.

'Thayne'
Große, leicht marmorierte, blaugrüne Blätter mit rötlichen Spitzen. Paßt gut als Kontrast mit der Sorte 'Silverine' zu rötlichen und purpurnen Sorten.

'Wards Nr. 2'
Scharfe, spitzige, grüne Rosettenblätter, stark weinrot gefleckt, Rosetten mittelgroß.

'Wolcotts Variety'
Lichtgrüne, große, offene, lockere Rosetten. Rosarot an der Basis.

'Zenobia'
Glatte, grüne Rosettenblätter, auffallend tief purpurn gekennzeichnet.

Standortansprüche, Boden und Pflanzung

Wie eingangs erklärt, gehören die *Sempervivum* zu den anspruchslosesten Gartenpflanzen, die wir kennen. Das zeigen die extremen Standorte wie Strohdächer und Mauerkronen, auf denen die Pflanzen fast von ihren eige-nen Rückständen leben, nur vereinzelt sorgt z. B. ein Vogel für etwas Dün-ger. Große Ansprüche stellen sie aber an den Platz, der unbedingt vollson-nig sein sollte. *Sempervivum* kommen zwar auch noch an halbschattigen Plätzen fort, zeigen dort aber schon nicht mehr ihre charakteristische Form, sondern die Rosetten sind weiter geöffnet und die Blattbasis ist oft heller.

Außer der Besonnung hat auch die Zusammensetzung des Bodens Einfluß auf das Aussehen der Rosettenpolster. Auf lehmig-sandigem Boden, der in guter Dungkraft steht, werden die Rosetten oft zu mastig, und das typische Erscheinungsbild geht verloren. Auf einem mageren, gut wasserdurchlässigen Boden ist auch die Färbung während der Hauptmonate viel intensiver. Für etwas nährstoffreicheren Boden, bei guter Dränage, sind die Arten des Balkans, des Kaukasus und der Türkei dankbar. Auch einzelne Züchtungen, wie die roten 'Rubin' und 'Mauvine' werden bei leichter Düngung attraktiver. *S. calcareum* kann dadurch doppelt so groß und außerdem bläulicher werden.

Grundsätzlich wachsen *Sempervivum* auf jedem Boden; so kultivieren verschiedene Gärtnereien sie sogar in reinem Torfkultursubstrat. Natürlich gibt es für diese Pflanzen auch ideale Bodenmischungen, in denen sie besonders gut gedeihen, ohne ihren typischen Wuchs und Färbung zu verlieren. Eine Erdmischung, die allgemein gut bewährt ist, auch bei der Anzucht in Töpfen, besteht aus gleichen Teilen lehmiger Erde, unkrautfreiem (gedämpftem) Kompost, scharfem Fluß- oder Kiessand und Torfmull oder Lauberde. Für Langzeitdüngung kann man eine Handvoll Knochenmehl zugeben. *Sempervivum* sind keine Düngerfresser wie Opuntien, mineralischer Dünger sollte fern bleiben. Sehr zu empfehlen ist eine Beimischung von Blähton, wie er in der Bauindustrie verwendet wird. Allerdings sollte dieser gebrochen sein. Blähton, der nur aus glatten, runden Kugeln besteht, bringt nichts.

Hinsichtlich der Bodenreaktion sind *Sempervivum* ziemlich indifferent, sie kommen in leicht saurem, neutralem und leicht alkalischem Boden gut fort. Es gibt einige Ausnahmen. *Sempervivum arachnoideum* und seine Hybriden lieben eine leicht saure Reaktion, wachsen aber auch noch in leicht basischen Böden. Erst wenn die Alkalität zunimmt, gibt es merkliche Mängel. Das gleiche gilt auch für *Sempervivum pittonii* und für *Jovibarba soboliferum*. Wesentlich empfindlicher sind die ebenfalls sauren Boden liebenden *Sempervivum wulfenii* und *Sempervivum montanum* var. *stiriacum*. Sie haben in alkalischen Böden keine so große Widerstandskraft und faulen oft weg.

Genauso wichtig wie der Kulturboden im Wurzelbereich, wenn nicht wichtiger, ist die Dränage in tieferen Bodenschichten. Besonders verschiedene auf dem Balkan und in Spanien vorkommende Arten nehmen herbstliche und winterliche Nässe, die nicht rechtzeitig abziehen kann, sehr übel. Deshalb sind schräge Pflanzflächen besonders vorteilhaft. Bei vertikalen

Flächen kommt grobes Material in den Untergrund, wie Kies, Styroporflocken, Mauerschutt und ähnliches.

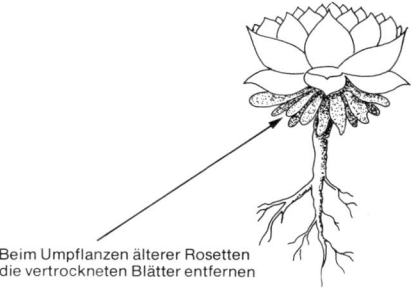

Beim Umpflanzen älterer Rosetten
die vertrockneten Blätter entfernen

Pflanzen mit Topfballen lassen sich besser ansiedeln als lose Rosetten,
besonders bei Pflanzung in Mauerfugen und ähnlichen Pflanzplätzen und
bei Herbstpflanzung. Einzelne Rosetten wurzeln nicht mehr fest und werden durch den Frost gelockert und fallen herab. Überhaupt ist Frühjahrs-
pflanzung mehr zu empfehlen.

Vegetative Vermehrung

Es gibt wohl kaum eine Pflanze, deren vegetative Vermehrung einfacher ist
als die von *Sempervivum*. In den meisten Fällen werden reichlich Tochterrosetten produziert, die nach der Pflanzung bald wieder neue Polster ergeben. Wer von einzelnen Arten größere Mengen pflanzfertiges Material benötigt, teilt im April in einzelne Rosetten und pflanzt diese in Ton- oder
Kunststofftöpfe. Im Frühsommer bilden sich dann um diese herum oft
schon neue Tochterrosetten. Bis zum Herbst sind die Töpfe gut durchwur-
zelt und bilden gutes Pflanzmaterial. Die Abnahme der einzelnen Tochterrosetten kann selbstverständlich auch zu jeder anderen Jahreszeit erfolgen,

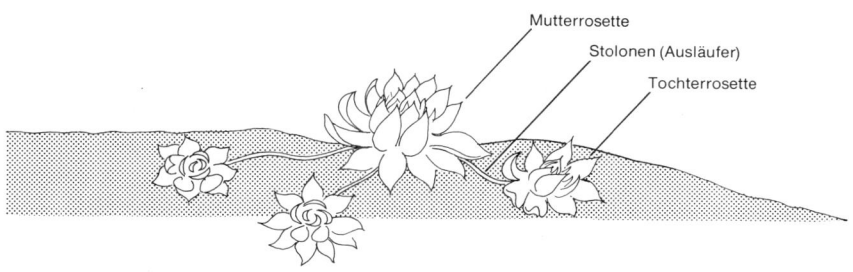

Mutterrosette

Stolonen (Ausläufer)

Tochterrosette

Vermehrung durch Tochterrosetten

selbst im Winter im Kalthaus, der Zuwachs erfolgt natürlich nur im Frühsommer.

Etwas schwieriger ist die Vermehrung bei *Jovibarba heuffelii*, deren neue Rosetten sich durch Vervielfältigung der Mutterrosetten bilden. Sie haben auch kein faseriges Wurzelwerk, sondern eine dicke Pfahlwurzel. Wenn die einzelnen Wirbel sich ausgebildet haben, reißt oder schneidet man mit einem scharfen Messer die Pflanze auseinander. Die Teilstücke, die je ein Stückchen der Wurzel haben sollten, werden nicht gleich gepflanzt, sondern die Wundstellen sollen erst 2–3 Tage antrocknen, um Fäulnisbildung zu verhindern. Bei den anderen *Jovibarba* ist die Bildung der Tochterrosetten besonders reichlich und problemlos. Wer einen *Jovibarba sobolifera*-Rasen wünscht, nimmt einfach durch Überstreifen mit der Hand die auf der Spitze der alten kugeligen Rosetten sich bildenden neuen Rosetten auf und sät die kleinen Kugeln an Ort und Stelle. Ohne weitere Hilfe lagern sie sich dann später richtig und wurzeln fest.

Samenvermehrung und Züchtung

Da die vegetative Vermehrung so leicht und ergiebig ist, werden Aussaaten nur selten durchgeführt, und wenn, dann nur bei sehr seltenen Arten und beim Züchten neuer Sorten. In beiden Fällen muß sehr sorgfältig gearbeitet werden, wenn man wirklich die Samen der reinen Art oder die der beiden gewählten Elternsorten ernten will. Viele Arten neigen sehr leicht zum Hybridisieren, und gerade in Gärten mit vielen Hauswurzarten helfen die Insekten mit, ein größeres Konglomerat entstehen zu lassen. Deshalb müssen die Blütenstände vor dem Öffnen der ersten Blüte mit einer dichten, feinen Gaze eingebunden werden (notfalls tut es ein Stück Perlonstrumpf). Mit einem feinen Pinsel wird geselbstet, d. h., eine Selbstbestäubung durchgeführt (Inzucht), oder der Pollen einer Vaterpflanze auf die Narbe einer Mutterpflanze gebracht. Vor der völligen Reife wird der Blütenstand mit dem gebildeten Samen weggenommen und an einem trockenen Ort im

Oben links: Sedum spurium 'Roseum Superbum' ist ein idealer Bodendecker. Oben rechts: Sedum kamtschaticum var. ellacombianum blüht auch noch in leichtem Schatten. Mitte links: Sedum pulchellum, das Vogelfuß-Sedum, benötigt ausnahmsweise etwas feuchtere Böden. Mitte rechts: Sedum pilosum, ein zweijähriger Zwerg. Unten links: Sedum sempervivoides, ebenfalls zweijährig, mit scharlachroten Blüten und sempervivum-artigen Rosetten. Unten rechts: Sedum alboroseum 'Mediovariegatum' mit panaschiertem Blatt.

Haus zur Nachreife auf ein Blatt weißes Papier gelegt. Nach einiger Zeit ist der staubfeine Samen ausgefallen oder man hilft durch leichtes Schütteln etwas nach. Auf 1 Gramm *Sempervivum*-Samen kommen 40000–100000 Korn!

Während des Vorfrühlings wird in ein Kistchen oder in einen Topf mit sandiger Erde gesät. Vorsicht nicht zu dicht säen! Das Saatgut selbst wird nicht mit Erde übersiebt, sondern nur leicht angedrückt. Es muß nur darauf geachtet werden, daß die Gefäße mildfeucht bleiben. Wassergaben erfolgen am besten durch Übersprühen mit einem Einhandzerstäuber, oder bei Töpfen durch das Gießen in den Untersatz. Andererseits muß die Oberfläche vor plötzlichem Schwemmwasser geschützt werden, was am besten durch Überdecken mit einer schräg gestellten Glasplatte geschieht; Schrägstellung deshalb, damit das sich bildende Schwitzwasser nicht auf das Saatgut tropft. Wer keinen kalten Kasten oder ein Kleingewächshaus hat, kann auch später säen, *Sempervivum* sind Normalkeimer. Die Lagerfähigkeit von Hauswurzsamen beträgt 2–3 Jahre.

Nach etwa 25–30 Tagen beginnen die *Sempervivum* zu keimen. Besonders in der ersten Zeit muß darauf geachtet werden, daß man das richtige Maß an Feuchtigkeit trifft. Die Oberfläche darf nicht völlig austrocknen, aber auch jedes Zuviel an Wasser schadet, und die Sämlinge faulen weg. Haben die Keimlinge einmal $^1/_2$ Durchmesser erreicht, ist das Gröbste überstanden. Nach einiger Zeit wird dann in Töpfe pikiert. Bei Kreuzungen darf man nicht zu schnell mit dem Wegwerfen sein, es dauert meist zwei Jahre, bis die Rosetten ihren richtigen Habitus und die typische Färbung zeigen.

Wer sich züchterisch betätigen will, hat die Möglichkeit, sich innerhalb der Sempervivum Society an den Wettbewerben um die beste Züchtung des Jahres zu beteiligen. Die drei Besten werden mit einem Award of Merit ausgezeichnet.

Oben links: Sedum spurium 'Erdblut' und Euphorbia myrsinites, die Walzenwolfsmilch. Oben rechts: Sedum spectabile 'Septemberglut', eine der wichtigen höheren Sedum-Arten. Mitte links: Sedum dasyphyllum und Sempervivum-Arten im Sandsteintrog. Mitte rechts: Sedum oreganum 'Metallicum', eines der zierlichen Sedum-Arten für kleine Pflanzplätze. Unten: Sedum acre, die Scharfe Fetthenne, wunderschön in Blüte, aber ein enormer Wucherer. Jedes abgefallene Stückchen wurzelt. Dennoch gibt es viele Gartenplätze, wo der Mauerpfeffer nützlich ist.

Schädlinge und Schutzmaßnahmen

Im Vergleich zu anderen Gartenpflanzen gibt es bei den *Sempervivum* nur wenige Schädlinge. Es gibt einen Pilz mit dem beziehungsreichen Namen *Endophyllum sempervivi*, der aber in den Gärten kaum verbreitet ist. Bei Befall wird das Rosettenlaub gekrümmt und oft dreifach verlängert. Im kommenden Frühling zeigen sich Stellen mit rostartigen Punkten. Der Pilz ist ausdauernd, und die befallenen Rosetten müssen schnell vernichtet werden.

Verschiedentlich gibt es Ärger mit Schnecken, die sich unterhalb der Rosettenpolster wohlfühlen, besonders bei *Jovibarba heuffelii* ist es unerfreulich, wenn die einzige bei dieser Art vorhandene Hauptwurzel abgefressen wird. Hier hilft Ausstreuen von Schneckenkorn, noch besser ist ein Igel im Garten. Nur selten werden *Sempervivum* von Feldmäusen angeknabbert.

Der Hauptschädling ist die Amsel. Diese vor 50 Jahren noch scheuen Waldvögel, die jetzt langsam zur Landplage werden, durchstöbern im Herbst eifrig die älteren *Sempervivum*-Polster. In den unten abgestorbenen Resten der Rosetten halten sich allerlei Insekten, Würmer und kleine Schnecken auf, die für Amseln besondere Leckerbissen zu sein scheinen. Ganze *Sempervivum*-Sammlungen werden manchmal so durcheinander gewirbelt, daß sie kaum wieder geordnet werden können. Wer nicht Vorschriften übertreten und diesen Schädlingen mit dem Luftgewehr zu Leibe rücken will, dem bleibt nur ein Überspannen besonders gefährdeter Stellen im September mit den jetzt im Handel befindlichen feinen Kunststoffnetzen.

Schutzmaßnahmen anderer Art benötigen in Gebieten mit hohen Niederschlägen im Herbst und Winter verschiedene *Sempervivum*-Arten des Balkans, des Kaukasus und der Türkei. Diese kalten Dauerregen führen oft zur Fäulnis. Auf die Wichtigkeit einer exzellenten Dränage sei auch hier wieder hingewiesen. Zusätzlich sollten besonders gefährdete Arten mit einer Glasscheibe überdeckt werden, die nicht direkt auf der Pflanze aufliegen darf. *Jovibarba heuffelii* mit seinen vielen Varietäten und Formen ist hier auch besonders empfindlich. Bei den einzelnen Arten wurde noch einmal darauf hingewiesen. Bei besonders gefährdeten Arten ist es außerdem ratsam, einige wenige Rosetten in Tontöpfen oder ähnlichen Gefäßen zu überwintern. Diese kommen in das ungeheizte Kleingewächshaus, in den kalten Kasten oder notfalls auch an ein helles Fenster des Kellers ohne Heizung.

Sempervivum-Kauf und -Urlaubsmitbringsel

Versandgeschäfte und Gartencenter haben leider oft *Sempervivum* ohne genaue Bezeichnung im Angebot. Wem das dekorative Aussehen genügt, ist auch hier gut bedient. Deutsche Staudengärtnereien liefern nach bestem Wissen, doch auch hier ist oft hinsichtlich der Bezeichnung Vorsicht am Platze. Es wird gute Qualität geliefert, mit Topfballen oder auch noch mit dem gesamten Topf. Pflanzen aus England und den USA sind oft frei von Erde. Es braucht deshalb niemand Bedenken zu haben, auch wenn die Sendung einige Wochen unterwegs ist, sofern die Pflanzen in gewöhnliches Papier gewickelt werden. Mir ist es aber auch schon vorgekommen, daß man die *Sempervivum* in eine dichte Plastikdose verpackte, um sie vor dem Austrocknen zu schützen. Was das Ziel erreichte, war nur ein fauliger Matsch. Luft und Trockenheit schaden dagegen nie.

Dies ist auch ein Vorteil des auf Urlaub befindlichen *Sempervivum*-Freundes. Wer nicht nur am Strand liegt, sondern auch die Berge des Urlaubslandes besucht, wird oft auch *Sempervivum* finden. Die Schutzvorschriften des betreffenden Landes sind selbstverständlich zu beachten. Die Verordnungen reichen vom totalen Entnahmeverbot bis zur völlig freizügigen Sammelerlaubnis. Der richtige Pflanzenfreund wird aber auch im letzten Fall nicht ganze Rosettenpolster mit heim nehmen, sondern sich mit zwei Rosetten begnügen. Eine Rosette wäre zu gefährlich, da sie blühen und dann absterben könnte, ohne Tochterrosetten gebildet zu haben. Mit zwei Rosetten geht man sicher, es ist unwahrscheinlich, daß beide zugleich blühen. Selbst wenn man das Glück hat, am ersten Urlaubstag *Sempervivum* zu finden, können die Rosetten während der ganzen Dauer trocken aufbewahrt werden, sie erholen sich, nach der Rückkehr in einen Topf gepflanzt, schnell. Falsch ist es, sie ohne vorherige Durchwurzelung des Topfes auszupflanzen.

Gartenwert und spezielle Verwendungslisten

Nicht alle in der Literatur beschriebenen, von Gärtnereien angebotenen oder in botanischen Sammlungen befindlichen *Sempervivum* haben den gleichen Gartenwert. Besonders bei den unzähligen *Sempervivum tectorum*-Formen und -Hybriden gibt es viele, die langweilig sind und auch während der Hauptvegetatitonszeit keine besonders auffällige Färbung zeigen.

Sie haben für den nichtsammelnden Hobbygärtner, dem es um dekoratives Aussehen geht, keinen großen Wert. Die meisten Staudengärtnereien haben diese unscheinbaren Typen ausgemerzt. Urteilen sollte man selbst, aber erst im Frühling oder Frühsommer, denn im Herbst zeigen sich viele recht ähnlich. Auch hinsichtlich ihres Verhaltens im Alter zeigen die *Sempervivum* große Unterschiede, bei manchen Arten sind die Polster nach zehn Jahren noch dicht und schön, andere sind nach fünf Jahren schon locker und unordentlich, besonders wenn sich unterhalb der Rosetten viele abgestorbene, alte Blätter befinden, diese Zone ist oft drei und mehr Zentimeter stark. Hier hilft dann nur das Entfernen der toten Blätter und Neupflanzung.

1. Großrosettig: *S.* 'Monstrosum', *S.* 'Othello', *S.* 'Commander Hay', *S.* 'Metallicum Giganteum', *S.* 'Species Sponnier', *S. tectorum* 'Atropurpureum', *S. tectorum* 'Atroviolaceum', *S.* 'Rotsandsteinriese'.

2. Kleinrosettig: *S. arachnoideum*-Formen, *S. pumilum*, *S. minus*, *S. montanum* (verschiedene Formen).

3. Reichblühend: *S. tectorum, S. arachnoideum* und Hybriden, *S.* × *barbulatum*.

4. Silbrig übersponnen: *S. arachnoideum* mit Varietäten und Sorten, *S.* 'Rauhreif, *S.* 'Rheinkiesel', *S.* 'Silberkarneol', *S.* ciliosum ssp. *borisii*, *S.* 'Standfildii', *S.* 'Shotrolds Triumpf'.

5. Rötlich, rotbraun: *S.* 'Alpha', *S.* 'Beta', *S.* 'Gamma', *S.* 'Rubin', *S.* 'Spinell', *S.* 'Turmalin', *S.* 'Mahagoni', *S. tectorum* 'Atropurpureum', *S. tectorum* 'Triste', *S.* 'Donarrose', *S.* 'Rotkopf', *S.* 'Granat', *S.* 'Purpurriese', *S.* 'Mondstein', *S.* 'Zirkon', *S.* 'Malarbon', *S.* 'Ohio Burgundy', *S.* 'El Toro', *S.* 'Clara Noyes', *S.* 'Cleveland Morgan', *S.* 'Ramses', *S.* 'Patrician'.

6. Grünliche Rosetten: *S. montanum, S. dolomiticum, S.* × *schottii, S. tectorum* 'Glaucum', *S.* × *funkii, Jovibarba soboliferum, Jovibarba heuffelii, S. ruthenicum*.

7. Grüne Rosetten mit braunen Spitzen oder Leisten: *S.* 'Smaragd', *S. calcareum*.

8. Braune Rosetten mit grünen Spitzen: *S. marmoreum* 'Rubrifolium', *S.* 'Commander Hay', *S.* 'Grünschnabel'.

9. Schwarzbraune Rosetten: *S.* 'Noir', *S.* 'Black Prince', *S.* 'Pilatus'.

10. Gelbe bis gelbgrüne Rosetten: *Jovibarba heuffelii* 'Xanthoheuff', *S. zellebori* 'Yellow Form', *Jovibarba hirta* 'Yellow-green Form'.

12. Violette Töne: *S. tectorum* 'Atroviolaceum', *S.* 'Metallicum Giganteum', *Jovibarba heuffelii* var. *glabrum* 'Burmuda'.

13. Besonders gut in engen Spalten: *S. arachnoideum* und Hybriden, *S. calcareum, S. borrisovae, S. giuseppii, S.* 'Clara Noyes', *S.* 'Topas', *S.* 'Gamma', *S.* minus.

14. Anfängersortiment: *S. arachnoideum, S.* 'Alpha', *S.* 'Gamma', *S.* 'Jubilee', *S.* 'Othello', *S. marmoreum (S. schlehanii)* 'Rubrifolium', *S. calcareum* und Sorten, *S.* 'Rubin', *S.* 'Atroviolaceum', *S.* 'Zinaler Rothorn'.

Diese kleinen Listen erheben natürlich keinen Anspruch auf Vollständigkeit.

Vorläufiges Empfehlungssortiment

Im Staudensichtungsgarten Weihenstephan/Freising wird an der Erstellung eines Standardsortiments gearbeitet. Da diese Arbeiten noch einige Zeit benötigen, wurde mir freundlicherweise das folgende vorläufige Empfehlungssortiment zur Verfügung gestellt.

1. Mehr oder weniger behaarte oder spinnwebartige Arten und Sorten, im besonderen für Mauerfugen und Felsspalten.

Arten	Sorten	Hybriden
w̲ *S. arachnoideum* ssp. *arachnoideum* (syn. *S. arachnoideum* ssp. *doellianum*)	w 'Silberkarneol'	w 'Alpha'
		w 'Beta'
		w 'Gamma'
		w 'Rauhreif'
w̲ *S. arachnoideum* ssp. *tomentosum* (syn. *S. tomentosum*)		
Li *S. ciliosum* ssp. *borisii*		

2. Mittelgroße bis großrosettige Arten und Sorten, im besonderen für Mauerkronen, exponierte Stellen im Steingarten und flache Felsnischen.

w *S. tectorum* Rosetten ± grün	w 'Monstrosum'	
	w 'Seerosenstern'	
Rosetten ± grauviolett bis braun	w 'Atropurpureum'	
	w 'Glaucum'	
	w 'Metallicum Giganteum'	
	w 'Triste'	

	Rosetten ± braun	w	'Rubin'
	bzw. violettrot	w	'Bernstein'
		w	'Othello'
		w	'Purpurriese'
		Li	'Shotrolds Triumph'

w   *S. calcareum*

w   *S. marmoreum* 'Rubrifolium' (syn. *S. schle-
hanii* 'Rubrifolium')

                                                                 Li   'Commander Hay'

w   *S. pittonii*

Li   *Jovibarba heuffelii*

3. Durch sich ablösende Kindel oder lange Ausläufer rasig wachsende Arten, u. a. für Schotterflächen, so auch zur Dachbegrünung.

w   *Jovibarba sobolifera*   w   *S. ruthenicum*

w   *Jovibarba hirta*

w   *Jovibarba arenaria*

Li   *Jovibarba allionii*

Erklärung der Zeichen: w = sehr bedeutende Wildstaude, w = bedeutende Wildstaude, Li = Liebhaberstaude.

Liebhabervereinigungen

Immer schon haben sich Liebhaber bestimmter Pflanzen und Pflanzengruppen zusammengeschlossen. Aus der deutschen Iris- und Liliengesellschaft formierte sich die Gesellschaft der Staudenfreunde. Im Jahre 1975 wurde innerhalb dieser Gesellschaft eine Arbeitsgruppe für *Sempervivum* und Sukkulenten gebildet, unter Leitung von Martin Haberer, Gewerbestudienrat, 7440 Nürtingen-Raidwangen. Die Hauptaufgabe besteht in der Sichtung und Erstellung eines Standardsortiments im Botanischen Garten Tübingen unter Leitung von Herrn Alfred Feßler. Interessenten wenden sich an die

> Gesellschaft der Staudenfreunde e. V.
> Präsident Hermann Hald
> Justinus Kerner Str. 11
> 7250 Leonberg

Außer den Gärtnereien und den botanischen Gärten hat es immer schon private Sammler gegeben, die sich besonders um die Gattung *Sempervivum* bemühten. In neuerer Zeit die Herren Hardenberg, Ehrmann u. a.

Weltweit haben sich die *Sempervivum*-Liebhaber in der Sempervivum Society zusammengeschlossen mit ihrem Sitz in England. Für einen sehr mäßigen Jahresbeitrag erhält das Mitglied ein Jahrbuch und Journale und einige International Newsletters, weiter ist er zum Bezug einiger Tochterrosetten von wertvollen Arten und Sorten gegen geringe Gebühr berechtigt. Für Züchter wird eine Neuheitenprüfung und Verleihung von Awards of Merit durchgeführt. Interessenten schreiben an

> The Sempervivum Society
> 11 Wingle Tye Road
> Burgess Hill
> Sussex RH 15 9HR
> England.

Sedum und Rhodiola

Allgemeines

Die Gattung *Sedum* ist sehr umfangreich, es gibt annähernd 500 Arten. Die blattsukkulenten Pflanzen sind meist Stauden und Halbsträucher, aber auch wenige Annuelle und Bienne sind bekannt. Sie alle zeigen eine große Vielfalt hinsichtlich Größe, Form und Farbe. Manche sind immergrün, andere werfen die Blätter ab, und ein kleiner Teil stirbt im Winter oberirdisch völlig. Allen gemeinschaftlich sind die sukkulenten Blätter und die Blüten in mehr oder weniger reich blühenden Trugdolden.

Das natürliche Verbreitungsgebiet erstreckt sich über die ganze nördliche Hemisphäre. Die von den Botanikern abgespaltene und nun eine eigene Gattung bildende *Rhodiola* (in den Gartenbüchern fast immer unter *Sedum* zu finden) geht sehr hoch nach Norden, wie Island, das arktische Sibirien, Alaska und Grönland. Andererseits rückt *Sedum* auch weit nach Süden. So kommt eine Art endemisch auf den Phillipinen vor, es gibt Arten auf den Bergen Zentralafrikas, und viele wachsen in den Gebirgen Mexikos. In Amerika reicht das Verbreitungsgebiet sogar über den Äquator nach Süden, bis in die Gebirge Boliviens. Alle diese weit im Süden wach-

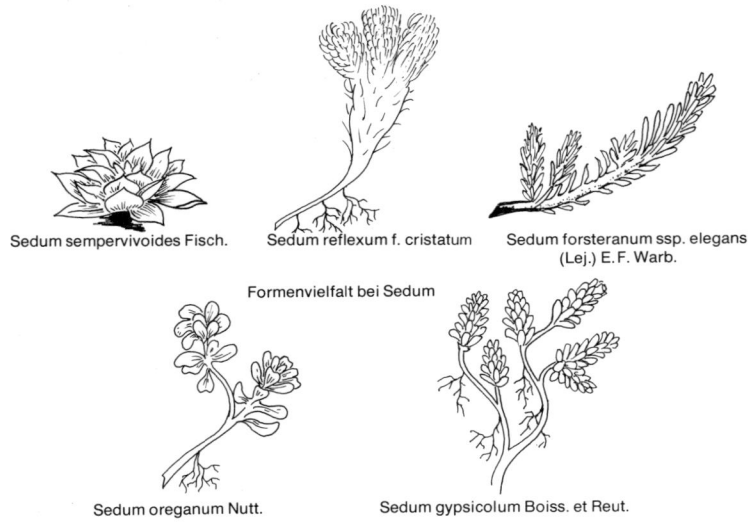

Sedum sempervivoides Fisch. Sedum reflexum f. cristatum Sedum forsteranum ssp. elegans (Lej.) E. F. Warb.

Formenvielfalt bei Sedum

Sedum oreganum Nutt. Sedum gypsicolum Boiss. et Reut.

senden *Sedum*-Arten sind bei uns nicht winterhart, sie sind aber meist schöne, bizarre Kalthaus- und Zimmerpflanzen.

Wie bei *Sempervivum* bereitet auch bei dieser Gattung die Nomenklatur große Schwierigkeiten, die richtige Benennung erfordert viel Mühe, und hinderlich sind die vielen Synonyme. Oft sind auch die Namen in den Katalogen verdreht, so daß ganz andere Bezeichnungen entstehen. Zusätzlich sind die Botaniker aufgrund der Prioritätsregel laufend am Umbenennen. Die folgenden Arten sind der neuesten Nomenklatur angepaßt.

Hybriden wurden nur wenige bekannt, und sie haben nicht viel Bedeutung für den Garten. Ausnahmen bilden die größeren *S. telephium-spectabile*-Hybriden, die schöne Pflanzen für die Staudenpflanzung abgeben. Erwähnenswert ist ferner noch *Sedum cauticolum* 'Robustum', eine Kreuzung von Arends zwischen *S. cauticolum* und *S. telephium*.

Die botanische Bezeichnung *Sedum* hat sich bei Gartenfreunden weitgehend eingebürgert. Die alten deutschen Namen „Fetthenne", „Eiskraut", „Tripmadam" bezeichnen auch nur bestimmte Gruppen oder Arten.

Sedum und *Rhodiola* werden praktisch im Garten von keinen Krankheiten befallen. Lediglich mit den Schnecken gibt es manchmal Ärger, besonders *Sedum sieboldii* scheint für sie ein Leckerbissen zu sein. Vorbeugend Schneckenkorn ausstreuen.

Der Gartenwert der *Rhodiola* ist im Vergleich zu den eigentlichen *Sedum* gering, es sind alles Liebhaberpflanzen für größere Steingärten.

Sedum-Arten

Sedum acre L., Mauerpfeffer, Scharfe Fetthenne
Weitverbreitet über Europa, N-Asien und N-Afrika an felsigen und sandigen Stellen. Rasenbildend, etwa 5 cm hoch, wenn in nicht zu nahrhaften Boden gepflanzt, bronzegrün. Die Triebe sind dicht beblättert mit dreieckig-eiförmigen, fleischigen Blättchen, 4–6zeilig angeordnet. Die Blättchen haben einen scharfen Geschmack, daher der Name *acre* = scharf. Die leuchtend gelben, beblätterten, sternförmigen Blüten, die in trugdoldigen Wickeln stehen, erscheinen im Juni-Juli. Wenn die Pflanze in Blüte steht, kann sie kaum mit anderen, ähnlichen *Sedum* verwechselt werden. So hat *Sedum sexangulare* (syn. *S. mite*) linealische Blättchen und kleinere Blüten. Von dieser Art gibt es mehrere botanische Varietäten. *Sedum acre* var. *majus* bildet fahlgrüne, wesentlich höhere Polster (ca. 10 cm). Es stammt aus Marokko. In England oft unter der Bezeichnung *Sedum* 'Maweanum' zu

finden. Von den Gartenformen fällt *S. acre* 'Aureum' durch die fahlgrüne Blattfarbe auf. Die Triebe sind ca. 7,5 cm hoch und haben im Frühling eine gelbe Spitze, *S. acre* 'Minor' (syn. *acre* var. *microphyllum* Stef.) bildet niedere, ca. 2,5 cm hohe Matten. Vorsicht im Garten mit *Sedum acre,* jedes abgefallene kleine Pflanzenteil wurzelt, die Pflanze kann dadurch zum Unkraut werden; evtl. wichtig als Rasenersatz an trockenen Stellen in sandigen Böden. Wenig friedlicher benimmt sich *S. acre* var. *krajinae*. Die Form 'Minor' ist für Troggärten brauchbar als Überpflanzung für Blumenzwiebeln.

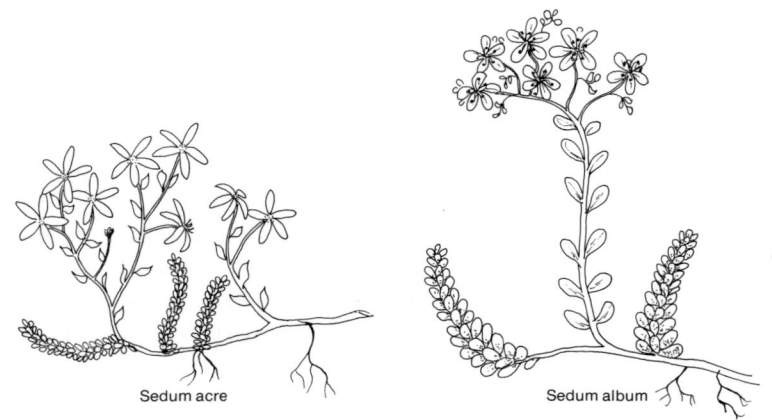

Sedum acre   Sedum album

können am falschen Platz im Steingarten zum Unkraut werden

Sedum alboroseum Baker
(syn. *Sedum japonicum* hort.)
Aus O-Asien stammende, 40–50 cm hohe Art. Karottenartiger Wurzelstock. Aufrechter, runder, unverzweigter Stengel, mit licht graugrünen, ovalen Blättern. Grünlichweiße bis rosaweiße Blüten, die in ungleich hohen Trugdolden stehen. Blütezeit September. Bei der Gartenform 'Mediovariegatum' sind die Blätter gelblichweiß mit breitem grünen Rand und rosa Blüten. Für Liebhaber panaschierter Pflanzen. Für die Staudenrabatte geeignet.

Sedum album L., Weißer Mauerpfeffer, Dickblätteriges Schnellpolster-Sedum
Das gleiche Verbreitungsgebiet wie bei *Sedum acre*, oft auch mit diesem am gleichen Standort zu finden. Bildet lockere, gleichmäßige Rasen, ca. 10–15 cm hoch; die einzelnen Triebe kriechend. Blätter 4–12 mm lang, fast zylin-

drisch, aber an der Oberfläche etwas abgeflacht, kahl, stumpf, lineal-lanzettlich, grün aber meist etwas gerötet, wechselständig. Blüten weiß, von Juni bis August blühend, in Doldenrispen stehend. Die Stammform ist gärtnerisch weniger wichtig, da sie in heißen Lagen „ausbrennt", gegenüber den folgenden:

S. album ssp. *micranthum* 'Chloroticum' ca. 5 cm hoch, dichtrasig und kleinblätterig. Die Farbe ist hellgrün, rötliche Töne fehlen völlig. Breitet sich sehr schnell aus, verschwindet aber oft nach ein paar Jahren am alten Platz. Blüten grünlichweiß. *S. album* 'Murale', Bronzelaubiges Schleier-Sedum, sehr dichter, ca. 10 cm hoher, wertvoller Bodenbedecker mit bräunlichroten Blättern und blaßrosa Blüten. Die Pflanze verliert während des Sommerflors ihren Bronzeton und nimmt diesen im Herbst wieder an. Blütenflor dichter und schöner als bei der Art. *S. album* 'Coral Carpet', Rotmoos-Sedum, ist etwas niederer, im Winter mit grünlichen, im Sommer mit bronzeroten Teppichen. *S. album* und seine Formen können auch gut in Fugen und Tuffsteinlöcher gepflanzt werden. Je trockener der Platz ist, um so stärker ist die Rotfärbung im Sommer. Auch für Kübelränder. Die Varietät *S. album* var. *rhodopaeum* ist in Gärten kaum verbreitet und ähnelt stark *S. album* ssp. *micranthum* 'Chloroticum'. *S. album* 'Laconicum' ist eine ebenfalls gute, üppigere Gartenform. Neuerdings ist die in allen Teilen kleinere und dickere *S. album* ssp. *teretifolium* var. *athoum* im Handel.

Sedum aizoon L., Großes Gold-Sedum
(syn. *Sedum euphorbioides* hort., *S. maximowiczii* Rgl.) Japan, China, Sibirien. Wird hoch, 40–60 cm. Dicker knotiger Wurzelstock. Aufrechte, grüne, unverzweigte Triebe mit wechselständigen, lanzettlichen bis breitovalen, gezähnten Blättern. Dicht beblätterte Doldentraube mit gelben Blüten, die im Juli erscheinen. Alte Gartenpflanze, etwas steif wirkend. Für große Steingärten. Bekannt ist noch *S. aizoon* var. *latifolium* Maxim., aber kaum verbreitet. Hübsch die Gartenform *S. aizoon* 'Auranticum' mit orangefarbigen Blüten und dunklerem Laub.

Sedum anacampseros L., Blaues Walzen-Sedum
Vom südlichen Tirol bis Spanien. 10–15 cm hoch, lange niederliegende, dicht beblätterte Triebe, die leicht wurzeln. Die rundlichen, herzförmigen, sitzenden Blätter sind von gräulicher Farbe (halbimmergrün). Die halbkugelig und dicht sitzenden Blüten sind schmutzig purpurn. Die Blütezeit liegt

im Juli-August. Bildet schöne Matten, braucht aber Platz. Die Blüten sind weniger schön. Es gibt auch eine etwas mehr niederliegende Form in Kultur und auch eine Sorte 'Robustum'.

Sedum anglicum Huds.

Von W-Europa bis Norwegen. Niedere, ca. 3 cm hohe Polster bildend mit grüner Farbe, im Sommer nicht verfärbend. Ähnelt *Sedum acre*, wenn es nicht blüht. Blätter in der Mitte am breitesten, nicht an der Basis wie bei *S. acre*. Weiße bis zartrosa, sternförmige Blüten im Juni-Juli. Zierende rötliche Fruchtstände. In Amerika gern als Unterpflanzung für Bonsai-Bäumchen verwendet, bei uns teilweise heikel.

Sedum cauticolum Praeg., Buntlaubiges September-Sedum

Südküste von Japan auf Felsen. Mit *S. sieboldii* nahe verwandte Art mit büscheligen Trieben, ca. 10–12 cm hoch und bis 30 cm lang. Die Stiele sind rotbraun, die Blätter gegenständig, gestielt rundlich bis spatelig, stark blaugrau bereift, rötlich gerandet, leicht gekerbt. Die lockeren Blütenstände sind anfangs bläulichpurpur, später karminrot werdend, in dichtblütigen Trugdolden stehend. Blüht August-September. Wertvolle Gartenpflanze durch die blaugrauen Polster und durch die späte Blütezeit mit dem schönen Farbkontrast. Auch für Spalten in Steingärten. Läßt sich auch als Topfpflanze auf dem Fensterbrett oder als Hängepflanze im Korb verwenden. Die Gartenform *S. cauticulum* f. *lidakense* unterscheidet sich nur unwesentlich von der Art. Bei Arends wurde eine Kreuzung mit *S. telephium* durchgeführt, diese ergab die wesentlich höhere (20–25 cm) *S. cauticolum* 'Robustum' mit karminroten Blüten im August. Fällt leider leichter um. Eine neue Hybride ist 'Vera Jameson' mit 20 cm Höhe, purpurfarbenem Blatt und rosaroten Blüten. Blütezeit Juli–September.

Sedum cyaneum Rud., Rosenteppich-Sedum
(syn. *Sedum pluricaule* Kudo)

Japan und Halbinsel Sachalin. Kriechende, niederliegende, verzweigte Stengel mit oval-rundlichen, wechselständigen, stumpfen, 1–2 cm langen, graugrünen bis blaugrünen, bereiften, ganzrandigen Blättern. Die Triebe werden 5–10 cm hoch. Die karminrosa Blüten sitzen auf reichblütigen Doldentrauben. Die Sorte 'Rosenteppich' ist eine farbkräftige Ausleseform. Eine sehr dankbare *Sedum*-Art für viele Zwecke (Steingarten, Kübel, Einfassung). Besonders attraktiv an Stellen, wo die Polster senkrecht herabhängen können. Ist kein „stürmischer Wachser". In den Gartenkatalogen meist als *Sedum pluricaule* 'Rosenteppich' geführt.

Sedum dasyphyllum L., Kleines Zapfen-Sedum, Zwergkugel-Sedum
In Europa (Schweizer Alpen, Balkan) und N-Afrika auf Felsen und Mauern. Zierliche, 2–5 cm hohe, blaugrüne, dichtrasige Matten bildend. Die Triebe sind dünn und brechen leicht. Die 3–7 mm langen, graugrünen, bereiften, fast kugeligen Blättchen sitzen dicht. Die bräunlichen Blütentriebe tragen zartrosa Blütenknospen. Die Blüten selbst sind weißlich mit rötlichbraunen Narben und sternförmig. Blütezeit Juni-Juli. Die Pflanzen sind an exponierten Stellen oft rosa überhaucht. Es gibt davon einige Varietäten. *S. dasyphyllum* var. *glanduliferum* (syn. *corsicum*), die ganze Pflanze ist dicht glänzend, drüsenhaarig, in gleicher Größe wie die typische Art. *S. dasyphyllum* var. *suendermannii* Praeg. ist größer als der Typ, ebenfalls dicht behaart wie die vorhergenannte Varietät. Die Blüten sind größer und mehr verzweigt als bei dem Typ. Auch liegt die Blütezeit etwa 5–6 Wochen später. Blättchen und Triebe, die leicht abfallen, wurzeln schnell an. Alle drei sind hübsche, zierliche Steingartenpflanzen, die nie lästig werden. Ideale Pflanzen für Tröge und Kübel. Sie sind allerdings gegen Sommerdürre und große Kälte etwas empfindlich.

Sedum divergens Wats., Winterscharlachquirl
(syn. *Sedum globosum* hort.)
NW-USA: Oregon. Fette, eiförmige oder verkehrt-eiförmige Blätter, 6 mm lang, 3 mm breit, 1,5 mm dick, grün mit tiefer Kupfertönung während des Sommers. Die Blätter sitzen sehr dicht. Lichtgelbe Blüten auf gabelästigen Trieben. Wächst ziemlich langsam, und die Winterhärte ist nicht immer voll gegeben. Etwas für Tröge an geschützten Stellen. *Sedum divergens* 'Atropurpureum' ist eine farbstärkere Ausleseform.

Sedum ewersii Ledeb., Himalaja-Sedum
W-Himalaja, Mongolei, Altai. 10 cm hohe Teppiche bildend aus niederliegend bis aufstrebenden Trieben. Die Stengel sind unverzweigt rotbraun und dicht beblättert. Die Grundtriebe verholzen. Blätter gegenständig sitzend, bläulichgrau 15–20 mm lang, breit, eiförmig bis kreisrund, ganzrandig bis schwach gezähnt. In trockenen Lagen fein rotbraun gesäumt. Der Blütenstand ist dicht halbkugelig. Blüten rosa, im August erscheinend. Eine hübsche Pflanze vom Frühling bis Anfang September. Zu diesem Zeitpunkt

werden schon die Blätter abgeworfen, und es bleibt ein unschönes Stengel-gewirr bis zum Neuaustrieb. Für volle Sonne. Im Halbschatten bekommt die Pflanze ein unordentliches Aussehen.

Sedum ewersii var. *homophyllum*, Flachpolster-Sedum
Eine in allen Teilen kleinere Pflanze (ca. 5 cm hoch) und gärtnerisch wichti-ger, da buschiger wachsend. *S. ewersii* 'Nanum' ist eine ganz zierliche, klei-ne, seltene Form, besonders für Trogpflanzung geeignet. Um sie nicht zu verlieren, muß sie hin und wieder verpflanzt werden. Eine Gartenform un-ter der Bezeichnung *S. ewersii* 'Turkestanicum' unterscheidet sich nicht we-sentlich vom Typ, lediglich der rosa Blütenfarbton ist dunkler.

Sedum floriferum Praeg.
NO-China. Im Aussehen zwischen *S. kamschaticum* und *S. hybridum* ste-hend. Etwa 10 cm hoch werdend, Wurzelstock verholzend, knotig, mit dik-ken Wurzeln. Vieltriebig, die Triebe niederliegend 20–25 cm lang, reich-und dicht beblättert. Die Blätter sind sitzend, spatelig bis lanzettlich, kerb-zähnig, dunkelgrün. Die gelben in flachen Trugdolden stehenden Blüten er-scheinen im Juli. Sehr reichblühend. Liegt in der Blütezeit zwischen *S. kamtschaticum* und *S. hybridum*. Für den Garten besonders wertvoll ist die goldgelbe 'Weihenstephaner Gold', ein idealer Teppichbilder.

Sedum forsteranum Smith ssp. *elegans* (Lej.) E. F. Warb, Blautannen-Se-dum
(syn. *Sedum rupestre* L. pp., *S. elegans* Lej.)
Marokko. Wesentlich dünnere Blätter, die dichter stehen als bei *S. refle-xum*. Die Blätter sind fein, gespitzt, linear, die Spitze gekrümmt und bläu-lichgrün, bereift, oft rötlich überhaucht. Knospiger hängender Blütenstand. Wächst auch gut im Halbschatten. Gut auch für Kübelunterpflanzung. Es handelt sich größtenteils um das *Sedum rupestre* der Kataloge.

S. forsteranum Smith ssp. *forsteranum*, Grünes Schlangenmoos-Sedum
Europa, Kleinasien. Nicht bläulichgrün, sondern reingrün.

Sedum gracile C. A. Mey.
Kaukasus. Bräunlichgrüne, ca. 5 cm hohe Matten bildend. Ähnlich *Sedum sexangulare*, aber viel zierlicher. Unterscheidet sich jedoch durch die schmalen linearen Blättchen und die 2–3ästigen Trugdolden, mit weißen

Blüten. Wächst im Gegensatz zu anderen ähnlichen *Sedum*-Arten langsam. Blüht Ende Juni. Eine anmutige Pflanze, die mehr verwendet werden sollte. Ersetzt in kleinen Pflanzgefäßen alle ähnlichen, wuchernden *Sedum*-Arten.

Sedum gypsicolum Boiss. et Reut.
Spanien und Portugal. Oft auch zu *Sedum album* gesellt (*S. album* ssp. *gypsicolum*). Dieser Pflanze steht aber wohl ein eigener Art-Status zu, es ist auch keine Ähnlichkeit zu finden. Deutlich läßt sich diese Art bestimmen durch die metallisch graugrünen Blätter, welche am Ende der Triebe zapfenartig sitzen. Stiele kriechend und wurzelnd an den aufliegenden Stellen und an den Spitzen aufsteigend. Die Stiele selbst sind schlank, halbverholzend, bräunlichgrau. Die an der Spitze gehäuften Blätter sind düster graugrün mit rötlichem Anflug, 7–8 mm lang. Der Blütenstand ist vielfach verzweigt. Starre weiße Blüten. Blütezeit Juni-Juli. Höhe der Pflanze ca. 5–10 (–15) cm. Eine hübsche, nicht wuchernde Pflanze, die sich zwar ausbreitet, aber ziemlich kompakt bleibt. Eine in Farbe und Erscheinung gut kontrastierende Pflanze für sonnige Plätze. Winterhart.

Sedum hispanicum L.
(syn. *Sedum glaucum* Waldst. et Kit. non Poir.; *S. lydium* 'Glaucum' hort. non Boiss.)
Sehr schnell wachsende, graugrüne Polster bildend. Büschelig, Blütenstand sehr locker. Blüten 6strahlig rosa. Gern im Steingarten verwendet, ist aber meist nur zweijährig, wurzelt aber leicht. *S. hispanicum* 'Aureum' ist eine Gartenform mit gelblichgrünen Blättern. *S. hispanicum* var. *bithynicum* Boiss. ist in englischen Gärten stärker verbreitet. Besser ausdauernd. *S. hispanicum* var. *minus* Praeg. ist ausdauernd, aber fast immer steril (gut!).

Sedum hybridum L., Immergrünes Mongolen-Sedum
Sibirien bis Mongolei. Eine Art mit irreführendem Namen, keine Hybride, sondern eine reine Art. Etwa 10 cm hoch, bildet teils wintergrüne Matten. Die Triebe verholzen an der Basis und sind verzweigt, niederliegend bis aufstrebend. Die kriechenden Triebe wurzeln leicht. Wechselständig, spatelförmige Blätter, die im Winter leuchtend grün und im Sommer rötlich sind, oben stumpf, knorpelig gezähnt. Auf verzweigten Trugdolden sitzen die fünfzähligen, sternförmigen, zahlreichen, goldgelben Blüten. Blüht im Mai schön spärlich vor, reiche Hauptblüte im Juli-August. Die von Karl Foerster gezüchtete Ausleseform 'Immergrünchen' ist etwas höher mit sehr

dichtem Wuchs. Zuverlässig wintergrün. Auch für Schattenlagen. *Sedum hybridum* eignet sich außer für flächige Pflanzungen auch für Einfassungen. Sehr gute Bienenfutterpflanze. Verträgt jede Behandlung.

Sedum kamtschaticum Fisch. et Mey., Kamtschatka-Sedum
O-Sibirien, N-China, Korea, Kamtschatka. Mattenbildende Art, etwa 15–20 cm hoch. Dicker, verzweigter Wurzelstock, der verholzt. Mehr oder weniger aufrechte Triebe, nur anfangs unverzweigt. Die Blätter sind wechsel- oder gegenständig, obovat bis spatelig, im oberen Drittel gezähnt, glänzend dunkelgrün. Kurze dichtbeblätterte Neutriebe bilden sich schon im Spätsommer, die ohne Schaden überwintern und nachfolgend blühen. Lokkerer, beblätterter Blütenstand, orangegelb. Die orangefarbenen Narben zieren auch noch längere Zeit nach dem Abblühen. Die Blütezeit geht von Juli bis September. Schöne Matten, die auch in mageren Böden dicht bleiben. Schmiegt sich gut Bodenbewegungen an.

S. kamtschaticum Fisch. et Mey. var. *ellacombianum* (Praeg.) T. B. Clausen
(syn. *Sedum ellacombianum* Praeg.)
Von manchen Autoren zu unrecht als eigene Art betrachtet und auch in den Gärtnereien als *S. ellacombianum* verbreitet, hat immer unverzweigte Stengel. Die Blätter fallen im Spätherbst alle ab, sie sind hellgrün im Gegensatz zu den dunklen *S. hybridum,* breit gekerbt. Mit auffallend dichtem Blütenstand, Blüten 15 mm breit mehr gelblich. Heimat Japan.

S. kamtschaticum Fisch. et Mey var. *middendorffianum* (Maxim.) T. B. Clausen, Braunes Amur-Sedum
(syn. *Sedum middendorffianum* Maxim.)
O-Sibirien, Mandschurei. 20 cm hoch mit aufrechten, unverzweigten Trieben, die reich beblättert sind. Wurzelstock dick, stark verzweigt. Blätter schmal-lanzettlich zur Spitze hin stark bezähnt, hellgrün bis bräunlich. Ga-

Oben links: Sedum sieboldii 'Mediovariegatum' ist, wie die nicht panaschierte Stammart, ein Oktoberblüher. Diese bunte Art wird auch oft als Topfpflanze gehalten. Wintert in kalten Wintern manchmal aus. Oben rechts: Sedum sediforme. Auch davon gibt es eine ganze Reihe von Lokalformen (sehr großes Verbreitungsgebiet). Unten: Das weitverbreitete Sedum kamtschaticum 'Variegatum' ist oft etwas wählerisch und in manchen Böden nicht sehr ausdauernd. Die Stecklingsvermehrung macht aber keine Schwierigkeiten.

belig verzweigter, beblätterter Blütenstand. Die gelben Blüten erscheinen im Juli-August. In den Gärtnerkatalogen meist als *Sedum middendorffianum* geführt.

S. kamtschaticum Fisch. et Mey. var. *middendorffianum* f. *diffusum* Praeg. Grünes Amur-Sedum
Unterscheidet sich von der Varietät durch schmalere und längere, grünliche Blätter. Blüht wochenlang vor der braunlaubigen Art. Üppige gelbe Blütenpolster, 15–20 cm hoch.

S. kamtschaticum Fisch. et Mey. 'Variegatum', Buntlaubiges Kamtschatka-Sedum
Ein hübsches buntblättriges *Sedum* mit unregelmäßig, weißgesäumten Blättern. Am gepflanzten Platz allerdings nicht unbeschränkt ausdauernd. Es muß nach 2–3 Jahren frisch aufgepflanzt werden, die Triebe wurzeln leicht. Gute Nachbarn sind neben *Sedum kamtschaticum* var. *middendorffianum* niedere, blaue *Festuca*-Horste und niedere, blaue Nelkenpolster.

Sedum krajinae Domin
(syn. *Sedum ukrainae* hort., *S. acre* var. *krajinae*)
Stammt aus der S-Slowakei. Ungeklärt, ob der Art-Status zu Recht besteht oder ob die Zuordnung als Varietät zu *Sedum acre* besser ist. Im Habitus *Sedum acre* sehr ähnlich. Mattenförmiger, dichter Wuchs, auch im Winter sattgrüne bis dunkelgrüne Matten, eiförmig-rundliche, stumpfe Blättchen. Gelbe Blüten auf zwei aufrechten, meist vierblütigen Ästen, eine Trugdolde bildend. Besser als *Sedum acre*, nicht so aushaltend.

Sedum laxum Brg.
(syn. *Gormania laxum* Br.)
USA/Oregon (Siskiyou Mountains). Blaugrüne Rosetten bis zu 5 cm ⌀.

Oben links: Großflächige Pflanzung von Opuntia phaeacantha var. camanchica mit starkem Fruchtansatz. Oben rechts: Zu den wüchsigsten rotblühenden, harten Opuntien-Arten gehört Opuntia rhodanta mit ihren Varietäten. Mitte links: Die oft sehr unterschiedliche Bestachelung zeigt diese Aufnahme von Opuntia engelmannii und das folgende Bild. Mitte rechts: Starke lange Stacheln haben Opuntia rhodanta und ihre Varietäten. Unten links: Opuntienknospen und Blüten von Opuntia phaeacantha var. gigantea. Unten rechts: Opuntia phaeacantha.

Fleischige Blätter. Weiße Blüten, die in Weinrot übergehen. Eine ähnliche Form von der Ostseite der Klamath Mountains im südlichen Oregon hat dickeres, grünes Laub, rosa überhaucht am Rand. Die Blüte ist verzweigt und sehr groß bei voll entwickelten Pflanzen von muschelrosa Farbe und weinrotem Zentrum bis 30 cm hoch.

S. laxum ssp. *eastwoodiae* (Br.) R. T. Clausen
Rosettenlaub dicker als bei den anderen Unterarten, wächst auf Serpentingestein.

S. laxum ssp. *heckneri* (M. E. Peck) R. T. Clausen
Trinity Alps, California und Oregon. Starke bläuliche Rosetten mit vielen herzförmigen Blättern, die rundlichen Blütenbüschel zeigen ein schönes Rosa.

S. laxum ssp. *latifolium* R. T. Clausen
Wüchsigste Unterart. Kräftiger Wurzelwuchstock mit breiten dicken Blättern.

Sedum lydium Boiss.
Kleinasien. Bildet sehr schnell 3 cm hohe, dichtrasige Polster mit niederliegenden Stengeln und aufstrebender Verzweigung. Immergrün, Blätter stielrund, 8 mm lang, linealisch grün, zur Spitze zu rot werdend, oft bronzefarben wirkend. Blütentriebe bis 10 cm hoch mit einem flachen Blütenstand auf dem beblätterten Stengel. Weiße Blüten, purpurne Staubbeutel, blüht im Juni.
    S. lydium 'Glaucum' der Gärtner ist richtig *Sedum hispanicum* (siehe dort).

Sedum monregalense Balb.
SO-Frankreich, Korsika und Italien. Ein kleines, ausgebreitetes, moosartiges *Sedum*. Blätter glänzend olivgrün in Quirlen von vier Stück, duftig überzogen mit den lockeren, kleinen, weißen, sternartigen Blüten. Die Blütenstiele sind überzogen mit sehr feinen Haaren. Winter- und Nässeschutz.

Sedum moranense H. B. K.
Gebirge Mexikos. Eine buschige, kleine, immergrüne, halbstrauchige Pflanze mit drahtigen, vielverästelten, rötlichen Stielen 7,5–10 cm hoch.

Sprosse teils Luftwurzeln bildend, kahl, später dunkelrot. Kleine, dreiecki-
ge, fleischige Blätter, dicht in fünf oder sechs Spiralreihen stehend, lanzettlich bis eiförmig, stumpf, kurz gespornt, grün oder rot gestreift, 3,6 mm
lang, etwa 3 mm breit. In England hart, bei uns erfriert es meist in kalten
Wintern.

Sedum moranii R. T. Clausen
(syn.: *Sedum glanduliferum* L. F. Henders.)
Oregon, Rogue-River-Region. Bildet kleine Rosetten mit langen, spatel-
bis lanzenförmigen Blättern, Ränder drüsig gekerbt, 4 cm lang, 1 cm breit.
Die hübschen Blüten sind leicht gelb und haben 3 cm ∅. Der Blütenstiel
und die äußeren Teile der Blüten sind mit feinen, glänzenden Haaren überzogen. Die äußeren Blätter sind an exponierten Plätzen oft leicht purpur-
farben getönt. Bei uns kaum verbreitet.

Sedum nevii A. Gray
(syn. *Sedum beyrichianum* (Martens) Praeg.)
Östl. N-Amerika: Illinois bis Alabama. Bildet niedere, ca. 3 cm hohe, lok-
kere Rasen. Die leicht aufstrebenden Triebe sind zur Spitze zu rosettenartig
beblättert. Blätter kurz, ganzrandig, spatelförmig, rötlich-grün. Blütenstand drei bis mehrästig mit weißen Blüten. Blüht im Juni-Juli. Hübsche
Art, jedoch nicht unbeschränkt am gleichen Ort ausdauernd. Muß von Zeit
zu Zeit umgepflanzt oder in frische Erde gesetzt werden. Die bräunlichen
Rosetten sind im Trog sehr hübsch. Besonders gute Entwicklung an absonnigen Plätzen in nicht zu trockenem Boden.

Sedum obtusatum A. Gray
(syn. *Sedum laxum* var. *obtusatum, S. rubroglaucum* Praeger, *Gormania
obtusatum* (A. Gray) Britton
USA: Klamath Mountains, Sierra Nevada. Hat Ähnlichkeit mit *Sedum laxum* und *S. oregonense*. Große blaugrüne Rosetten mit einer rosafarbenen
Randlinie um das herzförmige Laub.

Sedum ochroleucum Chaix
(syn. *Sedum anopetalum* DC.)
Zentral- und S-Europa bis Kleinasien. Zwei Formen sind verbreitet, eine
mit prächtig grünen, eine mit olivgrünen oft rötlich überhauchten, linealischen Blättern. In großen Zügen *Sedum reflexum* ähnelnd, *S. ochroleucum*

ist aber kleiner und breitet sich nicht so stark aus. Die hellgelben Blüten stehen auf schlanken Stielen, aufrecht, nicht zurückgebogen wie bei *S. reflexum*.

Sedum oreganum Nutt.
N-Amerika: Oregon, Washington und N-Kalifornien.
5–7 cm hoch, lockerrasig, immergrün. Glänzende, fleischige Rosetten. Keil- bis spatelförmiges Laub und rötliche Stiele. Die dunkelgrüne Farbe wird an exponierten Stellen mehr rötlich überhaucht. Blütenstand 2–3ästig, spitze gelbe Blütenblätter, Blüte trichterförmig. Blüht Juli-August. Kann vielseitig eingesetzt werden zur flächigen Pflanzung, für Tröge, für den Steingarten.

S. oreganum 'Metallicum' ist eine Gartenform mit einer stärkeren, bronzekupferigen Laubtönung. In Gartenkatalogen oft als *Sedum obtusatum* hort. bezeichnet. Benötigt keinen Winterschutz wie oft angegeben.

Sedum oregonense (S. Wats.) M. E. Peck
(syn. *Sedum watsonii* (Britt.) Tidestrom, *Gormania watsonii* Britt.; nicht verwechseln mit *S. oreganum* Nutt.)
In Oregon in den Cascade Mountains zwischen Lavabrocken wachsend. Blaugrüne Blattrosetten, Blütenstand dicht, cremefarbige bis hellgelbe Blüten, manchmal auch rosa mit cremefarbenem Rand. Ähnelt *Sedum laxum* ssp. *obtusatum*. Diese zwergige Pflanze ist bei uns noch nicht verbreitet.

Sedum pilosum M. B.
Kleinasien, Kaukasus. Eine zweijährige, 5–10 cm hoch werdende *Sedum*-Art. Im ersten Jahr bildet sich eine dichte, haarige Rosette aus, 3–4 cm Ø, mit schmalen, graugrünen Blättern. Im zweiten Jahr kommt der gedrungene Trieb mit seinem rosafarbenen, gewölbten Blütenstand. Nach der Blüte im Mai-Juni stirbt die Pflanze ab. Manchmal bildet sich noch eine Nebenrosette, die die Pflanze erhält. Leicht aus Samen reproduzierbar, allerdings unter Glas. Schöne Liebhaberpflanze, besonders schön für Tröge.

Sedum populifolium Pall.
Sibirien. 20–40 cm hoch. Lockere, halbstrauchige Büsche bildend, rötlichbraune, verzweigte Triebe mit langgestielten, herzförmigen, gezähnten Blättern (pappelähnlich). Blaßrosa oder weißer Blütenstand. Blüten Ende

August, zart duftend. Nicht zu verwechselnde, sommergrüne Art. Bei-
pflanze zu anderen Sukkulenten. Eher ein langsamer Wachser.

Sedum primuloides Franch.
Yunnan. Oft der Gattung *Rhodiola* zugeordnet, hat aber mit dieser nur den
kräftigen, fleischigen Wurzelstock gemeinsam. In anderen Merkmalen ist
es eine sehr eigenständige Art. Zudem hat sie glockenähnliche Blüten und
die Blätter sind gestielt. Die Pflanze bildet kleine, dunkelgrüne Kuppelpol-
ster, nieder und dicht geschlossen. Die Blätter sind kräftig dunkelgrün und
die Glockenblüten schön weiß. Eine attraktive Pflanze für den Steingarten
und für Tröge. Im Winter fast völlig blattabwerfend. Der halbverholzende
Stiel ist kurz und mit vielen niederliegenden Zweigen besetzt, die am Ende
dicht beblättert sind und geschlossene Rosetten bilden. Die Blätter sind
etwa 1 cm lang und 7 mm breit. Der Blütenstand trägt 1–3 Blüten. Die
Blütentriebe selbst kommen aus den Achseln der vorjährigen, dürren Blätter. Zur Blütezeit im August etwa 7,5–8 cm hoch, selten in den Gärten, hält
nicht alle Winter aus.

Sedum pulchellum Michx., Seestern-Sedum, Vogelfuß-Sedum
Östl. N-Amerika: Missouri bis Virginia und Texas. Mit 10–15 cm hohen,
aufrechten, dichtbeblätterten Trieben, Blätter hellgrün, stumpf, schmal-li-
nealisch. An sonnigen Plätzen nimmt die Pflanze einen leichten orange Ton
an.
Der 3–5ästige Blütenstand gleicht einem krralligen Vogelfuß (daher „Vogelfuß-Sedum"). Der Durchmesser beträgt oft über 10 cm! Rosa, vierstrah-
lige Blütensterne. Blüht im Juli-August. Eine hübsche Art, bei der auch
schon vor der Blüte die immergrünen Polster zieren. Benötigt im Gegensatz
zu vielen anderen *Sedum*-Arten mehr feuchtere Stellen. Leider am Pflanzplatz nicht sehr ausdauernd. Öfter Stecklinge machen, damit man die
Pflanze nicht verliert.

Sedum reflexum L., Tripmadam, Nickende Fetthenne
(syn. *Sedum rupestre* L. ssp. *reflexum* (L.) Hegi et Schmidt)
W-, N- und Zentraleuropa. Niederliegende bis aufsteigende, leicht verhol-
zende Stengel, die wurzeln und sich verzweigen. Mit linealischen Blättern,
fast dachziegelartig übereinander besetzt. Sie sind aufwärts gerichtet, blaugrün, spitz, besonders gleichmäßig an den sterilen Trieben. Bildet lockere,
15–30 cm hohe Rasen. Blüten mit eingerollten Spitzen (fast kugelig), gold-

gelb, meist 7zählig. 10–14 Staubblätter, aufrechte, gelbe Früchte. Blütezeit im Juli.

'Chamaeleon' ist bunt panschiert mit grünen, gelben und leicht rosa Blüten. 'Sandys Silver Crest' ist eine besonders in den USA verbreitete Form, bei der die Triebspitzen weißlich bis rosa getönt sind. 'Minus' ist nur 7,5 cm hoch, bildet bronzegrüne Matten.

S. reflexum f. *cristatum*, Grünes Hahnenkamm-Sedum
Verbänderte, monströse Form, die sich teilweise auch generativ vermehren läßt. Gute Typen vegetativ vermehren. Im Handel ist auch *S. reflexum* var. *refractata* mit sehr gedrungenen Trieben und goldgelben Blüten.

Sedum rubrotinctum R. T. Clausen
(syn. *Sedum guatemalense* hort.)
Mexiko. Eine exzellente Pflanze. Bisher nur als Kalthauspflanze bekannt, scheint aber auch bei uns teilweise hart zu sein, wenn sie vor übermäßiger Winternässe geschützt ist. Die Pflanze ist vom Grunde aus verästelt. Sproß anfangs fleischig, 2-3 mm dick, niederliegend, später aufsteigend. Grüne Blätter, die im Sommer in Brillantrot übergehen. Am Ende der Spitze rosettig gedrängt. Stielrund, an der Spitze gerundete, 2 cm lange, 5 mm breite Blätter. Gelbe Blüten. 10–15 cm hoch. Wer die Pflanze sieht, will sie haben. Leicht vermehrbar. Die fleischigen Blätter können gesteckt werden.

Sedum sarmentosum Bunge, Chinaranken-Sedum
N-China und Japan. Gelblichgrüne, lanzenförmige Blätter, die zu dreien stehen. Am Boden kriechende, bis 30 cm lange Triebe, die an der Spitze wurzeln. Ziemlich große, gelbe Blüten. Überspinnt locker den Boden. Hält bei uns oft viele harte Winter aus, um schließlich dann doch einem sehr strengen Frost zum Opfer zu fallen.

Sedum sartorianum ssp. *stribrnyi* (Velen.) D. A. Webb
(syn. *Sedum stribrnyi* Velen.)
S-Bulgarien, NO-Griechenland. Eine niedere, buschige Pflanze, aufrechte Tuffs bildend, besetzt mit linealischen Blättchen. Hauptmerkmale sind der Blütenstand, die düster grüngraue bis bronzegrüne Farbe der Blätter und das dazu im schönen Kontrast stehende, leuchtende Brillantgelb der Blüten. Die aufrechten, leicht brüchigen, schlanken Triebe haben viele aufsteigende Zweige, dicht umschlossen von den aufrechten, vielen linealen Blätt-

chen, die am Ende spitz zulaufen, 7–13 mm lang. Der Blütenstand ist aufrecht, lang, verzweigt. Blütezeit Juli. Höhe je nach Standort 5–10 cm. Ähnelt etwas *Sedum cupressoides*, die Blätter sind aber nicht zypressenartig
angedrückt. Sie ist ziemlich winterhart und sollte mehr verwendet werden.

Sedum sediforme (Jacq.) Pau
(syn. *Sedum altissimum* Poir., *S. nicaense* All.)
S-Europa, N-Afrika, Kleinasien. Niederliegende bis aufsteigende Triebe
ca. 15–25 cm hoch. Blütentriebe bis 40 cm hoch. Hat Ähnlichkeit mit *Sedum reflexum* und *S. fosterianum* ssp. *elegans*. Die graublauen Blätter sind
wesentlich derber, oben mehr abgeflacht und lanzettlich. Auch durch die
aufrechtstehenden, nicht nickenden Knospentriebe und durch die weiß-
lichgelbe Blüte zu unterscheiden.

Sedum selskianum Regel et Maack, Chanka-Sedum
Östl. Mandschurei, NO-China, Chankasee. Dicker Wurzelstock. Etwa
15-20 cm hoch, oft noch höher. Blätter linealisch-länglich, 5 cm lang, dunkelgrün, die obere Hälfte gezähnt. Stengel und Blätter abstehend, dicht behaart. Gute Teppichwirkung, auch Schatten vertragend. Im Herbst salm-
rote Verfärbung des Laubes. Lange, etwas störende Verblühzeit. Blütenstand hoch, 30–45 cm, Blüten hellgelb.

Sedum sempervivoides Fisch.
Kaukasus. Eine andere attraktive, kleine, aber leider nur zweijährige Art.
Bildet sempervivumartige, breitblätterige, gräulich-rötliche, fleischige Ro-
setten. Die hübschen, leuchtend roten Blüten bilden zu den Rosetten einen
schönen Farbkontrast. Wenn sich keine Nebenrosette bildet, stirbt die
Pflanze nach der Blüte ab. Leichte Samenanzucht unter Glas.

Sedum sexangulare L., Goldmoos-Sedum
(syn.: *Sedum mite* Gilib., *Sedum boloniense* Loisel)
Europa. Ähnelt *S. acre*, doch sind die Blättchen lineal, sehr dicht und 6zeilig
angeordnet. Auch fehlt der bittere Geschmack von *Sedum acre* und blüht
ein wenig später. Die zitronengelben Blüten sind kleiner. Schöne Matten
bildend, ca. 5–7 cm hoch. Im Gegensatz zu *S. acre* sollte *S. sexangulare* in
kräftigen, nahrhaften Boden gesetzt werden. Unter der Bezeichnung *S.
sexangulare* 'Weiße Tatra' (Dr. Simon) ist eine gute polsterbildende Form
im Handel (der Name bezieht sich nicht auf die Blütenfarbe, diese ist gelb).

S. sexangulare var. *montenegrinum* (Horak) Hay, ist noch kleiner, ge-
drängte Polster bildend, *S. sexangulare* sät sich gerne selbst aus.

Sedum sieboldii Sweet, Oktober-Sedum

Japan. Rübenartiger Wurzelstock. Zahlreiche, bogigaufsteigende bis überhängende, dünne purpurbraune, unverzweigte Stengel. Nur sommergrün.
Blätter zu dreien in Quirlen sitzend oder ganz kurz gestielt. Rundlich bis
spatelförmig, auffallend blaugrau, der Rand leicht wellenförmig, oft rötlich
gerandet. Im Herbst färben sich die Blätter rötlich. Wird 15–20 cm hoch.
Blüten in endständigen, ballförmigen Trugdolden, schön rosarot. Blüht erst
im Oktober. Ist winterhart, leidet aber oft unter Winternässe. Hübscher
Spätblüher für Steingarten, Tröge und Schalen, auch als Topfpflanze zu
verwenden. In Gegenden mit Frühfrösten entwickelt sich die Pflanze nicht
zu voller Schönheit. Die panaschiert 'Mediovariegatum' (*S. sieboldii* 'Variegata') hat auf den Blättern einen gelblichweißen Mittelfleck. Nur für
Gärten in milden Lagen, sie ist wesentlich frostempfindlicher. *S. sieboldii*
wächst sehr langsam. Liebt kräftigere Böden als andere *Sedum*-Arten.

Sedum spathulifolium Hook., Silberspatel-Sedum

Westl. N-Amerika, besonders Oregon (Cascade Mountains). Immergrüne
Art mit rosettig angeordneten Blättern. Die flachen Rosetten bilden Ne-
bensprossen und werden ca. 5–7 cm hoch. Die Blätter sind fleischig, breit,
spatelförmig, glatt, graugrün, kurz aufwärts zugespitzt. Die gelben Blüten
sitzen in flachen, dreiästigen Trugdolden auf ca. 10 cm hohen Stengeln.
Blütezeit Juni, kann sowohl an sonnige als auch an schattige Plätze gepflanzt werden.

S. spathulifolium 'Cape Blanco' (falsch *S. sp.* 'Capa Blanca' oder 'Capa-
blanca') ist keine amerikanische Gartenselektion, wie oft geschrieben, sondern eine Naturform, welche zuerst am Cape Blanco an der Oregon-Küste
gefunden wurde. Eine in der Natur seltene und sehr harte Miniatur-Form
von *S. spathulifolium* ssp. *pruinosum*. Zierliche Blattrosetten, die silber-
weiß bemehlt sind. Die Stengel sind rosa getönt.

S. spathulifolium var. *purpureum* Praeg., Rotspatel-Sedum, hat tief pur-
purfarbene, bereifte Blätter. Sowohl die Rosetten als auch die Blütenstände
sind kräftiger.

S. spathulifolium 'William Pascade' ist eine Neuheit mit rötlich-bläu-
lich-grünen Blättern, die auch andere Farbnuancen zeigen, und mit gelben
Blüten.

S. spathulifolium 'Aureum' ist eine kompakte Form mit gelbgefärbten Blättern. Noch niederer als *S. spathulifolium* 'Cape Blanco'.

S. spathulifolium ssp. *pruinosum* (Britt).) Clausen et Uhl.
Größere Naturform mit bepuderten Rosetten. Vergesellschaftet mit *S. spathulifolium* 'Cape Blanco' vorkommend. Nimmt im Sommer oft einen leichten Rosaton an. Um die hübsche Tönung zu erhalten, nicht in Halbschatten, sondern in volle Sonne pflanzen und in mageren Boden setzen.

S. spathulifolium ssp. *purdyi* (Jepson)
(syn. *S. purdyi* Jepson)
N-Kalifornien und südl. Oregon. Meist nach oben gewölbte Rosetten. Tochterrosetten an prächtig rot gefärbten Ausläufern. Blätter rundspatelig, 2–4 mm lang. Aufstrebende goldgelbe Blüten an der Spitze des 7–10 cm hohen Blütenstiels, umgeben von rötlichen Blättern. In unseren Gärten kaum verbreitet. Winterhärte zweifelhaft.

S. spathulifolium ssp. *yosemitense* (Britt.)
(syn. *Sedum yosemitense* Britton, *S. spathulifolium* var. *majus* Praeger)
Sierra Nevada. Glatte leuchtend grüne Blätter, auf der Rückseite rötlich getönt. Die Rosetten sind mehr kegelförmig.

Alle *S. spathulifolium* bilden hübsche, niedere Polster. In kalkarme, sandige, gut dränierte Böden setzen. Bei starker Nässe faulen die Rosetten leicht ab. Ideal für Tröge und Schalen und alle Plätze, die dem Auge möglichst nahe sind. Abgebrochene Rosetten wurzeln sehr leicht.

Sedum spectabile Bor., Große Japan-Fetthenne, Japan, China. Verbreitetste und wichtigste Art der höheren Herbst-Sedum. 30–50 cm hoch, aufrecht. Kräftige, unverzweigte Stengel mit gegenständigen, oder in Quirlen zu 3 sitzenden graugrünen Blättern. Breitoval, fleischig, etwas gezähnt. Die Blüten bilden flache, 10–15 cm breite Trugdolden. Die Staubblätter sind etwa doppelt so lang wie die Petalen. Blütenfarbe hellrosa, im August-September blühend. Liebt einen kräftigen, aber nicht frisch gedüngten Boden.

Viele Züchtungen: 'Brillant' (USA), ca. 50 cm hoch, karminrosa Blüten. 'Carmen' (Lindner), etwas niederer (40 cm), dunkelkarmin. 'Septemberglut' (Bruske), 50 cm hoch, dunkelrot. 'Meteor', 40 cm hoch, Blüte karmin.

'Rosenteller' (Bruske), dunkelrosa Blüten, niederer, 30 cm hoch. Ganz nieder, 15–20 cm hoch, ist 'Humile'.

Auch als Kübel- und Balkonpflanze zu verwenden. Guter Nachbar zu blaugrauen Ziergräsern.

Sedum spurium M. B., Teppich-Sedum oder Kaukasus-Sedum
Kaukasus, N-Persien, in Europa oft verwildert. Bekannte, große Teppiche bildende *Sedum*-Art mit kriechenden, leicht wurzelnden Trieben. Die sterilen Stengel sind kurz, die Blütentriebe länger. Die Blätter sind gegenständig, kurz gestielt und verkehrt-eiförmig bis rhombisch-keilförmig, ca. 2,5 cm lang und 1,2 cm breit. Zur Spitze zu leicht gekerbt bis stumpf gezähnt. Die 5zähligen rosa Blüten sind trichterförmig und sitzen in flachen Trugdolden. Blütezeit Juli-August. Idealer, dauerhafter und wüchsiger Bodendecker, unter dem gut Kleinblumenzwiebeln gedeihen, sowohl sonnig als auch halbschattig. Auch gute Einfassungs- und Bienenfutterpflanze. Viele Sorten sind im Handel.

'Album Superbum' (Arends 1935), Schneeteppich-Sedum. Blüht weiß, aber sehr selten (15 cm hoch). Beste Sorte für dunkelgrüne, dichte Teppiche mit großem Ausbreitungsdrang. 'Roseum Superbum', rosa Auslese. 'Purpurteppich' (Benary 1933), Flaches Kupferblatt-Sedum. 10 cm hohe Stengel, die Blüten, kräftig dunkelkarmin. Blätter dunkelpurpur. Schön! 'Schorbuser Blut' (Schult vor 1935), Blüten rot, Blätter dunkelbräunlich, ca. 15 cm hoch. In den USA als 'Dragons Blood' bekannt. 'Erdblut' (Lindner), 10 cm hoch. Blüten dunkelrot, Blätter grünrot. 'Fuldaglut' (Heinz Klose), dunkelrote Blätter, 10 cm hoch, karminrote Blüten, besonders reichblühend. 'Tricolor' hat sehr schöne, dreifarbige Blätter (rosa, weiß, grün). Sie ist aber steril, vermehrt sich leicht durch Stecklinge und ist frosthart.

Sedum stenopetalum Pursh
(syn.: *Sedum himalense* hort., *S. douglasii Hook*)
USA, besonders Oregon. Oft mit *S. reflexum* verwechselt, doch *S. stenopetalum* wächst 10–20 cm hoch aufrecht und *S. reflexum* (syn. *S. ruspestre)* kriecht. *S. stenopetalum* bildet lockere Rasen mit wenig verzweigten Trieben. Sie sind immergrün oft rot überhaucht. Die Blätter sind fleischig, pfriemenartig. Zur Spitze zu dichter stehend, unten und in der Mitte des Stengels bald vertrocknend. Blütenstand mit wenigen goldgelben Blüten. Im Juni-Juli blühend. In den Gärten meist als *Sedum douglasii* verbreitet.

Sedum stoloniferum S. G. Gmel.
(syn.: *Sedum ibericum* Stev., *S. hybridum* Urv. non L.)
Kaukasus und Asien. Unterscheidet sich von der ähnlichen *S. spurium* durch die kleineren, lichtgrünen nicht oder undeutlich gekerbten Blättern, 25 mm lang und 12 mm breit, Sprosse schlank, rot gestreift. Es hat das gleiche kriechende Aussehen und kann ähnlich verwendet werden wie *S. spurium*. Blüten rosa, sternförmig, Blütezeit Juli-August.

Sedum tatarinowii Maxim.
NW-China. 10–15 cm hohe Pflanze mit einfachen, fast aufrechten Sprossen. Blätter linealisch-lanzettlich, kurz gestielt, Ränder mit einigen großen Zähnen. Rötlichweiße Blütenköpfe in dichtem Blütenstand. Juli-August blühend. Zierlich und unverwüstlich. Warum nicht mehr verwendet?

Sedum telephium L.
(syn. *Sedum maximum* Suter pp.)
Europa und Sibirien. Mehrere Varietäten, die gärtnerisch weniger wichtig sind, bis auf *S. telephium* ssp. *purpureum* (Link) Sch. et K. 25–50 cm hohe, aufrechte Triebe mit schmalen, eilänglichen, 5–8 cm langen, unregelmäßig gezähnten Blättern. Blüten dunkelpurpurn. Die englische Sorte 'Munstead Dark Red' hat rotbraune Blätter und braune Blütenstände. Gute Kontrastpflanze.

'Herbstfreude' ist 1955 von Arends gezüchtet und eine Kreuzung von *S. spectabile* × *S. telephium*. Auch im Aussehen zwischen beiden Arten. 40–60 cm hoch, als ältere Pflanze leider leicht auseinanderfallend. Trotzdem in Staudensichtungsgärten mit drei Sternen bewertet. Blüten braunrot in flachem Blütenstand. Von September bis Oktober blühend, Bienenfutterpflanze.

In den USA ist die Sorte 'Indian Chief' verbreitet mit graugrünen Blättern und kupferroten Blüten. Für Kübel und große Container.

In England 'Vera Jameson'. Eine hübsche neue Hybride. Tief bronzepurpurnes Laub und Stiele. Etwa 25 cm hoch. Bringt im Spätsommer lockere Blütenköpfe in düsterrosa.

'Atropurpureum', verbreitete Form mit dunkelrotbraunen Blättern.

Sedum tenuifolium (Sibth. et Sm) Strobl
(syn. *Sedum amplexicaule* DC.)
Portugal bis Kleinasien. Keine Schönheit, nur für Sammler dieser Gattung.

Es ist eine ziemlich heikle Pflanze. Die Triebe reduzieren sich im Sommer zu spindelförmigen, bräunlichen Knospen. Zu dieser Zeit sitzen die gelben, strahligen Blüten auf 10 cm langen Stengeln. Im Herbst bilden sich aus den Knospen schmale, graugrüne, wintergrüne Blätter.

Sedum ternatum Michx.

USA, östl. des Mississippi. Ein niederer, etwa 10 cm hoher Kriecher. Die Pflanze erinnert etwa an *Sedum ellacombianum*. Die Blätter sind zu dreien rund um den Stiel quirlförmig angeordnet. Sie sind ungeteilt, verkehrt-eiförmig, an der Spitze gerundet, unten spitz zulaufend, ca. 15–25 mm lang und 6–12 mm breit, an der Spitze der Triebe, größer und dichter sitzend. Farbe je nach Standort lichtgrün bis olivgrün, im Herbst rötlich färbend. Der Blütenstand ist 3–4fach verzweigt. Die Blüten erscheinen im Juni, sie sind weiß und haben purpurrote Staubblätter. Formt hübsche Polster, die Sprosse wurzelt leicht an den aufliegenden Teilen, die Pflanze ist aber kein Wucherer. Bevorzugt schattigere und feuchtere, auch waldartige Gartenpartien.

In England verbreitete Sedum-Arten
(bei uns noch kaum erprobt)

Sedum brevifolium DG. var. *quinquefolium* Praeg.
Marokko, SW-Europa. Rasenbildend, kahles, kleines, eiförmiges bis kugeliges Laub, blaugrün, etwas bereift, in fünf Reihen um den Stiel stehend, 6–8 mm lang. Weiße Blüten im Juli. Ähnelt einem kleinen *Sedum album*. Genügend winterhart.

Sedum cupressoides Hemsley
Mexiko. Vom Grunde auf gabelästig. Die nichtblühenden Triebe sind mehr oder weniger rasenbildend. Die Zweige wirken zypressenartig. Blätter eiförmig, dachziegelartig übereinandergestellt, lockerer an blühenden Trieben, 1,5 mm lang. Blüten hellgelb, einzelstehend, oder zu 2–3. Bei uns kaum hart.

Sedum humifusum Rose
Mexiko. Normalerweise Kalthauspflanze. Eine nette kleine Pflanze, die kleine Büschel formt. Sprossen im Anfang kugelig, später kätzchenartig

und bis 25 mm lang. Blätter hellgrün, 2–3 mm lang, flach, verkehrt-eiförmig, dachziegelartig gesellt. Prächtige, gelbe Blüten. Heikel, bei uns wohl
nur für das Alpinenhaus.

Sedum kurilense Woron.
Ähnelt *Sedum kamschaticum*, besonders die Blätter. Rotbrauner Stiel. Für
halbschattige Plätze. Gut winterhart.

Sedum palmeri Wats.
Mexiko. Halbstrauchige Pflanze, fahle, graugrüne bis blaugrüne Blätter.
Blätter in lockeren Rosetten, spatelig, an der Spitze gerundet, 25 mm lang
und 15 mm breit. Prächtige gelbe Blüten. Braucht auf alle Fälle Winterschutz, 22–25 cm hoch. Blüht April-Juli.

Sedum serpentini Janchen
Jugoslawien. Ähnlich einem kleinen *Sedum album*-Typ, braun getönt. Blü-
ten an schlanken, beblätterten Stielen, ca. 12–15 cm. Blütenknospen rosa,
Blüten weißrosa. Duftiger Eindruck. Die Art zeichnet sich durch absolute
Winterhärte aus.

Sedum stahlii Solms
Mexiko. Halbstrauchig, sparrig verästelt. Bronzekarminrote, eiförmige
Blätter. Länglich-elliptisch bis kugelig, stielrund, fein behaart 7–14 mm
lang, 4–8 mm breit, 3–7 mm dick, gelbe Blütenköpfe. 10 cm hoch. Benötigt
guten Winterschutz.

Sicher werden weitere *Sedum*-Arten für die Gartenkultur entdeckt werden. Besonders im asiatischen Raum gibt es eine Reihe von Arten, die in
der Gartenkultur noch nicht eingeführt sind. Andererseits ist die eine oder
andere Kalthaus-Art für das Freiland geeignet, wenn sie neu von höher ge-
legenen Heimatgebieten eingeführt wird.

Rhodiola-Arten

Rhodiola crassipes (Hook. f. et. Thoms.) Jacobs.
(syn.: *Sedum crassipes* Hook f. et. Thoms., *S. asiaticum* hort.)
W-Himalaja bis W-China, Tibet. Kriechender, unterirdischer Wurzelstock,
viele Ausläufer bildend, auch kurze oberirdische Ausläufer. Einjährige

Sprosse gebüschelt, ca. 25–30 cm lang. Blätter verkehrt-lanzettlich, fast stumpf und gezähnt. Hüllblätter am Blütenstand. Blüte blaßgelb bis weiß, meist zweigeschlechtlich. Was in den Gärten als *Rhodiola crassipes* zu finden ist, ist meist eine andere Pflanze.

Rhodiola heterodonta (Hook. f. et. Thoms.) Jacobs.
(syn.: *Sedum heterodontum* Hook. f. et. Thoms.)
W-Himalaja, Tibet, Afghanistan. 30–40 cm hohe Pflanze mit verlängertem, fleischigem, vielköpfigem Wurzelstock. Triebe aufrecht, die halbkugelige Büsche bilden. Blätter rötlichbläulich dreieckig-oval, klein wechselständig, dicht stehend, unregelmäßig, grob gezähnt, 12–18 mm lang, 12 mm breit. Blüten mit trüb grünlichgelben oder rötlichgelben kleinen Köpfen. Etwas für Liebhaber. Am schönsten mit den kugeligen, leuchtend roten Triebknospen im Frühling.

Rhodiola hobsonii (Hamet) Fu.
(syn. *Sedum praegerianum* W. W. Smith)
Tibet. Sehr kurzer, dicker Wurzelstock. Die Grundblätter sind länglich-lineal bis länglich-rhombisch. Der verästelte, ca. 10 cm lange Blütenstiel trägt rosa Blüten. Ziemlich neu in Kultur.

Rhodiola kirilowii (Regel) Fu.
(syn. *Sedum kirilowii* Regel)
N-China, Zentralasien. Fleischiger, dichter, verlängerter, verzweigter Wurzelstock. Aufrecht, 30 cm hohe, nicht verästelte Triebe, dicht beblättert. Blätter gestielt mehr oder weniger lanzettlich bis linealisch, spitz, 25–40 mm lang, 6 mm breit, unregelmäßig scharf gezähnt, grün. Dichter, halbkugeliger Blütenstand mit grünlichgelben Blüten, oft auch braunrot (bei *Rhodiola kirikowii* var. *rubrum* Praeg.) Interessante Liebhaberpflanze, die kurz nach der Blüte einzieht.

Rhodiola rhodantha (A. Gray) Jacobs.
(syn. *Sedum rhodantum* A. Gray)
Westl. N-Amerika, Montana bis Arizona und Rocky Montains. Dichter, fleischiger, verlängerter, rübenartiger Wurzelstock mit wenigen Köpfen. Die Pflanze wird 20–30 cm hoch. Die einzelnen Triebe stehen steif aufrecht, sie sind unverzweigt und dicht beblättert. Die Blätter sind sitzend, linealisch-länglich, gegenständig, meist ganzrandig, nur an der Spitze ge-

zähnt, 25 mm lang und 6 mm breit. Blütenstand traubig mit trichterförmigen, rosaroten Blüten. Blüht im Juni. Schön und eigenartig. Macht manchmal Schwierigkeiten in der Kultur. Kalkflieher.

Rhodiola rosea L., Rosenwurz
(syn. *Sedum roseum* (L.) Scop.)
N-Europa, N-Asien, mitteleuropäische Gebirge einschl. Pyrenäen. Wächst meist auf Silikatgestein. Etwa 15–30 cm hoch. Dicker, fleischiger, etwas beschuppter Wurzelstock mit vielen Köpfen. Getrocknet nach Rosen duftend. Aufrechte, unverzweigte, dicht beblätterte Triebe. Blätter wechselständig, sitzend, breit-linealisch bis eiförmig, gespitzt, 2,5–3 cm lang, flach, fleischig, graugrün, gesägt, nahe der Spitze weniger. Die Blüten sitzen in einer dichten halbkugeligen Trugdolde, meist gelblich, aber auch grünliche und rötliche Blüten bekannt. Blüht im Mai-Juni. Liebhaberpflanze, für absonnigen, nicht zu trockenen Standort, zwischen Geröll.

Rhodiola semenowii (Regel et Herd) Boriss.
(syn. *Sedum semenowii* (Regel et Herd.) Mast.)
Mittelasien bis Turkestan. Wurzelstock rübenartig dick. Aufrechte, 30–50 cm hohe Sprosse, unverzweigt und dicht beblättert. Blätter linealisch, ganzrandig, 25–30 cm lang, 1–2 mm breit, lebhaft grün, wechselständig. Dichter Blütenstand mit trichterartigen, grünlichweißen Blüten. Blüht Juni-Juli. Liebhaberpflanze.

Standortansprüche und Boden

Die *Sedum*-Arten gehören zum größten Teil zu den anspruchslosesten Pflanzen unserer Gärten. Es gibt fast keinen Platz, an dem nicht auch *Sedum*-Arten gepflanzt werden können (siehe Verwendung). Die meisten sind große Hunger- und Durstkünstler, und sie halten noch an den sonnigsten und dürrsten Plätzen aus.

Es gibt auch Ausnahmen, so benötigt *Sedum pulchellum* einen etwas feuchteren Boden zum guten Gedeihen. Auch für schattigere Gartenteile gibt es *Sedum*-Arten. Nicht für den Tiefschatten, aber für lichtere Schattenlagen eignet sich *S. hybridum* 'Immergrünchen' und für den halbschattigen Rand *S. ellacombianum* und *S. spurium* 'Album Superbum' (Arends). Die letztgenannte Art blüht fast nicht, während bei den beiden anderen die Blütenfülle mit dem Licht zunimmt.

Diese Ausnahmen täuschen nicht darüber hinweg, daß die *Sedum*-Arten ausgesprochene Sonnenkinder sind. Es gibt in den heimischen Bergen viele Plätze, wo die „Allerweltsarten" *S. acre* und *S. album* in einigen Felsritzen in voller Sonne schmoren, im Fränkischen Jura beispielsweise meist gemeinschaftlich auf dem gleichen Felsen. Auch im Garten kann es ihnen nicht warm und fast nicht trocken genug sein.

In fetten Böden verlieren sie oft ihren typischen Wuchs. Auch die bei manchen Arten, besonders in exponierten Lagen, auftretende schöne rötlichbraune Färbung verliert sich bei mastigem Boden. Der Boden sollte, wie bei allen sukkulenten Pflanzen, nicht zu schwer sein, obwohl auch hier einige weitverbreitete Arten wenig empfindlich sind. Aber ein leichter oder gut dränierter Boden ist ideal. Dünger wird nicht benötigt, er ist in vielen Fällen sogar Gift. Anders bei den hohen *Sedum telephium, S. spectabile* und ihren Hybriden, sie zeigen ein Optimum in etwas nahrhafterem Boden, verrotteter Rinderdünger ist angebracht. Wassergaben sind überflüssig.

Vermehrung

Die generative Vermehrung macht keine Schwierigkeiten. Die meisten Samen sind allerdings sehr fein, und sowohl bei der Ernte als auch bei der Aussaat ist dies zu berücksichtigen (bei *S. spurium* 15000 Korn auf 1 Gramm). Man erntet die Samenstände kurz vor der Vollreife und legt diese auf einen Bogen Papier in einem warmen Raum, wo der staubfeine Samen bald ausfällt. Ausgesät wird auf einem mildfeuchten Substrat üblicher Mischung. Besser ist nicht mit Erde zu übersieben, sondern nur leicht anzudrücken. Gut ist es, vorbeugend mit einem der zugelassenen Beizmittel zu beizen (z. B. Orthocid 50 oder Dithane).

Die Keimung erfolgt durchschnittlich nach drei Wochen. Im allgemeinen ist das Saatgut etwa 2–3 Jahre lagerfähig. Nach der Keimung schadet übermäßige Feuchtigkeit und führt zu Fäulnis, selbstverständlich darf die Erde

Oben und unten links: Ausschnitte aus der Kakteen-Freilandpflanzung von Georg Sydow, Kopenhagen. Sowohl vor als auch während der Blütezeit wirkt so ein Xerophytengarten attraktiv. Als Kombinationspflanzen wurden Sempervivum, Sedum, Gräser und Yucca verwendet mit sparsamer Steinverwendung. Die gesamte Pflanzung ist mit Blähton abgedeckt. Unten rechts: Ausschnitt aus einer Pflanzpartie im Frankfurter Palmengarten mit Opuntia, Lavendel und Hochstamm-Yucca.

nicht vollkommen austrocknen. Schon bald sollte in Töpfchen pikiert werden.

Normalerweise wird man die *Sedum*-Arten nur selten durch Aussaat vermehren, meist nur, wenn man Samen einer seltenen Art oder Varietät erhält. Die vegetative Vermehrung ist so einfach und ergiebig, es ist der bequemere Weg. Ein großer Teil der *Sedum*-Arten läßt sich leicht teilen, besonders die großen, mattenbildenden Arten, aber auch die höheren *Sedum spectabile*- und *S. telephium*-Arten und ihre Hybriden sind als alte Stöcke bei der Teilung ganz ergiebig. Alle *Sedum*-Arten sind auch leicht durch Stecklinge zu vermehren, praktisch im Kalthaus zu jeder Jahreszeit. Beste Zeiten sind April-Juni und September-Oktober, die herbstblühenden *S. cauticolum* und *S. sieboldii* besser nur im Frühsommer, ebenfalls die hohen *S. spectabile* und *S. telephium*. Gut ist es, diese sukkulenten Stecklinge nicht sofort nach dem Schneiden zu stecken, sondern die Schnittstellen erst einige Stunden an der Luft trocknen zu lassen. Bewurzelungshormone sind überflüssig.

Hinsichtlich des Substrats sind die *Sedum*-Arten nicht besonders wählerisch, doch hat sich eine Mischung von $^2/_3$ scharfen Sand (Fluß- oder gewaschener Kiessand) und $^1/_3$ Torf gut bewährt. Besonders zu beachten ist, daß der Erfolg der Bewurzelung bei 15–18 °C groß ist. Bei höheren Temperaturen gibt es oft Ausfälle oder es kommt überhaupt nicht zur Bewurzelung. Bei den großen, mattenbildenden Arten kann auch sofort ins Freiland an den vorgesehenen Platz gesteckt werden, aber auch abgebrochene Rosetten von *S. spathulifolium* und seinen Varietäten kann man sofort wieder in den Garten stecken.

Bei den *Sedum*-Arten lassen sich auch Vermehrungspraktiken durchführen, die bei anderen Gattungen nicht denkbar wären. So die Vermehrung durch Blattstecklinge. Besonders bevorzugt wird dies bei *S. telephium*, *S. spectabile* und ihren Hybriden. Ebenfalls bei *S. cauticolum*, *S. sieboldii* und der panaschierten Form. Selbstverständlich ist diese Vermehrung auch bei

Oben links: Zu den härteren Kugelkakteen gehört Echinocereus purpureus. Oben rechts: Echinocereus baileyi ist etwas empfindlicher und benötigt guten Regenschutz im Winter. Mitte links: Die kleingliederige, kriechende Opuntia fragilis und ihre Varietäten sind sehr gut winterhart. Mitte rechts: Blühende Neobesseya missouriensis. Unten links: Die härteste Kugelkaktee ist wohl Echinocereus triglochidatus, auch wenn sie im Frühling oft den Eindruck erweckt, als wenn sie den Winter nicht überstanden hätte. Unten rechts: Eine reichblühende Echinocereus coccineus-Hybride.

vielen anderen Arten möglich, aber nicht üblich, so auch bei *S. album* und *S. reflexum*, aber niemand wird sich die Arbeit machen. Gute Ergiebigkeit zeigt diese Methode bei dem dickblätterigen *S. rubrotinctum*, wo sie sich auch lohnt. Die größeren Blätter werden fest, schräg in den Boden gesteckt. Bei den kleinen *S. cauticolum* und *S. sieboldii* schneidet man die Blätter im Quirlstand und beläßt ein ca. 1 cm langes Stengelstück. Beste Zeit zur Vermehrung durch Blattstecklinge ist August-September. In einem Zeitraum von 4–5 Wochen ist die Bewurzelung meist erfolgt. Das Auspflanzen ins Freiland wird erst im kommenden Frühling vorgenommen.

Staubfeine Aussaaten (Sedum, Sempervivum) nicht von oben gießen,
sondern von unten, oder besprühen

Verwendungs- und Eigenschaftsliste

Durch die vielfältige Form, Größe, durch unterschiedliche Standortansprüche und Wuchstemperamente bieten sich die *Sedum*-Arten für vielerlei Verwendungsmöglichkeiten an.

1. Vorpflanzung bei höheren Staudengruppen: *S. alboroseum* 'Mediovariegatum', *S. spectabile* und *S. telephium* mit ihren Sorten und Hybriden.

2. Tröge, Schalen und Kästen: *S. dasyphyllum* und Varietäten, *S. ewersii* 'Nanum', *S. gracile, S. laxum* und Varietäten, *S. moranii, S. nevii, S. oreganum, S. primuloides, S. purdyi, S. obtusatum, S. rubrotinctum, S. sartorianum* ssp. *stribrnyi, S. sieboldii, S. spathulifolium* und Varietäten, *S. tataranowii, S. watsonii*.

3. Größere Steingärten: *S. album, S. anacampseros, S. cauticolum, S. cyaneum, S. dasyphyllum, S. ewersii* und Formen, *S. forsteranum*, ssp. *elegans, S. kamtschaticum, S. kamtschaticum* var. *middendorffianum, S. ochroleucum, S. oreganum, S. pulchellum, S. reflexum, S. rubrotinctum, S. sediforme, S. sexangulare, S. sieboldii, S. spurium*.

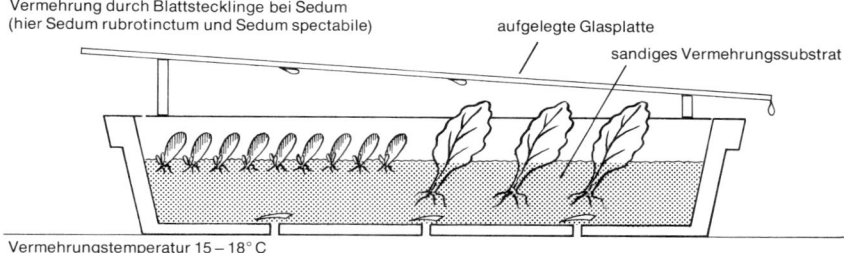

Vermehrung durch Blattstecklinge bei Sedum
(hier Sedum rubrotinctum und Sedum spectabile)   aufgelegte Glasplatte

sandiges Vermehrungssubstrat

Vermehrungstemperatur 15 – 18° C

4. Bodendecker in halbschattiger Lage: *S. hybridum* 'Immergrünchen', *S. kamtschaticum* var. *ellacombianum, S. kurilense, S. spurium* 'Album', *S. stoloniferum, S. ternatum*.

5. Bodendecker in sonniger Lage: *S. acre* (Wucherer!), *S. album* mit Varietäten, *S. anacampseros, S. floriferum, S. forsteranum* und Varietäten, *S. kamtschaticum, S. sarmentosum*.

6. Für absonnige Stellen: *S. aizoon, S. hybridum, S. kamtschaticum, S. spurium*.

7. Für feuchtere Plätze: *S. pulchellum* (im Sommer feucht, im Winter empfindlich gegen Nässe), *S. ternatum*.

8. Überhängende Sedum-Arten: *S. acre, S. album, S. cauticolum, S. cyaneum* 'Rosenteppich', *S. spurium*.

9. Grabeinfassungen: *S. acre, S. hybridum, S. floriferum* 'Weihenstephaner Gold', *S. sexangulare, S. spurium, S. stoloniferum*.

10. Geeignet als Topfpflanzen: *S. sieboldii, S. sieboldii* 'Mediovariegatum'.

11. Zur Überpflanzung von Blumenzwiebeln: *S. acre, S. album, S. anglicum, S. gracile, S. sarmentosum, S. sexangulare*.

12. Bienenfutterpflanzen: *S. acre, S. floriferum, S. hybridum, S. spurium*.

13. Panaschierte und sonstige buntlaubige Arten: *S. alboroseum* 'Mediovariegatum', *S. cauticolum, S. cauticolum* f. *lidakense, S. kamtschaticum* 'Variegatum', *S. sieboldii* 'Mediovariegatum'.

14. Rotbraunblätterige Arten: *S. album* 'Murale', *S. album* 'Coral Carpet', *S. divergens* 'Atropurpureum', *S. kamtschaticum* var. *middendorffianum, S. spathulifolium* var. *purpureum, S. spurium* 'Purpurteppich', *S. spurium* 'Fuldaglut', *S. spurium* 'Erdblut', *S. spurium* 'Schorbuser Blut', *Sedum* 'Vera Jameson', *Sedum* 'Munstead Dark Red'.

15. Arten mit bläulichem Laub: *S. anacampseros, S. dasyphyllum, S. dasyphyllum* var. *glanduliferum, S. dasyphyllum* var. *suendermannii, S. ewer-*

sii, S. ewersii var. *homophyllum, S. ewersii* 'Nanum', *S. forsteranum* ssp. *elegans, S. hispanicum* var. *minus, S. laxum* und Varietäten, *S. sieboldii.*

16. Spätblüher: *S. cauticolum, S. sieboldii, S. spectabile* und Sorten, *S. telephium* und Sorten.

17. Duftende Arten: *S. aizoon* (resedaähnlich), *S. kamtschaticum, S. populifolium.*

18. Winter- und Nässeschutz: *S. cupressoides, S. humifusum, S. monregalense, S. moranense, S. palmeri, S. purdyi, S. primuloides, S. rubrotinctum.*

19. Einjährige Arten: *S. caeruleum.*

20. Zweijährige Arten: *S. hispanicum* (manchmal auch länger ausdauernd), *S. pilosum, S. sempervivoides.*

21. Besonders anspruchslose und dürreresistente *Sedum* (in Weihenstephan auf Dachbeeten erprobt): *S. album* und seine Formen mit Ausnahme von *S. album* ssp. *micranthum* 'Choroticum' (lagert bei extremen Bedingungen aus). Bester Teppichbildner 'Coral Carpet', *S. sexangulare, S. krajinae* (besser als *S. acre*), *S. hispanicum (S. lydium* 'Glaucum' und *S. bithynicum* des Handels, wenn auch als zweijährige Art, nur lockerrasig).

An dieser Stelle nicht erprobt, doch wohl ebenfalls hierher gehörend: *S. floriferum* 'Weihenstephaner Gold' und *S. kamtschaticum* var. *middendorffianum* (= *S. middendorffianum* des Handels).

Sedum-Standardsortiment

Der ernsthafte Staudenliebhaber wird sich nicht von schwieriger Kultur oder anderen negativen Eigenschaften zurückschrecken lassen, im Gegenteil, die Schwierigkeiten fordern gerade seinen Ehrgeiz heraus, diese Pflanze zu pflegen oder seine Sammlung damit zu vervollständigen. Diese Fanatiker des Staudenreiches werden immer eine verhältnismäßig kleine Gruppe bleiben. Demgegenüber stehen Garten- und Landschaftsarchitekten, Staudengärtner und Millionen von Garten- und Blumenfreunden, die schöne, wüchsige, einfach zu pflegende, winterharte Blütenstauden benötigen. Um aus den oft riesigen Sortimenten das beste herauszuselektieren, wurden in verschiedenen Teile der Bundesrepublik Staudensichtungsgärten eingerichtet. Der erste und bedeutsamste dieser Art ist der Sichtungsgarten der Fachhochschule Weihenstephan in Freising bei München. Unter dessen Leiter, Prof. Dr. R. Hansen, dem Federführenden der Arbeitsgemeinschaft Staudensichtung im Zentralverband Gartenbau und seinen Mitarbeitern Prof. Dr. J. Sieber und Dipl. Gärtner H. Müssel konnte bei vielen Staudengattungen die Sichtung abgeschlossen werden. Diese Arbeit kann nicht hoch genug eingeschätzt werden, auch von den Gartenfreunden, millionenfacher Ärger mit schlechten Arten bleibt ihnen erspart. Auch das *Sedum*-Sortiment wurde einer solchen Prüfung unterzogen, und das Sichtungsergebnis liegt jetzt in der folgenden Form vor.*

1. Gruppe der flächig wachsenden und breitlagernden Wildstauden für sonnige Flächen.

w̲ *S. floriferum* 'Weihenstephaner Gold'

w̲ *S. kamtschaticum* var. *middendorffianum* f. *diffusum* (= *S. middendorffianum* 'Diffusum' des Handels)

w̲ *S. spurium* 'Album Superbum'

w *S. album* ssp. *micranthum* 'Chloroticum' (= *S. album* 'Micranthum Chloroticum' des Handels)

w *S. kamtschaticum* var. *middendorffianum* (= *S. middendorffianum* des Handels)

Li *S. kamtschaticum* 'Variegatum'

2. Gruppe der flächig wachsenden und breitlagernden Wildstauden für sonnige bis schattige, offene Flächen.

w̲ *S. kamtschaticum* var. *ellacombianum* (= *S. ellacombianum* des Handels)

w *S. hybridum* 'Immergrünchen'

3. Gruppe der flächig wachsenden, niedrigen Wildstauden für sonnige Flächen mit mageren bzw. kies- und feinschuttreichen Böden.

w̲ *S. album* 'Coral Carpet'

w̲ *S. sexangulare*

w̲ *S. sexangulare* 'Weiße Tatra'

w *S. acre*

w *S. album*

w *S. album* 'Laconicum'

w *S. album* 'Murale'

w *S. dasyphyllum*

w *S. ewersii*

Li *S. hispanicum* (= *S. lydium glaucum* und *S. bithynicum* des Handels)

Li *S. lydium*

* Mit freundlicher Genehmigung der Leitung des Instituts für Stauden, Gehölze und angewandte Pflanzensoziologie der FH Weihenstephan.

4. Gruppe der besonders für Steingärten geeigneten und nur in kleinen Kolonien oder einzeln pflanzbare Wildarten.

w   *S. cauticolum*
w   *S. reflexum*
w   *S. forsteranum* ssp. *elegans* (= *S. rupestre* des Handels)
Li *S. anacampseros*
Li *S. oreganum*
Li *S. spathulifolium*

Erklärung der Zeichen: <u>w</u> = sehr bedeutende Wildstaude, w = bedeutende Wildstaude, Li = Liebhaberstaude

Unter den horstig wachsenden *Sedum* wurden im Rahmen der Neuheitenprüfung 1955 die G. Arends-Züchtung *S. telephium* (*S. spectabile* × *S. telephium*) 'Herbstfreude' mit drei Sternen bewertet (= vorzügliche Staude) und ferner mit einem Wertzeugnis der Deutschen Gartenbaugesellschaft ausgezeichnet. Eine Sichtung des *S. spectabile*-Sortiments steht noch aus.

Winterharte Kakteen

Härte und Verbreitungsgebiete

Obwohl die Literatur über winterharte Kakteen sehr spärlich ist, gibt es doch eine ganze Reihe von Einteilungen hinsichtlich der Verwendbarkeit im Freiland. Hier soll eine möglichst einfache Unterteilung angewendet werden, und zwar nach den Härteklassen I, Ia und II. Die betreffenden Listen folgen auf diesen Abschnitt. Die dann anschließende Beschreibung der Arten geht nach dem ABC.

Die Gruppe I ist hart und bei entsprechender Dränage auch ziemlich regenfest. Es ist jedoch nicht auszuschließen, daß es – wenn auch selten – bei extremen Witterungsbedingungen zu Schädigungen kommt. Bei den mit Ia bezeichneten Arten handelt es sich um die härtesten und widerstandsfähigsten winterharten Kakteen, die uns zur Verfügung stehen, bei denen kaum Schäden vorkommen; besonders der Anfänger sollte sich auf diese konzentrieren.

Zur Gruppe II gehören empfindlichere Arten, die einen guten Regenschutz im Winter benötigen oder die nur für bestimmte Pflanzplätze verwendet werden sollten (z. B. Regenschatten an vorspringenden Dächern). Aufgenommen wurden in diese Gruppe jedoch nur Arten, die Temperaturen von mindestens – 10 °C über längere Zeit aushalten.

Unter den Kakteen gibt es eine enorme Zahl, die – 5 °C oder etwas mehr Kälte kurze Zeit ohne Schaden aushalten. Es wäre jedoch falsch, sie deshalb als winterharte Kakteen zu bezeichnen. Sie finden deshalb hier keine Aufnahme.

Wo Einzelangaben hinsichtlich der Kälteresistenz vorhanden waren, wurde diese beigefügt.

Vielen Hobbygärtnern ist noch gar nicht bekannt, daß es winterharte Kakteen gibt, die unsere Winter ohne besonderen Schutz aushalten. Bei einigen geringen Schutzmaßnahmen läßt sich diese verhältnismäßig kleine Gruppe sogar bedeutend erweitern. Man begreift diese Unempfindlichkeit gegen Kälte eher, wenn man sich ein Bild vom Heimatstandort macht. Es sind Gebiete in N- und S-Amerika, wo relativ tiefe Temperaturen normal und in denen auch oft die Niederschlagsmengen gar nicht so gering sind. Es sind die südlichen, südwestlichen und westlichen Staaten der USA, wo besonders viele Opuntien beheimatet sind. Sie wachsen sowohl in wüstenartigen als auch in gebirgigen Gegenden. Auch z. B. in der wüstenartigen Landschaft von Arizona gibt es im Winter Minustemperaturen, und es kommt hin und wieder vor, daß es dort auch schneit. In höheren Gebirgslagen gibt es regelmäßig und auch längere Zeit Frost. Als weiteres spielt noch der Breitengrad eine Rolle. So sind selbst in Kanada bei 52°n. Br. noch Kakteen zu finden.

In S-Amerika gibt es besonders in den Hochlagen der Anden viele Kakteen, die starke Minusgrade aushalten. Hier ist jedoch fast immer die Kälte mit extremer Trockenheit verbunden, so daß die meisten in unserem Sinne nicht als winterhart bezeichnet werden können. Erst im Süden von Chile und Argentinien, in der Nähe von 50°s. Br., wo zur Kälte in höheren Lagen auch eine entsprechende Feuchtigkeit kommt, gibt es wieder einige wenige, für uns geeignete Arten.

Es wäre völlig falsch, die Literatur und Kataloge durchzugehen und alle die Arten herauszusuchen, die in großer Höhe am Heimatstandort wachsen und diese zu bestellen. Das gäbe ein 100%iges Fiasko, und keine Pflanze würde den ersten normalen Winter überleben. Dies ist auch oft der Fall, wenn es sich um Arten handelt, die in diesem Buch als winterhart aufgeführt sind, aber durch jahrzehntelange Gewächshauskultur verweichlicht wurden.

Einteilung in Härteklassen

Ia: Sehr gut hart bei guter Dränage
Opuntia howeyi, O. humifusa, O. juniperina, O. macrorhiza, O. phaeacantha var. *camanchica, O. phaeacantha* var. *gigantea, O. polyacantha, O. polyacantha* var. *schweriniana, O. rafinesquei*.

I: Gut hart in den meisten Teilen Deutschlands bei vorbildlicher Dränage und etwas geschützten Standort
Corynopuntia bulbispina, Coryphantha vivipara var. *arizonica, Maihuenia poepigii, Neobesseya missouriensis, N. wissmannii, Opuntia antillana, O. basilaris, O. brachyclada, O. compressa, O. compressa* var. *microsperma, O. corrugata, O. engelmannii, O. engelmannii* var. *discata, O. fragilis, O. fragilis* var. *brachyarthra, O. fragilis* var. *denudata, O. fragilis* var. *parviconspicua, O. hystricina, O. lindheimeri, O. phaeacantha, O. phaeacantha* var. *al-*

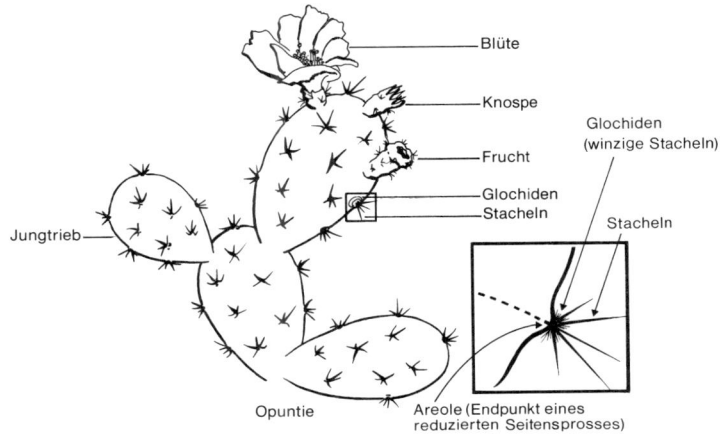

Blüte

Knospe

Glochiden
(winzige Stacheln)

Frucht

Glochiden
Stacheln

Stacheln

Jungtrieb

Opuntie

Areole (Endpunkt eines
reduzierten Seitensprosses)

bispina, O. phaeacantha var. *camanchica* 'Major', *O. phaeacantha* var. *camanchica* 'Rubra', *O. phaeacantha* var. *camanchica* 'Pallida', *O. phaeacantha* var. *carneostemma, O. phaeacantha* var. *charlestonensis, O. phaeacantha* var. *longispina, O. phaeacantha* var. *minor, O. phaeacantha* var. *salmonea, O. phaeacantha* var. *watsonii, O. polyacantha* var. *erythrostemma, O. pachyclada* var. *spaethiana, O. rhodantha, O. rhodantha* var. *pallida, O. rhodantha* 'Köhlein', *O. rhodantha* var. *rubra, O. rhodantha* var. *schumanniana, O. rutila, O. sphaerocarpa, O. spirocentra, O. tortispina, O. tortispina* var. *cymochila, O. utahensis, O. xanthostemma, Pediocactus bradyi* var. *knowitonii, R. simpsonii, Tephrocactus darwisii.*

II: Hart bis etwa – 10°C bei vorbildlicher Dränage benötigt in den meisten Teilen Deutschlands guten Winterschutz

Corynopuntia clavata, Coryphantha vivipara, C. vivipara var. *aggregata, Cylindropuntia davisii, C. fulgida, C. imbricata, C. leptocaulis, C. whipplei, Echinocereus baileyi, E. coccineus, E. fendleri, E. pectinatus* var. *reichenbachii, E. purpureus, E. roemeri, E. stramineus, E. triglochidiatus, E. viridiflorus, Neobesseya similis, Opuntia grandis, O. hystricina* var. *bensonii, O. hystricina* var. *nicholii, O. hystricina* var. *ursina, O. polyacantha* var. *trichophora, O. procumbens, O. vasey, Sclerocactus whipplei.*

Arten

Die Härteangaben in den folgenden Artenbeschreibungen haben nur Gültigkeit für Pflanzen, die aus Freilandkultur stammen oder für frische Importe vom Heimatstandort sowie für Pflanzen aus Samen, deren Anzucht im wesentlichen im Freiland erfolgte. Sogenannte abgehärtete Pflanzen aus Gewächshauskulturen führen fast immer zu Mißerfolgen.

Corynopuntia bulbispina (Engelm.) Knuth
Mexiko. Zwergige Art. Bildet niederliegende, breite, in der Kultur locker-triebige Rasen, Triebe nach unten stark verjüngt, etwa 2,5 cm lang, 1,2 cm ⌀. Randstacheln 8–12 Stück, 3–6 mm lang, weiß, Mittelstacheln meist 4,8–12 mm weiß, an der Basis verdickt, Blüten gelb, äußere Blumenblätter teilweise rötlich gespitzt, bräunliche Staubfäden. Je sonniger der Stand, um so zahlreicher die Blütenbildung.

Corynopuntia clavata (Engelm.) Knuth
USA: Neumexiko. Rasenbildende Körper, bis 15 cm hoch, Triebe ca. 5–8 cm lang, dunkelgraugrün, keulig, Glochiden gelb, zahlreich. Mittelstacheln 4–8 Stück bis 3 cm lang, dolchartig abgeflacht. Randstacheln etwa 10, 4 cm lange, gelbe Blüten. Früchte bis 5 cm lang. Besonders durch die dolcharti-gen Stacheln sehr dekorativ. Mittelhart (– 15 °C).

Coryphanta vivipara (Nutt.) Engelm.
(syn. *Escobaria vivipara* (Nutt.) Buxb.)
USA: bis nördl. Montana und Alberta in Kanada. Rundliche bis 5 cm ⌀ und 7 cm hohe Körper, einzeln, später sprossend und klumpenbildend. Rand-stacheln weiß oder braun 14–22 Stück, Mittelstachel 1–4 Stück bis 2 cm lang. Blüten 3,5 cm lang und breit auf der Spitze stehende, ansehnliche, karminrote bis rosa Blüten. Blütezeit Juni. Im Sommer erscheinen gelb-grüne Früchte, 2 cm lang, 1 cm ⌀. Sehr gut hart, wenn vor übermäßiger Feuchtigkeit geschützt (–15 °C), Pflanzen aus Britisch-Kolumbien (Kana-da) bis –30 °C.

Coryphantha vivipara var. *aggregata* (Engelm.) Marsh.
(syn. *Escobaria vivipara* var. *aggregata*)
Bildet leichter größere Gruppen als die Art. Mittelstacheln 5–6 Stück, weiß braunspitzig, Blüten größer, 5–7 cm ⌀.

Coryphantha vivipara var. *arizonica* (Engelm.) Marsh.
(syn. *Escobaria vivipara* var. *arizonica*)
Obwohl etwas südlicher vorkommend, die unempfindlichste Art für unser

Klima (−18 °C). Bildet ebenfalls größere Gruppen als die Art. Blüten ca. 3,75 cm ⌀.

Cylindropuntia davisii (Engelm. et Big.) Knuth
USA: W-Texas, O-Neumexiko. Niedrich-strauchig, bis 50 cm stark verzweigte, schlanke, zylindrische Triebe. Bis 5 cm lange Stacheln, 6–12 Stück. Blüten 3,5 cm lang, gelb und grüngelb. 3 cm lange, kahle Früchte.

Cylindropuntia fulgida (Engelm.) Knuth
(syn. *Opuntia fulgida* (Engelm.)
USA: Arizona; Mexiko. Zylindrischer Körper, in der Heimat oft baumartig bis 3 m hoch, in der Freilandkultur niedere Büsche, Triebe kräftig, höckerig. Stacheln kräftig gelblich bis bräunlich bis 3,5 cm lang, bis 12 Stück. Blüten hellrot bis 3,5 cm ⌀.

Cylindropuntia imbricata (Haw.) Knuth
(syn. *Cylindropuntia arborescens, Opuntia imbricata* (Haw.) DC.)
USA (südl. Staaten) bis Mittelmexiko, dort baumartig. Schräg aufstrebende Triebe, kann auch bei Freilandkultur über 1 m hoch werden. Stacheln braun 8–30 Stück, bis 3 cm lang. Blüten am Triebende, bis 9 cm breit, magentarot. Früchte kahl, gelb bis 3 cm lang. Blüht erst bei entsprechender Höhe. −18/−23 °C.

Cylindropuntia leptocaulis (DC.) Knuth
(syn. *Opuntia leptocaulis* DC.)
USA: südwestl. Staaten; Mexiko. Buschig oder mit kurzem Stamm. Dünne, frischgrüne, dichtstehend, kaum gehöckerte Triebe. Stacheln, teils fehlend, teils einzeln stehend, an älteren Trieben auch bis zu 3 Stück. Bis 2 cm lange, grünlichgelbe Blüten, kleine rundliche bis keulige Früchte.

Cylindropuntia whipplei (Engelm. et Big.) Knuth
USA: Arizona. Niederliegende, stark verzweigte, zylindrische Körper, Endtriebe ca. 1–2 cm ⌀. 2 cm breite, gelbe Blüten oder auch grünlichrot, innen und außen bräunlich. Stachellose, stark höckerige, bis 4 cm lange Früchte. Für milde Gebiete, Schutz gegen Nässe.

Echinocereus baileyi Rose
USA: Oklahoma, Wichita Mountains. Bildet ca. 10–20 cm hohe Säulen mit

15 Rippen und ca. 5 cm ∅. Dicht besetzt mit bräunlich gespitzten Randstacheln. Die verschiedenen Varietäten unterscheiden sich hauptsächlich durch die verschiedenartigen Stachelformen. Die vielen Stacheln geben dieser *Echinocereus*-Art ein zottiges Aussehen. Große purpurrosa Blüten bis 6×6 cm ∅. Die Blüten erscheinen auch bei Freilandkultur sehr reichlich. Sehr attraktive Art.

Echinocereus coccineus Engelm.
USA: Arizona, Phoenix. Formt ausgedehnte Klumpen im Alter bis zu 1 m ∅. Einzelkörper 3–5 cm ∅, meist zylindrisch, ältere Gruppen bis 20 cm hoch, 8–11 Rippen, 10–12 kurze, schwache Stacheln, hell mit dunkleren Spitzen. Weinglasförmig, schöne scharlach- bis karminrote Blüten, oft am Grunde auch leicht gelblich.

Echinocereus coccineus var. *inermis*
Bei dieser seltenen Varietät fehlen die Stacheln völlig oder sind nur wenige vorhanden.

Echinocereus fendleri (Engelm.) Rimpl.
USA: Neumexiko, Arizona; Mexiko. Nur 10–20 cm hoch werdend, mit spitzem Scheitel, statt Rippen Höcker, 5–7 cm ∅. Gelbbraune bis schwarzbraune Stacheln, nach oben gekrümmte Mittelstacheln. Blüte hell bis dunkel karminviolett, bis 7 cm ∅. Früchte 3 cm lang. Diese Art ist ziemlich variabel. Nur für milde Gegenden zu empfehlen, guter Nässeschutz (−15°C) ist erforderlich.

Echinocereus pectinatus var. *reichenbachii* (Tersch.) Krainz
(syn. *Echinocereus reichenbachii* (Tersch.) Hge. jr.)
USA: Texas; bis N-Mexiko. Zylindrische Körper, einzeln oder sprossend, bis 19 Rippen. Stacheln zu 30 Stück, einfarbig weißlich bis 8 mm lang. Blüte bis 7 cm lang und breit, purpurrosa, duftend. Blüht reichlich bei Freilandkultur. Ziemlich hart.

Echinocereus purpureus Lahm.
USA: Oklahoma, Eichita Res. Einzelne Körper, etwas sprossend mit schlanken, zylindrischen Trieben, 12–14 Rippen. Randstacheln 12–14 Stück, hell oben braun bis schwarz. Blüte sehr groß, bräunlichpurpur 7,5 cm ∅, 10 cm lang.

Echinocereus roemeri (Mühlpf.) Rydb. non Engelm.
USA: Texas bis Neumexiko und Colorado. Bildet zylindrische Gruppen ähnlich *Echinocereus triglochidiatus*, ist aber stärker bestachelt. Die Triebe sind bis zu 15 cm lang, bis 9 cm ⌀. Kräftige bis 2 cm lange, graue bis gelbe Randstacheln zu 9–10 Stück stehend. Mittelstachel 1–4 Stück, 3–5 cm lang, mehr oder weniger kielig, dunkelgelb bis braun. Blüten bis 5 cm ⌀, orangerot. Wünscht extrem gute Dränage.

Echinocereus stramineus (Engelm.) Rimpl.
USA: Grenzgebiet Texas-Neumexiko; N-Mexiko. Bildet dichte Kolonien bis 30 cm hoch. Triebe 12–25 cm lang, 3–5 cm ⌀, ca. 13 Rippen. Bis 3 cm lange, gespreizte, weiße Randstacheln, Mittelstacheln 3–4 Stück, etwa 5–9 cm lang. Im Neutrieb sind die Stacheln rosenrot. Blüte 8–12 cm lang, purpurrot.

Echinocereus triglochidiatus Engelm.
USA: Arizona, W-Texas bis S-Colorado. Bildet große Rasen mit dichten Klumpen. Triebe dunkelgrün bis 15 cm lang und bis 6 cm ⌀. Steife, krumme, gekantete Stacheln. Blüte 5–7 cm lang, 5 cm ⌀, orangerot bis scharlachrot, rote eßbare Früchte. Es gibt verschiedene Varietäten.

Echinocereus viridiflorus Engelm.
USA: Neumexiko bis Colorado. Kugelig bis kurzzylindrisch, 13–14 Rippen. Dichte, kammartige Bestachelung. Blüten wenig auffallend, bis 3 cm ⌀, gelbgrün mit dunkleren Mittelstreifen. −15 °C.

Maihuenia poepiggii (Otto) Web. non Speg.
Chile: Chillan, Kordillere von Talca. Bildet dort bis 1 m breite Kolonien. Opuntienähnliche Zwergsträucher mit zylindrischen Blättchen ohne Glochiden. Mit 2 cm langen Stacheln. Blüte endständig, gelb. Kommt aus sehr kaltem, unwirtlichem Klima und ist daher natürlich auch bei uns sehr robust.

Neobesseya missouriensis (Sweet) Britt. et Rose
USA: N-Dakota, Montana bis Texas. Kleine Polster bildende Kakteen, kugelig bis halbkugelig, bis 6 cm hoch und 8 cm ⌀. 1–1,5 cm lange Warzen, 9–20 Randstacheln, 0–1 Mittelstacheln. Blüte 2 cm lang, ca. 2,5 cm ⌀, grünlichgelb bis fahlorange. Blütezeit Mai. Prächtige, rote Früchte im fol-

genden Frühling. Ziemlich hart, aber Schutz gegen Nässe. Am Heimatstandort häufig auf lehmigem Geröllboden, oft tief in der Erde stehend.

Neobesseya similis (Engelm.) Britt. et Rose
USA: O-Texas. Dunkelgrüne, kugelige Körper mit 6–10 cm ∅, gruppenbildend. Warzen zylindrisch bis 2 cm lang. Blüten 5–6 cm lang und hellgelb.

Neobesseya wissmannii (Hildm.) Britt. et Rose
USA: Mitteltexas. Einzelkörper bis 10 cm hoch, bläulichgrün, rundlich, gruppenbildend. 1,5 × 2 cm lange, strahlig abstehende Randstacheln, anfangs 7–14, später 15–20 Stück. Blüte 4–5 cm lang, glänzend hellgelb bis dunkelgelb. Innere Blumenblätter mit scharfer Spitze. Früchte 8 mm ∅, kugelig.

Opuntia antillana Britt. et Rose
Hispaniola und mittlere Antillen. Bis 1 m breit, niederliegend, Kolonien bildend. Triebe annähernd eiförmig bis 20 cm lang, leicht abbrechend. Bis zu 6, 1–6 cm lange, gelbe, im Alter weiße Stacheln. Glochiden zahlreich, gelb, Blüte 5–7 cm lang, gelb, beim Abblühen rötlichgelb. 4 cm lange, purpurne Früchte. Trotz des warmen Herkunftsortes hart.

Opuntia basilaris Engelm. et Big.
USA: SW-Staaten; N-Mexiko. 12–20 cm lange Glieder, bläulichgrau, oft auch lila getönt. Areolen ohne Stacheln, stark mit braunroten Glochiden besetzt. Blüte 6 cm breit, purpurrosa. Im Freiland ein fauler Blüher. Schön die kleine, längliche *O. basilaris* var. *nana* hort. Kaum mehr als −10 °C vertragend, ebenso guter Nässeschutz nötig.
Unter der Bezeichnung *Opuntia aurea* ist besonders bei Liebhabern in N-Amerika eine weiter nördlicher vorkommende Art von *Opuntia basilaris* verbreitet. Die Farbe der großen Glieder ist hellgrün und ebenfalls ohne Stacheln, jedoch mit Glochiden. Die Blüten sind gelb oder leicht rosa gefärbt.

Opuntia brachyclada Griff.
USA: Kalifornien, San Bernadino Mountains, San Gabriel. Vielverzweigte, kleine Glieder, breit-rundlich bis annähernd zylindrisch, oft rötlich getönt. Ohne Stacheln.

Opuntia compressa (Salisb.) Macbr.
(syn. *Opuntia vulgaris* auct. mult. non Mill., *Opuntia opuntia* (L.) Karst.)
USA: Flachland östl. und südöstl. der Alleghenies. Strauchig-spreizend, niederliegend mit faserigen Wurzeln. Die Triebe sind rundlich bis verkehrteiförmig. Sie sind 5–10 cm lang und 5–6 cm breit von hellgrüner bis blaßgrüner Farbe. Meist stachellos, selten ein einzelner, kräftiger bräunlich bis hellfarbener, bis 2,5 cm langer Stachel vorhanden. Glochiden grünlich. Blüte blaßgelb 5 cm ⌀, oft mit rötlicher Mitte. Blüht und fruchtet regelmäßig. Sehr hart, aber nässeempfindlich.

Opuntia compressa var. *microsperma* (Engelm.) L. Bens.
Colorado und Arizona. Nur wenig unterschieden von *Opuntia humifusa* und in der Stellung ungewiß. Niedrig, dunkelgrüne Glieder, Stacheln 1–3, gelbe Blüte.

Opuntia corrugata Salm-Dyck
(syn. *Opuntia longispina* var. *corrugata* (Salm-Dyck) Backbg.)
NW-Argentinien. Bildet niedere, dichte Kolonien. Glieder länglich bis rundlich. Stacheln weiß, 1–4 cm lang. Blüte 2,5 cm lang, pfirsichorange.

Opuntia engelmannii Salm-Dyck
USA: S-Staaten; bis N-Mexiko. Aufrecht, strauchig in der Heimat bis 2 m hoch. Im Freiland niederliegend-aufstrebend. Rundlich, blaßgrüne Triebe bis 30 cm lang. Stacheln 1–4, unten oft fehlend später bis zu 10, leicht gespreizt, 5 cm lang, hell mit dunkler Basis. Glochiden braungelb gespritzt. Blüten gelb. 4 cm lange, unbestachelte Früchte. −19 °C.

Opuntia engelmannii var. *discata* (Griff.) C. Z. Nels
USA: südl. Arizona. Baugrüne Triebe, Stacheln dunkler als bei der Art. Areolen braun. Von der Bestachelung her eine der schönsten Opuntien.

Opuntia fragilis (Nutt.) Haw.
Kanada: Britisch-Kolumbien; USA: Oregon bis Arizona und W-Texas. Niedrige, etwa 20 cm hohe Kolonien bildend. Dunkelgrün, bis 4 cm lange Triebe, ungehöckert, fast rund. Areolen klein, weiß. 1–4 Stacheln, gelbbraun, oben heller, bis 3 cm lang. Glochiden gelbweiß. Blüten gelb bis blaßrötlichgelb. In der Freilandkultur ein fauler Blüher. Die Glieder brechen leicht ab und wurzeln schnell. Harte, widerstandsfähige Art.

Opuntia fragilis var. *brachyarthra* (Engelm.) Coult.
Triebe geschwollen-höckerig. Dicht rasenförmig. Stacheln 3–5 kräftiger als bei der Art. Blüten 2,5 cm ∅, hellgelb. Wüchsige, harte, gegen Nässe widerstandsfähige Varietät, besonders bei in Colorado gesammelten Pflanzen.

Opuntia fragilis var. *denudata* Wiegand et Backbg.
USA: Utah. Dickliche Triebe, stärker abgeflacht, bis 3,7 cm breit, mit vereinzelten, kurzen Stacheln oder völlig ohne. Blüten gelb bis rosa. Vollkommen hart, selten in Kultur.

Opuntia fragilis var. *parviconspicua* Backbg.
USA. Runde bis eiförmige Triebe, leicht gehöckert, 5 cm lang, bläulichgrün, anfangs rötlich, 1,7 cm dick. Ganz feine, bis 1 cm lange Stacheln oder ganz fehlend. Glochiden in Büscheln in älteren Areolen. Junge weißfilzig. Größere gelbe Blüten, bis 5 cm ∅. Vollkommen hart, selten in Kultur.

Opuntia grandis Pfeiff.
N-Mexiko. Niedrig aber auch aufrecht-strauchig bis über ½ m. Triebe ziemlich rundlich, etwa 18 cm ∅, im Jugendstadium rötlich. Stacheln überwiegend abwärts gerichtete, weißlich, meist 4, nicht sehr stark. Orangerötliche Blüten, nur 2 cm breit. Kugelige Früchte, stachelig, innen pupurfarben. Ebenfalls eine nur bedingt harte Art, nur für Liebhaber in mildesten Gegenden.

Opuntia howeyi Purp.
Mexiko: Salinas. Liegende bis aufstrebende, gespreizte, buschige Triebe, rund, mittelgroß. Bis 2,5 cm lange, grauweiße Stacheln mit brauner Basis. Blaßgelbe Blüten nach innen mehr grünlich und am Rand leicht rötlich. Rote, stachelige, runde Früchte. Gut hart und widerstandsfähig gegen Feuchtigkeit.

Zu den reizendsten Kleinstauden gehören die Lewisien, die bei uns noch nicht weit genug bekannt sind, im Gegensatz zu den englischen Hobbygärten. Oben links: Die kleinblütige Lewisia columbiana var. wallowensis. Oben rechts: Zu den schönsten Hybriden gehört Lewisia 'Sunset Strain' mit einem enormen Farbenspiel. Man kann sie bei frühzeitiger Aussaat im Winter leicht aus Samen ziehen. Unten: Neuanlage im Schiefergestein mit Opuntien und Lewisien. Auch in Nordamerika überschneidet sich ihr Verbreitungsgebiet.

Opuntia humifusa Raf.
(syn. *Opuntia mesacantha* Raf.; siehe auch *Opuntia rafinesquei* Engelm.)
USA: SO-Staaten. Kriechend, große, dunkelgrüne, kreisrunde bis eiförmige, 7,5–12,5 cm lange Glieder. Stacheln oft fehlend, wo vorhanden 2,5 cm lang, einzeln, steif und mit 1–2 kleinen Beistacheln. Glochiden rötlichbraun. Schwefelgelbe, bis 8 cm breite Blüten mit rötlicher Mitte. 5 cm lange, kahle, keulige Frucht. Weitverbreitet in der Freilandkultur. Auf sandigen Böden voll hart.

Opuntia hystricina Engelm. et Big.
USA: Neumexiko, Arizona, SW-Colorado, Nevada. Niederliegend, gespreizte Körper mit aufgerichteten 6–10 cm langen und 6 cm breiten Trieben, die im Alter mehr rundlich werden. Zahlreiche blaßbraune bis weiße, 6–10 cm lange Stacheln (Kennzeichen!). Glochiden gelb, Blüten 7 cm ∅, orange oder rosa. ca. 3 cm lange, eiförmige bis längliche, oben bestachelte Früchte. Ziemlich hart und auch recht widerstandsfähig gegen Nässe (– 19°C).

Opuntia hystricina var. *bensonii* Backbg.
USA: Arizona bis Utah und kalifornische Mohave-Wüste. 20 cm hohe und bis 30 cm breite Gruppen. Triebe bis 20 cm lang, länglicher als bei der Art. Stacheln bis 5 cm lang, weiß oder blaßgrau, zu 4 bis 9 stehend. Glochiden bis 3 mm lang. Typen mit verschiedener Blütenfarbe, weiß, gelb, tiefrosa oder rot, bis 6 cm ∅. 3 cm lange, zylindrische, bestachelte Früchte.

Opuntia hystricina var. *nicholii* (L. Bens.) Backbg.
USA: Arizona, Colorado Canyon. Am Naturstandort bis 20 cm aufliegende, 20 cm hohe Gruppen. Triebe meist kreisrund, aber auch schmäler. 12,5 cm bis 20 cm lang, 5–12 cm breit. Alle Areolen mit Stacheln, die längeren im oberen Teil abgeflacht.

Oben links: Star unter den Lewisien-Wildarten ist Lewisia tweedyi mit enorm großen Blüten. Bei Freilandpflanzung muß der Platz mit Bedacht gewählt werden. Oben rechts: Lewisia nevadensis mit weißen Blütensternen. Eine unempfindliche Art, die nach der Blüte einzieht. Mitte links: Lewisia cotyledon. Mitte rechts: Lewisia cotyledon var. heckneri 'Large flowered Hybrids'. Unten links: Lewisia rupicola. Unten rechts: Lewisia brachycalix, ähnlich Lewisia nevadensis, auch nach der Blüte einziehend.

Opuntia hystricina var. *ursina* (Web.) Backbg.
USA: SO-Kalifornien bis Arizona. Als Grizzlybär-Kaktus bekannt. Bis 15 cm lange Triebe mit dichtem, langen, weißen Borstenkleid, die bis zu 20 cm (!) lang werden können. Blüten meist gelb, es soll aber auch rosa und orange blühende Formen geben. Meist auf Sandböden. Verträgt kaum Temperaturen von –10°C auf die Dauer, ausgenommen bei gutem Mikroklima, wie an trockenem Standort an Hauswänden, wo bis –20°C vertragen werden. Schutz gegen Nässe!

Opuntia juniperina Britt. et Rose
USA: Neumexiko. Niederliegende, leicht aufstrebende, spreizende Kolonien bildend. 12 cm lange oben breit gerundete, eiförmige Triebe. Stacheln nur in den oberen Areolen, meist ein Hauptstachel mit einigen Nebenstacheln. Blüte hellgelb. 3 cm lange, rötliche, stachellose Früchte. Sehr hart und in Europa ziemlich verbreitet.

Opuntia lindheimeri Engelm.
USA: SW-Louisiana, SO-Texas; NO-Mexiko. Sehr variable Art, am Heimatstandort auch baumförmig. Triebe grün 25 cm lang, oft mehr oder weniger bereift, kreisrund- bis eiförmig. Weitstehende Areolen. 1–6 Stacheln, 3–4 cm lang. Glochiden gelb bis bräunlich. Es gibt Formen mit gelben und mit dunkelroten Blüten. Purpurne Früchte, birnförmig bis länglich, 3,5 cm bis 5,5 cm lang. Nässeempfindlich (–15°C).

Opuntia macrorhiza Engelm.
(syn. *Opuntia compressa* var. *macrorhiza* (Engelm.) L. Bens.)
USA: Missouri, Colorado, Utah, Kansas bis Texas. Stark niederliegend bis 1 m breite Kolonien. Rübenförmige Wurzeln. Mehr oder weniger rundliche Triebe, 16 cm lang, 1 cm stark, bläulichgrün mit matter Oberfläche. Ziemlich große Areolen. Glochiden zahlreich, gelbbraun. Stacheln teils fehlend, sonst bis 4 Stück ungleich bis 2,5 cm lang. Blüten meist gelb, beim Abblühen orange, oder selten gelb mit roter Mitte, etwa 8 cm ⌀. Rötliche bis 5 cm lange Früchte. Gut hart.

Opuntia phaeacantha Engelm.
USA: Texas bis Arizona; N-Mexiko. Niedrig, Triebe länger als breit, 10–15 cm lang unten fast immer stachellos. 1–4 Stacheln, ziemlich kräftig, bis 6 cm

lang, rotbraun bis schwarzbraun mit hellerer Spitze. Viele gelbe bis braune Glochiden. Gelbe Blüten 5 cm ⌀. Birnenförmig bis 3,5 cm lange, rötliche, stachellose Früchte. Im Winter werden die Glieder am Rande rötlich oder blauviolett, ein sicheres Kennzeichen für *O. phaeacantha*. −23 °C.

Opuntia phaeacantha var. *albispina* hort.
Gartenform, Stacheln oben weißlich, Blüten hellgelb in einen bräunlichen Ton übergehend, oder gelb, mit rotem Schlund, Früchte karminrot.

Opuntia phaeacantha var. *camanchica* (Engelm.) Borg
USA: S-Colorado bis zur Grenze. Niedrige bis ganz aufliegende, runde bis eiförmige, mattgrüne Triebe, bis 17 cm lang und breit. 1–3 oder mehr zusammengedrückte Stacheln, bis 6 cm lang, braun, oben heller oder weißlich. Glochiden grün oder gelbbraun. Blüte gelb bis orange, 6–7 cm ⌀. Eßbare, saftige Früchte. Sehr hart, auch ziemlich unempfindlich gegen Nässe.

Opuntia phaeacantha var. *camanchica* 'Major' hort.
Gartenform mit größeren, ovalen Gliedern, Blüten hellgelb mit hellbräunlicher Mitte und fleischfarbenen Staubfäden.

Opuntia phaeacantha var. *camanchica* 'Rubra' hort.
Gartenform, Glieder ziemlich groß, oval. Bestachelt in größeren Abständen. Tiefe, schalenförmige Blüten. Farbe dunkelzinnoberrot, zum Rand zu mehr karminrot, oft auch braunrot. Innenseite wie glänzend lackiert, gelbe Staubfäden, die rötlich werden. Nässeempfindlich.

Opuntia phaeacantha var. *camanchica* 'Pallida' hort.
Gartenform mit cremeweißen, innen grünlichen Blüten.

Opuntia phaeacantha var. *carneostemma*
Ziemlicher Namenswirrwarr. Entspricht *O. phaeacantha carnea straminea* der Liste von Corre von 1912 und *O. camanchica* Engelm. et Bigel, *lutea carneo-staminea* L. Späth Katal, nach J. A. Purpus 1925. Kräftiger Wuchs, mit großen Gliedern, oval und dünn, reichlich mit langen Stacheln besetzt, hellgraugrün. Hübsche, schalenförmige Blüten mit 7 cm ⌀. Glänzende, sattgelbe Farbe, mit grünlichem Schimmer, beim Verblühen rehfarben. Staubfäden fleischfarben.

Opuntia phaeacantha var. *charlestonensis* (Clokey) Backbg.
USA: Nevada. Ziemlich große Glieder bis 18 cm lang und 12 cm breit in Skandinavien und Norddeutschland auch kleiner, gelbgrün oft pupurrot gefluscht. 4–6 Stacheln, nadelig, nicht zusammengedrückt, weiß mit braunem Fuß. Hellgelbe Blüten, die beim Verblühen lachsfarben werden, ca. 4 cm ⌀. Ovale Früchte.

Opuntia phaeacantha var. *gigantea* hort.
Große Triebe bis 15 cm breit, Stacheln bis 7 cm lang, gelbe Blüten. Sehr hart.

Opuntia phaeacantha var. *longispina*
Stacheln bis 7 cm lang und Glieder etwas größer als bei der vorhergenannten. Schalenförmige, hellgelbe Blüten, beim Verblühen leicht bräunlich.

Opuntia phaeacantha var. *minor* hort.
Sehr kleine stachelige Triebe, niedlich.

Opuntia phaeacantha var. *salmonea* hort.
Ähnlich den Gliedern und Blüten von *O. phaeacantha* var. *camanchica* 'Rubra' hort. Blütenfarbe aber ein stark glänzendes Gemsbraun, allmählich in Lachsfarben übergehend.

Opuntia polyacantha Haw.
USA: von Washington bis Texas und bis Arizona. Buschig-verzweigt, niederliegend, mit verkehrt eiförmigen Trieben, alle Areolen sind bestachelt. Einzeltrieb bis 10 cm lang und 7,5 cm breit. Stacheln zum Trieb hin gebogen, bis 2,5 cm lang, 6–12 Stück. Blüte 7 cm ⌀ gelb, beim Verblühen etwas orange Tönung. Kugelige Früchte etwa 1 cm ⌀. Gut hart und auch widerstandsfähig gegen Nässe. Oft als *Opuntia missouriensis* verbreitet,

Opuntia polyacantha var. *albispina* Engl. et Bigel
Breite, umgekehrt-eiförmige Glieder, weiß bestachelt. Stacheln am Rande fast borstenförmig. Blüten gelb und gelb mit roter Mitte. Ziemlich hart.

Opuntia polyacantha var. *erythrostemma* Späth
Varietät mit dunkelgelber Blüte und roten Staubfäden. Schöne harte Form, die auch nicht sehr nässeempfindlich ist.

Opuntia polyacantha var. *salmonea* Purp.
Glieder mittelgroß, dick, breit, stark bestachelt, graugrün, braunviolett überlaufen, Blüte hellgelb, beim Abblühen rötlichorange. Hart, hübsch, von Dr. Purpus eingeführt. Nicht verwechseln mit *O. phaeacantha* var. *salmonea*.

Opuntia polyacantha var. *schweriniana* (K. Sch.) Backbg.
USA: höhere Gebirge von Colorado. Die Triebe sind kleiner als bei der Art, nur bis 5 cm lang. Blüte seidenglänzend grüngelb bis rosa. Stachellose Früchte. Ist eine ganz harte und niedliche Art, ziemlich unempfindlich gegen Nässe.

Opuntia polyacantha var. *trichophora* (Engelm. et Big.) Coult.
USA: Texas, Neumexiko, Oklahoma, W-Colorado. Kreisrunde bis eiförmige Triebe, 6–10 cm ⌀. Sehr zahlreiche, ungleiche Stacheln, die längsten bis 4 cm, Blüten 7 cm ⌀, gelb oder rosa. 2 cm lange Früchte. Nur für sehr milde Gegenden.

Opuntia polyacantha var. *watsonii* Coult.
USA: Utah, in den Wasatch Mountains. Seltene, gelb blühende Varietät, die gut brauchbar ist.
   Von *Opuntia polyacantha* wurde eine ganze Reihe von Naturhybriden gefunden, so in Kanada *O. polyacantha* × *O. fragilis*, weiter *O. polyacantha* × *O. rafinesquei* (*O. humifusa*). Außerdem solche mit orange und karminfarbenen Blüten, deren weiterer Partner nicht bekannt ist. Eine Naturhybride ist als 'Rotkäppchen' im Handel. Diese ist dicht bestachelt, wobei die Stacheln wunderschön rotbraun sind.

Opuntia polyacantha ist im Sommer leicht von *Opuntia phaeacantha* zu unterscheiden. *O. polyacantha* bekommt dann einen leicht bläulichvioletten, wachsartigen Hauch.

Opuntia pachyclada var. *spaethiana* Hge. et Schm.
Eine Opuntie unbestimmter Herkunft, die noch in Sammlungen anzutreffen ist. Kleingliedrig, niedrig, sich rasch ausbreitend. Glieder teils walzenförmig, teils verkehrt-länglich-eiförmig, stark und dicht bestachelt. Blüten beim Aufgehen sattgelb, beim Verblühen in einen bräunlich-lachsfarbenen Ton übergehend.

Opuntia procumbens Engelm.
USA: N-Arizona. Strauchartig, verzweigt, niederliegend. Sehr große kreisrunde bis verkehrt-eiförmige Glieder mit 20–50 cm ⌀ (!), gelbgrün, etwas bereift. Areolen groß, weit stehend. Stacheln mäßig lang (2,5–6 cm) strohgelb, am Grunde dunkler. Blüten gelb, Früchte rot, keulenförmig ca. 7 cm lang. Nur für mildeste Gegenden zu empfehlen, aber auch dort Schutz nötig.

Opuntia rafinesquei Engelm.
Ein umstrittener Artname. Backeberg ließ diese Art in *Opuntia humifusa* aufgehen. Viele Kenner winterharter Kakteen neigen jedoch dazu, diesen Artnamen beizubehalten. Glieder 10 cm lang, 6 cm breit, nur im oberen Teil bestachelt. Während der Wachstumszeit richten sich die Triebe auf. Blüte schwefelgelb, beim Verblühen dunkelgebl. Reichblühenste Opuntie im Garten. Erträgt Fröste bis −30°C.

Opuntia rafinesquei var. *arkansana* hort.
Niemals beschrieben. Kleine Glieder, Stacheln 5 cm lang, grauweiß. Große Blüte, hellgelb, am Grunde bräunlichgelb. Sehr frosthart.

Opuntia rhodanta K. Schum.
USA: W-Colorado bis Kalifornien. Stark verzweigte, niederliegende bis 30 cm hohe Kolonien. Triebe etwa eiförmig, aufstrebend, 7 cm breit, 15 cm lang, grün, mehr oder weniger höckerig. Stacheln nur im oberen Teil zu 1 bis 4 stehend, 3–6 cm lang. Blüte 8 cm lang meist rosa oder orange mit rötlichen Staubfäden, es gibt aber auch gelbblühende Formen. Länglich, stachelige Früchte. Sehr gute Art zur Freilandkultur.

Opunta rhodantha var. *pallida*
Hübsche Varietät mit gelben Blüten.

Opuntia rhodantha 'Köhlein' hort.
Besonders dunkelrote Blüten mit schwarzen Stacheln. Langsamwachsend, aber sehr gut resistent gegen Nässe. Züchtung stammt von G. Sydow, Kopenhagen.

Opuntia rhodantha var. *rubra* hort.
Blütenfarbe leuchtend rot. Kleine, hellgrüne Glieder.

Opuntia rhodantha var. *schumanniana* Späth
Mittelgroße Glieder, aufrecht, dunkelgrün. Schöne schalenförmige Blüten
7 cm ∅, wunderschöne, dunkelkarminrote Blüten. Gut winterhart.

Opuntia rutila Nutt. non Clow et Funst.
USA: W-Colorado, Wyoming. Niedrig-spreizend, Triebe flach bis dreisei-
tig, oft auch zylindrisch, im Alter mehr abgeflacht. Junger Trieb stachelär-
mer, bis 10 cm lang und 5 cm breit. Stacheln 1–6 und bis 3 cm lang, weiß bis
braun, spreizend. Blüten rosenrot, gelb oder in Mischtönen. 3,5 cm lange,
gelbe, kugelige Früchte teils mit Stacheln. Ziemlich harte, schönblühende
Art, etwas nässeempfindlich.

Opuntia sphaerocarpa Engelm. et Big.
USA: Neumexiko, bei Albuquerque. Niedrig-spreizend, hellgrüne Triebe,
verschiedentlich auch rötlich getönt, bis 7 cm breit, kreisrund, ziemlich dick
und stark höckerig. Bis 1 cm entfernte Areolen. Teil mit, teils ohne Stacheln, wenn vorhanden, nur in den oberen Areolen oder nur einige dünne
bis 2 cm lang. Blüte gelb, Früchte 1,8 cm ∅, trocken, stachellos, kugelig.
Sehr wertvoll, schrumpft nicht sehr viel im Winter.

Opuntia spirocentra Engelm. et Big. (?)
(syn. *Opuntia polyacantha* var. *spirocentra*)
Nach Backeberg ein ungeklärter Name. Große flache Glieder, Blüten gelb
mit rötlicher Basis, Staubfäden rotgelb. Sehr hart und auch gegen Nässe
wenig empfindlich.

Opuntia tortispina Engelm.
USA: Nebraska bis Texas. Strauchartig, niederliegend bis aufsteigend, sehr
sparrige und verzweigte, kreisrunde bis verkehrt-eiförmige, 14–20 cm lange, dunkelgrüne Glieder. 3–5 Stacheln, 3,5–6 cm lang, eckig und gerieft,
weiß, oft gedreht. Blüten schwefelgelb, 6,5 cm ∅. Früchte eiförmig, bis 5 cm
lang. Für die milderen Gegenden zu empfehlen (−15 bis −19 °C).

Opuntia tortispina var. *cymochila* (Engelm.) Backbg.
USA: Kansas, Texas, Neumexiko, Arizona. Kreisrunde Triebe mit 8,5
cm ∅. 1–3 kräftige, 2,5–5 cm lange, weiße Stacheln, oft mit rötlicher Basis,
herabgebogen oder spreizend, leicht zusammengedrückt oder gedreht.
Früchte kürzer als bei der Art, etwa bis 3 cm lang.

Opuntia utahensis C. A. Purpus
USA: Utah-Bassin. Niederliegend, ausgebreitet, strauchartig, lockere „Rasen" bildend. Die aufsteigenden Glieder sind verkehrt-eiförmig bis elliptisch, ziemlich dick, fast ohne Höcker. Meist nur im oberen Teil bestachelt. Variable Größe und Anzahl der Stacheln, leuchtend karminrote Blüten. Sehr gut frosthart, aber empfindlich gegen Nässe.
   Stellung unklar. Nicht zu verwechseln mit *O. sphaerocarpa* var. *utahensis* Engelm., die gelbe Blüten hat. *Opuntia utahensis* C. A. Purpus scheint mit ihren dunkel graugrünen Gliedern nahe verwandt mit *O. rhodantha*.

Opunthia vasey (Coult.) Britt. et Rose
USA: S-Kalifornien. Niedrig, strauchig, leicht aufgerichtet, bis 12 cm lange Triebe, leicht eiförmig, blaßgrün, Jungtriebe etwas bereift. 2 cm lange Stacheln zu 1–3 stehend, grau oder hellbraun, zur Spitze zu heller. Blüten lachsrot, groß, sehr attraktiv. Früchte bis 5 cm lang, rundlich, wegen der Blütenfarbe begehrt, doch nur mäßig hart und nur für mildeste Gebiete. Wenn trocken, bis −15°C.

Opuntia xanthostemma K. Schum.
Wird hier aufgeführt, laut Backeberg eine Gartenform von *O. rhodantha*. Niedrig, reichlich verzweigt, Glieder verkehrt-eiförmig, ziemlich geschwollen, deutlich höckerig, frischgrüne Farbe, die Höcker oben mehr rötlichbraun. Stacheln dunkelbraun, bald grau werdend. Karminrosa Blüten mit gelben Staubfäden. Die unter der Bezeichnung *Opuntia xanthostemma* 'Gracilis' bekannte Form zeigt kaum Unterschiede.

Pediocactus bradyi var. *knowitonii* (L. Bens.) Backbg.
USA: Colorado, Neumexiko. Kleine kugelige, bis 4 cm hohe Körper und 2 cm ∅, wenig sprossend, meist einzeln. Sehr kleine Walzen, weiße, feinhaarige Randstacheln zu 18–23 stehend, etwa 1,4 cm lang. Ohne Mittelstacheln. Scheitel geringwollig. Kleine, rosa Blüten, ca 1 cm lang. Früchte bis 4 mm lang. Gut hart, aber Nässeschutz nötig.

Pediocactus simpsonii (Engelm.) Britt. et Rose
(syn. *Echinocactus simpsonii* Engelm.)
USA: Utah, Colorado, Nevada, Kansas. Körper meist kugelig, gut sprossend, oben niedergedrückt, Rippen in Warzen aufgelöst, ganz in Stacheln eingehüllt. Mittelstacheln mehr aufrecht, gekrümmt, gelb-braun-schwarz, Randstacheln zahlreich, schmutzig-braun, rotbraun gespitzt. Verschiedene

Blütenfarben meist grünlichrot, rosenrot, aber auch gelbliche und weißlich blühende vorhanden. Blütezeit ziemlich früh. Sehr hart. Blüht und fruchtet regelmäßig. Schutz gegen Herbst- und Winternässe. Das gleiche gilt für die Varietäten.

Sclerocactus whipplei (Engelm. et Big.) Britt. et Rose
USA: N-Arizona, SO-Utah, W-Colorado. Körper bis 15 cm lang und ca. 7,5 cm $\emptyset$, einzelstehend oder etwas sprossend. Rippen spiralig und höckerig, etwa 13–15. Mittelstacheln in der Jugend fehlend, später meist zu 4, der obere abgeflacht und gerade etwa 3,5 cm. Randstacheln etwas abgeflacht, etwa 7–11, 18 mm lang, weiß oder schwarz. Trichterartige, kurze rosa bis purpurrosa Blüten. Griffel rötlich-flaumig, Narbe grün. 1,5 cm lange, rötliche, fast kahle Früchte.

Tephrocactus darwinii (Hensl.) Backbg.
S-Argentinien (nahe der Maggelan-Straße). Ganz niedere, etwa 4 cm hohe Kolonien. Fast kugelige Körper, 3 cm $\emptyset$, mit länglichen, holzigen Wurzeln. Manche auch mehr länglich, wenige kleine Triebe mit 1 cm $\emptyset$. Große filzige Areolen. Oben 1–3 bis 3,5 cm lange, fast gerade, gelbe oder rötlichgelbe, abgeplattete Stacheln. Sehr kleine, gelbe Blüten. Eine der wenigen südamerikanischen Kakteen, die nicht nur Kälte, sondern auch Feuchtigkeit vertragen.

Naturhybriden und Züchtungen

In den heimatlichen Hauptverbreitungsgebieten, im südlichen, südwestlichen und westlichen Nordamerika, wo sich das Vorkommen mehrerer Arten von Opuntien überschneidet, ist es selbstverständlich, daß es zur Hybridisation kommt. Allerdings in wesentlich geringerem Umfang als etwa bei den *Sempervivum* in den Alpen. Etliche solche Naturhybriden sind sehr selten und erst vor wenigen Jahren entdeckt, andere kommen neu hinzu. Diese Pflanzen sind im Gesamthabitus und auch in der Blüte meist schöner als die Eltern. Es ist zu hoffen, daß diese Raritäten bald weitere Verbreitung finden.

Folgende sind bekannt:
Opuntia humifusa × *fragilis* ist unter dem Namen 'Smithwick' bei den nordamerikanischen Liebhabern weitverbreitet. Die Größe der Glieder

entspricht der Größe eines alten 5-Mark-Stückes. Die Glieder brechen leicht ab wie bei *O. fragilis*. Gelbe Blüten, reichblühend, extrem hart.

Opuntia polyacantha × *fragilis*, eine Naturhybride aus Kanada.

Opuntia polyacantha × *humifusa* (syn. *O. rafinesquei*), gefunden 1972 in Antonita, Colorado. Sehr dicht bestachelt, wunderschöne weiße Stacheln.

Opuntia 'Chatreuse', gelbgrüne Blüten, aus Dakota.

Opuntia 'Apache', Naturhybride; ein Elternteil ist *O. rutila*. Braunrote Stacheln, Stacheln bis 8 cm lang. Blüte karminrot. Frosthart, aber nässeempfindlich.

Opuntia 'Carminea'.

Opuntia 'Sydowiana' (*O. rhodantha* × *O. fragilis*), klein, schmale Glieder. Sehr blühwillig, rote Blüten (Kreuzung: G. Sydow, Kopenhagen).

Opuntia 'Chrystal Tide' (*O. polyacantha* ×?), eine große Rarität mit weißen Blüten. Naturhybride, nur auf wenigen Quadratmetern in einem Indianerreservat in Dakota vorkommend. Gut winterhart.

Opuntia 'Desert Splendor' (*Opuntia* × *polyacantha*), rosenrote Blütenfarbe.

Opuntia 'Greenland' (*O. fragilis* × *O. rutila*), karminrote Blüten. Größere Glieder als *O. rutila* (Kreuzung: G. Sydow, Kopenhagen).

Auch züchterisch wird jetzt an den winterharten Opuntien gearbeitet, und in den nächsten Jahren, nach eingehender Härteprüfung, werden noch weitere schöne Sorten hinzukommen mit neuen scharlach und rosa Tönen in der Blüte, aber auch solche mit zwei Farben. Auch in der Sowjetunion arbeiten Mitglieder der Akademie der Wissenschaften an Opuntien. Es zeigen sich schon gute Resultate. Ziel ist es, stachellose Opuntien zu bekommen mit einer kurzen Vegetationsdauer und einer Kälteresistenz bis −40 °C.

Eine deutsche Staudengärtnerei arbeitet an Kreuzungen mit *Echinocereus coccineus* als Mutterpflanze. *Echinocereus coccineus* × *E. roemeri*, Selektionen davon und Hybriden von *E. coccineus* × Kulturhybride sind im Handel (Dr. Simon).

Die Aufzählung der winterharten Kakteen in diesem Buch ist keinesfalls vollständig. Es gibt Liebhaber, die mehr als 150 Arten und Sorten besitzen. Doch es handelt sich bei den hier genannten um die bekanntesten und wertvollsten Kakteen.

Pflanzplätze

Bei allen Überlegungen hinsichtlich der Verwendung der Kakteen im Garten steht zweierlei im Vordergrund: Sie sollen möglichst viel Wärme und Sonne haben und wenig Feuchtigkeit. Die erste Forderung muß weitestgehend erfüllt sein, die zweite kann man durch die verschiedensten Hilfsmittel unterstützen, wie Dränage und Regenschutz. Verschiedene Plätze bieten sich regelrecht an zur Verwendung winterharter Kakteen, z. B. die im Regenschatten liegenden Flächen an der Südseite von Dachvorsprüngen, wie sie besonders oft bei modernen Bungalows zu finden sind. Hier ist lediglich während der Vegetationszeit etwas Wassernachhilfe zu geben.

Die meisten Pflanzplätze werden sich im Steingarten bieten, es muß jedoch auf die entsprechende Benachbarung geachtet werden. Zwischen Blaukissen, Polsterphlox und Schleifenblume haben Kakteen nichts zu suchen. Nicht jeder wird sich einen ganzen Xerophytengarten einrichten, aber zumindest der Teil des Steingartens, in dem Kakteen gepflanzt werden, sollte aufeinander abgestimmt sein. Wer streng vorgeht, nimmt andere sukkulente Pflanzen wie *Sedum, Sempervivum, Delosperma* dazu, Disteln, niedere Ziergräser, *Aciphylla*, harte Agaven und *Yucca*. Wer es nicht ganz so genau nimmt, kann *Thymus, Dryas, Veronica incana, Dianthus*-Arten, krustige *Saxifraga*, niedere, silbrige *Artemisia* und andere dazu gesellen.

Besonders dekorative Pflanzplätze bieten sich bei der Bepflanzung von Schalen, Kästen, Trögen. Bei solchen kleinen Pflanzflächen ist besonders gut auf die Benachbarung zu achten und darauf, nur solche Pflanzen zu verwenden, die mäßig im Zuwachs sind. Dazu gehören alle genannten Kugel- und Säulenkakteen und bei den Opuntien besonders *Opuntia fragilis* mit seinen Varietäten, *Opuntia utahensis* und ähnlich kleinbleibende.

Größere trogartige Flächen lassen sich durch senkrecht gestellte Waschbetonplatten erstellen. Die Form ist gleichgültig, sie kann quadratisch, rechteckig oder unregelmäßig gestuft sein. Die Waschbetonplatten werden so gestellt, daß die dekorative Seite nach außen zeigt, 20 cm sollten im Boden sein. Am Fuß im Innern wird ein armierter Betonring angebracht, der eine entsprechende Festigkeit im Winter garantiert. In solchen größeren trogartigen Gebilden lassen sich natürlich auch alle anderen, wüchsigeren Opuntien verwenden, doch sollte man darauf achten, daß schwachwüchsige Kakteen nicht neben den raschwüchsigen zu stehen kommen.

Wer glaubt, daß in seinem sterotypen deutschen Architektengarten, der aus einer Rasenfläche und der an der Grundstücksgrenze stehenden Ge-

Pflanzplätze im Regenschatten sind ideale Möglichkeiten für winterharte Kakteen

hölzkulisse besteht, keine Kakteen gepflanzt werden können, irrt. Nur etwas Mut gehört dazu. So wie die Engländer ihren Trockenmauerwall im Rasen stehen haben, wird in die Nähe der Terrasse in den Rasen ein einige Quadratmeter großer Kakteenhügel gesetzt, der nach Nordwest aus geschichteten Steinen besteht und ziemlich steil ist, nach Süden und Südosten aber flach ausläuft.

Die kleinsten Kakteengärten sind Balkonkästen. Eigentlich sind Opuntien bessere Pflanzen für diesen Zweck als Pelargonien und Petunien, aber wegen der Stacheln werden sie meist nur von den Kakteenfreunden dort geduldet. Die Opuntien sind Flachwurzler, deshalb kommen sie mit verhältnismäßig wenig Erde aus.

Viele lieben eine exotische Ecke an der Terrasse, zu denen verschiedene Kübelpflanzen gesellt werden. Besser ist es, diese Sommergäste in den Rasen „einzusenken", als nur dazu zu stellen. Große Kübelagaven, Hochstamm-Yucca und hohe Säulenkakteen ergänzen die winterharte Pflanzung. Größere Terrassenflächen gewinnen an Wirkung, wenn sie von ein oder mehreren Pflanzflächen unterbrochen sind. Gerade an solchen „brandheißen" Plätzen gedeihen besonders die starkwüchsigen Opuntienarten sehr gut und blühen dort auch reich.

Bleibt noch der eine oder andere Sammler, der sein Sortiment im kalten Kasten oder im ungeheizten Kleingewächshaus unterbringt. Weiteres über Verwendungsmöglichkeiten finden wir im ersten Teil des Buches.

Bodenvorbereitung und Pflanzung

Hinsichtlich des Bodens ist man oft der Meinung: je steriler, desto besser. Das ist falsch. Die Erdmischung spielt zwar keine so große Rolle, doch wird ein reiner, fast steriler Mineralboden kein Optimum an Wachstum bringen. Schon Dr. Purpus schreibt, daß die Kakteen für einen nährstoffreichen Boden sehr empfänglich sind. Die kümmerliche Vegetation in den Kakteengebieten beruht nicht auf Nährstoffmangel, sondern auf zu geringen Niederschlägen. Wer also einen guten Zuwachs haben will, muß eine Schicht nährstoffreichen Boden (die nicht sehr stark zu sein braucht) bieten und auch genügend Feuchtigkeit während der Vegetationsperiode. Im Gegensatz zu manchen Veröffentlichungen muß darauf hingewiesen werden, daß ein leicht kalkhaltiger bis neutraler Boden vorgezogen wird. Ein leicht anlehmiger, poröser, bröckeliger Verwitterungsboden, der zudem noch etwas kalkhaltig ist, kommt dem Ideal nahe. Aber, wie gesagt, ausschlaggebend ist die Bodenzusammensetzung nicht, es genügt auch, dem normalen Gartenboden etwas Fluß- oder Kiessand beizumischen.

Viel wichtiger ist die Dränage, gleich ob es sich um eine bepflanzte Schale oder um einen großen Xerophytengarten handelt. Der Kern sollte aus möglichst grobem Material wie Bauschutt, grobem Kies oder ähnlichem bestehen. In Schalen hat sich grob zerkleinertes Styropor-Verpackungsmaterial bewährt (geringes Gewicht). Auf das grobe Grundmaterial kommt eine Schicht feineres Material, das ebenfalls gut wasserdurchlässig sein muß, wie Kiessand 0–3 mm oder feines Styromull. (Das federleichte Styromull nur bei völliger Windstille verarbeiten, sonst wirbeln die Flocken im ganzen Garten herum.) Auf diese feine Dränage kommt die nährstoffreiche Schicht, es genügt für die flachwurzelnden Kakteen meist schon eine Stärke von 10 cm. Es ist dabei nicht ganz einfach, die Erde auf die Styromullschicht aufzubringen. Am besten streut man erst einmal dünn Erde auf die ganze Fläche, bis nicht mehr viele weiße Styromullflocken zu sehen sind, ehe man dann nach und nach die ganze Schichtstärke aufträgt. Wird nämlich auf eine Stelle gleich die gesamte Schichtstärke aufgebracht, so gibt es beim Styromull keine gleichmäßige Schicht, sondern Berg und Tal.

Nicht unwesentlich ist eine Bedeckung des Bodens nach der Pflanzung. Besonders bewährt hat sich Blähton in feiner Körnung (3–10 mm), wobei sich Bruchmaterial wegen des natürlichen Aussehens besser eignet, als gleichmäßig kugeliges Material. Deckt man die gesamte Pflanzfläche damit ab, wird der Boden erheblich stärker erwärmt (oft auf 40–45 °C). Auch ein Zusatz zur eigentlichen Pflanzerde, bis zu 30 %, hat sich sehr gut bewährt.

Keinesfalls sollte auf den Einbau größerer, dekorativer Steine verzichtet werden. Bei Kakteen lassen sich praktisch alle Arten von Steinen verwenden, doch dürfen sie keinesfalls wild durcheinander gewürfelt sein. Es können Nester von großen Kieseln sein, Urgesteinsbrocken, roter Wesersandstein, schwarzer Schiefer, heller Muschelkalk. Im Staudensichtungsgarten in Weihenstephan wurden sogar Betonbrocken aus dem Fundament des alten Instituts dafür verwendet. Größere Gesteinsbrocken speichern zusätzlich Wärme, was den davor gepflanzten Kakteen zugute kommt.

Es ist nicht ganz einfach, Kakteen, besonders vielgliederige Opuntien, zu pflanzen; nicht wegen des Anwachsens, das geht ohne Schwierigkeit vor sich, sondern wegen der Stachen. Wer die ersten schmerzlichen Erfahrungen mit den Stacheln hinter sich hat, aber auch mit den feinen Glochiden, der weiß ein Lied davon zu singen. (Näheres im Abschnitt „Geräte und Hilfsmittel".) Zur Pflanztiefe wäre zu sagen, daß man ältere Pflanzen so tief setzt wie sie vorher gestanden haben. Frisch bewurzelte Opuntienglieder werden nur so tief gepflanzt, daß sie gerade in der gewünschten Stellung halten.

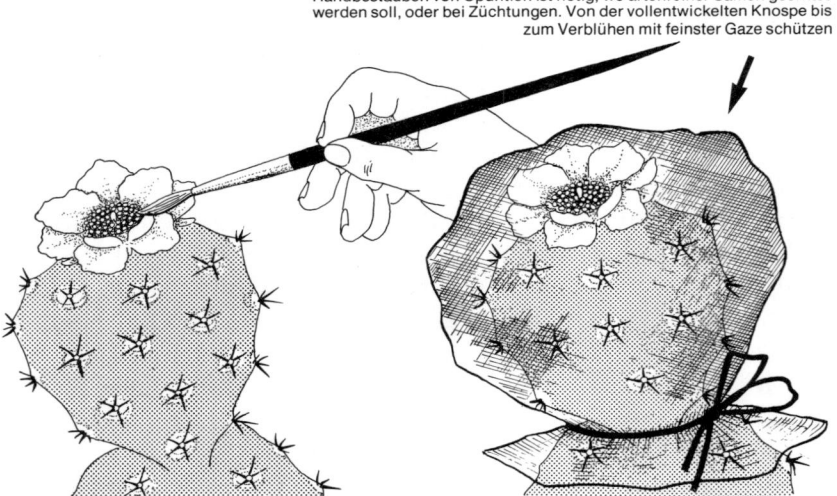

Handbestäuben von Opuntien ist nötig, wo artenreiner Samen geerntet werden soll, oder bei Züchtungen. Von der vollentwickelten Knospe bis zum Verblühen mit feinster Gaze schützen

Generative Vermehrung

Gerade dem Liebhaber winterharter Kakteen wird oft gar nichts anderes übrig bleiben, als zur Vermehrung durch Samen zu greifen, wenn er sein Sortiment erweitern oder vermehren will. Das gilt besonders für die Kugel-

Gewinnung von Opuntiensamen aus alten
stacheligen Samenkapseln des Vorjahrs

1 Einweichen der Kapseln in Wasser
  (1-2 Tage)
2 Zerreiben im Mörser
3 Durchspülen des zerriebenen,
  gequollenen Fruchtfleisches
4 Aufbewahren des gut getrockneten
  Samens in einem sterilen Glas

kakteen. Ideal ist es, wenn auch selten, wenn man Samen vom Naturstandort erhält. Öfter ist der Samentausch zwischen Hobbygärtnern oder der Bezug von einer Samenhandlung die Grundlage des Samenbesitzes. Aber
auch eigene Ernte kommt in Frage. Bei Opuntien besteht keine Gefahr,
aber bei den Kugel- und Säulenkakteen muß man im Freiland aufpassen.
Bei der Reife ist das Fruchtfleisch ein Leckerbissen für die Ameisen, die es
stückchenweise wegschleppen mit den anhaftenden Samen. Im Gegensatz
zu vielen anderen Pflanzen, wie z. B. den alpinen Gewächsen, bringt eine
Aussaat sofort nach der Ernte keine Vorteile, sondern Nachteile: frischer
Kakteensamen keimt schlechter; er sollte vor der Aussaat etwa ein Jahr ab-
gelagert sein. Es ist nichts zu befürchten, der Samen von Kakteen bleibt
etwa 10–20 Jahre keimfähig. Bester Aufbewahrungsort sind Papiertüt-

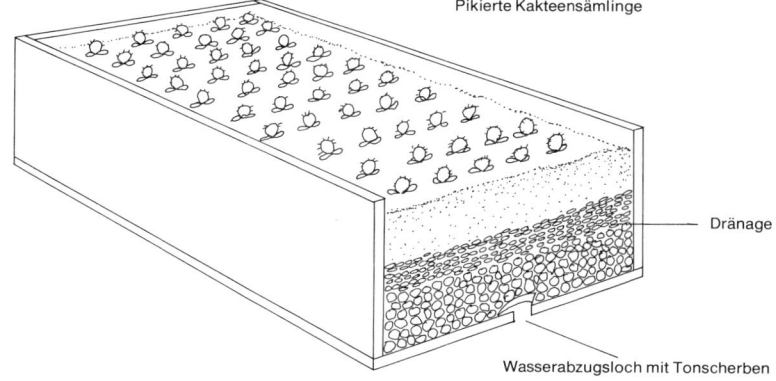

Pikierte Kakteensämlinge

Dränage

Wasserabzugsloch mit Tonscherben

chen, wobei eine gewissenhafte Beschriftung selbstverständlich ist. Keinesfalls sollte das Saatgut in dichte Kunststofftüten oder -schachteln kommen, das führt in kurzer Zeit zu Schimmelbildung.

Die Aussaat von Kakteen unterscheidet sich nur wenig von der anderer Pflanzen. Ein gewisser Vorteil liegt in der Größe der Samen. Dadurch ist eine gleichmäßigere Aussaat gewährleistet als etwa bei den staubfeinen Samen von *Sempervivum* und *Sedum*. Als Saatgefäß nimmt man je nach Samenmenge Töpfe, Schalen oder Kistchen. Obwohl etwas mehr auf gleichmäßige Feuchtigkeit geachtet werden muß, ziehe ich solche aus Ton gegenüber Kunststoffmaterial vor. Guter Wasserabzug muß gewährleistet sein, deshalb wird der Boden des Aussaatgefäßes etwa fingerdick mit Topfscherben belegt. Die Zusammensetzung der Erde ist nicht so wichtig, es genügt, daß sie möglichst steril und durchlässig ist. Käufliche Kakteenerde, der man etwas Torf beimischt, eignet sich. Aber auch TKS 1 oder ein ähnliches Substrat, das 1:1 mit Fluß- oder Kiessand vermischt ist, bietet sich an. Eine andere Mischung ist $\frac{1}{3}$ scharfer Sand, $\frac{1}{3}$ Torf und $\frac{1}{3}$ gedämpfte (sterile) Komposterde. Durch die gut sichtbare Größe des Samenkorns besteht die Gefahr der zu dichten Aussaat nicht. Das Korn muß gut mit Erde übersiebt werden, so daß es etwa 2–4 mm bedeckt ist, je nach Größe. Verschiedentlich wird empfohlen, zum Übersieben Ziegelgrus der Körnung 1–1,5 mm zu nehmen.

Während die Kugelkakteen durchschnittlich nach einer Woche keimen, benötigen die Opuntien 3–6 Wochen, wobei die Keimung selbst sehr unregelmäßig ist und sich über einen längeren Zeitraum erstreckt. Man kann etwas nachhelfen und die hartschaligen Opuntiensamen anfeilen, mit einem Holzhammer beschädigen (etwas quetschen), einige Tage im warmen Wasser vorquellen oder zusammen mit scharfem Sand zwischen Holzbrettchen reiben.

Kakteensamen benötigen eine höhere Keimtemperatur als andere winterharte Blütenstauden. Das Optimum liegt zwischen 24 und 28°C. Eine

Verschiedene harte sukkulente Pflanzen. Oben links: Bei den Agaven ist A. megalacantha am dankbarsten in jeder Hinsicht. Schutz vor Winternässe. Oben rechts: Rosularia chrysantha wird von weniger geschulten Gartenfreunden oft als Sempervivum angesehen. Mitte links: Der Sternwurz, Umbilicus spinosus, ist eine eigenartige Pflanzengestalt aus Ostasien. Mitte rechts: Delosperma cooperi, das ausdauernde Mittagsblümchen, ist nicht überall hart. Unten: Sempervivella sedoides; links die Blattrosetten mit den Ausläufern und rechts die Blüte.

natürliche Nachtabsenkung ist von Vorteil. Wer elektrisch beheizte Saat-
schalen benützt, ist zeitlich unabhängiger, sonst ist es gleich, ob das Saatgefäß im Frühbeetkasten, auf der Fensterbank oder im Kleingewächshaus
steht. Eine zu frühe Aussaat kommt da sowieso nicht in Frage. Mai bis Juli
ist die beste Zeit.

Empfehlenswert ist eine Beizung des Saatguts, da an den Samen meist
noch etwas vertrocknetes Fruchtfleisch ist, welches später zu Fäulnis Anlaß
geben kann. Die quecksilberhaltigen Beizen, die jahrzehntelang verwendet
wurden, sind wegen ihres Schwermetallgehalts aus dem Handel gezogen. Es
empfiehlt sich eine Naßbeize mit Chinosol oder Kaliumpermanganatlösung
(Samen in feinem Gazetuch mehrere Stunden in Beizlösung hängen).

Bei längerliegenden Samen (z. B. Opuntien), bei denen ein Vermoosen
der Anzuchtgefäße zu befürchten ist, ist es von Vorteil, die Oberfläche mit
zerriebenem Sphagnummoos zu bestreuen. Die Moosbildung erfolgt dann
auf dem Sphagnumteppich, der später abgezogen werden kann. Andererseits wird durch die lockere Auflage die Keimung nicht behindert. Alle
Aussaatgefäße sollen hell, aber nicht in voller Sonne stehen und gleichmäßig mildfeucht gehalten werden. Gut ist es, nicht zu gießen sondern die Gefäße mit einem Einhandsprüher feucht zu halten.

Der Anfänger ist erstaunt, zwei dicke Keimblätter zu sehen, zwischen
denen sich dann der stachelige Kakteenkörper bildet. Meist können die
Sämlinge bis zum kommenden Frühjahr im Aussaatgefäß stehen bleiben,
falls nicht doch zu dicht gesät wurde. Verpflanzt wird normalerweise erst,
wenn der Durchmesser 1 cm beträgt. Auch in diesem Stadium muß noch
leichter Sonnenschutz gegeben werden. Wenn die Sämlinge lange Zeit in
den Aussaatgefäßen stehen bleiben, besteht die Gefahr, daß sich an der
Oberfläche eine zu hohe Alkalität ausbildet, was den Jungpflanzen schadet.
Es ist deshalb vorteilhaft, dem Gießwasser etwas Phosphorsäure zuzuge-
ben. Es ist auch gut, sie im Jugendstadium 14tägig mit einer Lösung von 3 g
Kaliumphosphat auf 10 l Wasser zu düngen.

Oben: Zu den härtesten Delosperma-Arten gehört Delosperma lineare. Unter dieser
Bezeichnung gibt es sie im Handel. Die Namensechtheit ist nicht voll geklärt. Die
Blüte dauert nur kurz. In der übrigen Zeit schmückt das frischgrüne Polster. Unten
links: Portulaca grandiflora 'Sunglow F₁' bringt gut gefüllte Blüten in reichem Farb-
spiel. Es ist eine dankbare sukkulente Sommerblume, deren Anzucht keine Schwie-
rigkeiten macht. Unten rechts: Noch verbreiteter und beliebter ist das einjährige Mit-
tagsblümchen.

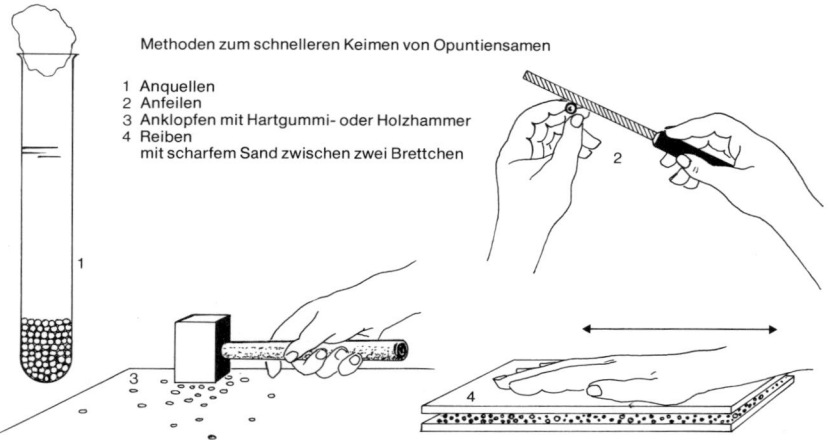

Methoden zum schnelleren Keimen von Opuntiensamen

1 Anquellen
2 Anfeilen
3 Anklopfen mit Hartgummi- oder Holzhammer
4 Reiben
  mit scharfem Sand zwischen zwei Brettchen

Bleibt noch das Pikieren, was am besten mit einem bleistiftähnlichen Holz geschieht. Wird frühzeitig pikiert, empfiehlt sich eine Pikierschale, wobei nicht zu weitflächig gearbeitet werden sollte, da Kakteen „Tuchfühlung" lieben. Sind die Sämlinge groß genug, kommen sie gleich in kleine Tontöpfe.

Vegetative Vermehrung

Mit wesentlich geringerer Mühe geht die vegetative Vermehrung vor sich. Bei gut sprossenden Kugelkakteen, z. B. bei *Echinocereus triglochidiatus*,

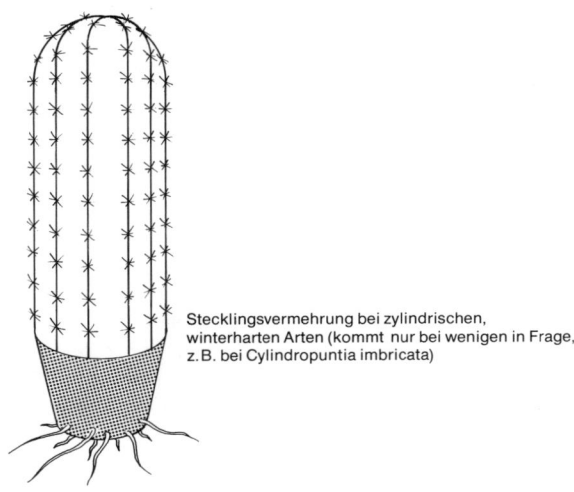

Stecklingsvermehrung bei zylindrischen, winterharten Arten (kommt nur bei wenigen in Frage, z.B. bei Cylindropuntia imbricata)

bei denen sich schon an jungen Pflanzen Sprosse bilden, können diese abgenommen und einzeln in sandige Erde gepflanzt werden. An ihnen befinden sich schon meist kleine Wurzeln.

Es kommt bei säuligen Freilandkakteen nur selten vor, daß man Stecklinge macht, doch soll die Methode kurz erwähnt werden. Der glatt abgeschnittene Steckling wird unten etwas angespitzt, damit die Wurzelbildung nicht am Rand erfolgt. Alle Schnittflächen sollten vor dem Stecken 1–2 Tage an der Luft abtrocknen. Die Erdmischung darf dabei keinesfalls feucht sein und sollte an der Oberfläche mit Holzkohlepulver überstreut werden, um Fäulnisbildung zu verhindern. Der alte Pflanzenteil, dem der Steckling entnommen wurde, treibt bald wieder neue Sprosse, oft wird er dadurch erst angeregt. Die sonst bei der Stecklingsvermehrung oft verwendeten chemischen Bewurzelungshormone bringen bei Kakteen keine Vorteile.

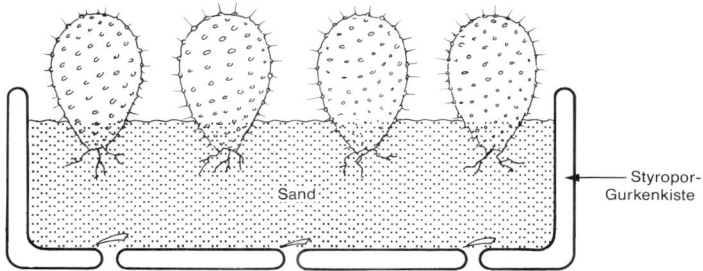

Stecklingsbewurzelung bei Opuntien

Sand

Styropor-Gurkenkiste

Völlig problemlos ist die vegetative Vermehrung von Opuntien. Die einzelnen Glieder werden an der unteren, schmalen Ansatzstelle (im Gegensatz zu Blattkakteen) abgeschnitten, einen Tag abgetrocknet und in reinen Fluß- oder getrockneten Kiessand gesteckt. Gut eignen sich als Vermehrungskästen holländische Styropor-Gurkenkisten. Sie werden in den kalten Kasten oder ins Kleingewächshaus gestellt und nur selten etwas gegossen. Schon nach kurzer Zeit sind die einzelnen Glieder bewurzelt und können dann in Tontöpfe oder gleich ins Freiland gepflanzt werden. Diese Art Stecklingsvermehrung empfiehlt sich von Mai bis August. Auch frische Jungtriebe lassen sich im gleichen Jahr noch zur Bewurzelung bringen.

Es gibt noch einige weitere, weniger übliche Methoden der vegetativen Vermehrung. Bei stark warzigen Kakteen können einzelne Warzen abgeschnitten und zur Bewurzlung gebracht werden. Bei stark rippigen Kakteen werden einzelne Rippen amputiert und nach gutem Abtrocknen gesteckt. Viele Opuntien neigen von Natur aus dazu, an den erdaufliegenden Stellen

Wurzeln zu bilden. Das kann man sich zunutze machen und diese Teile abschneiden und neu auspflanzen.

Schädlinge

Grundsätzlich kann gesagt werden, daß winterharte Kakteen im Freiland weit weniger unter Schädigungen tierischer oder pilzlicher Art zu leiden haben als Gewächshauskulturen. Daß mit steriler Aussaaterde gearbeitet werden muß, wurde schon erwähnt, und daß das verwendete Gerät ebenfalls sauber sein muß, ist Voraussetzung dafür, daß die gefürchteten Vermehrungspilze nicht auftreten. Treten diese trotzdem einmal auf, hilft nur sofortiges Umpikieren in sterile Erde.

Besonders bei größeren Opuntienpflanzungen, die im Winter ungeschützt sind, tritt die Trockenfäule auf, und zwar an erdnahen und verschrumpelten Gliedern, die flache Schüsseln bilden, in denen das Regenwasser bei wiederholten Niederschlägen steht. Es entstehen bräunliche oder schwärzliche Umbildungen, die eintrocknen. Feuchtes Winterwetter beschleunigt diesen Vorgang. Ein wirkungsvolles Bekämpfungsmittel gibt es noch nicht, bei Opuntien ist es nicht ganz so schlimm, da immer nur einige Glieder befallen werden und eine ganze Anzahl unbeschädigt den Winter überstehen. Im Frühling werden alle braunen Glieder entfernt und teilweise befallene ausgeschnitten.

Bei Kugelkakteen kann man hin und wieder den Befall von Wurzelläusen feststellen. Man braucht in den wenigsten Fällen zu verpflanzen, es genügt, während der Vegetationsperiode die Erde um die Pflanzen einmal in 1–2 Wochen gut feucht zu halten. Zusätzliches Gießen mit Nemafos (0,1 %) oder Propoxur (Unden) ist in ernsteren Fällen anzuraten. Opuntien werden hin und wieder auch im Freiland an warmen Stellen von Schildläusen befallen. Mechanische Entfernung hilft meist nur vorübergehend. Auch hier ist eine wiederholte Behandlung z. B. mit Propoxur (Unden) empfehlenswert.

Die größten Schäden im Freiland werden durch Schneckenbefall angerichtet. Besonders Opuntien-Jungtriebe sind für sie ein Leckerbissen, aber auch Sämlinge und Blüten werden nicht verschont. Auch Asseln können ähnliche Schädigungen verursachen. Schnecken kann man aber leicht und sicher mit Schneckenkorn vernichten.

Blütenschäden treten durch Ohrwürmer auf, sie fressen zarte Blütenteile oder zerstören auf der Suche nach Nektar das übrige. Um die Pflanzen werden am Abend einige Knäuel leicht zerknülltes und schwach angefeuchtetes

Zeitungspapier gelegt. Am Morgen haben sich die Ohrwürmer darin verkrochen und können vernichtet werden.

Gelbfärben von Kakteen ist meist auf schlechte Dränage, also auf zu viel Feuchtigkeit, zurückzuführen. Hier hilft nur umpflanzen.

Düngung

Es ist ein ziemlich verbreiteter Irrtum, daß Kakteen und besonders Freiland-Kakteen keine Düngung benötigen. Man muß sogar sagen, daß es wenige Pflanzen gibt, die den Boden so auslaugen wie die Opuntien im Freiland. Werden sie nicht gedüngt und ist der Boden zusätzlich ziemlich mager, haben sie oft nur eine Lebensdauer von 5 Jahren, wie Erfahrungen aus verschiedenen Ländern zeigen. Am Naturstandort werden durch die starken Temperaturgegensätze genügend mineralische Stoffe aufgeschlossen und der Ernährung der Kakteen zugänglich gemacht. Zwergwuchs ist meist auf zu wenig vorhandene Feuchtigkeit zurückzuführen.

Die Freilandkakteen vertragen während der Hauptvegetationszeit (Juni-Juli) sehr gut Düngegaben, die dann auch den Zuwachs positiv beeinflussen. Geeignet sind die käuflichen, stickstoffarmen Kakteendünger, aber auch eine 1–2malige Gabe einer schwachen Lösung eines Blaukornvolldüngers oder von Peru-Guano flüssig wird gut vertragen und beeinflußt das Wachstum positiv. Während der Ruhezeit wird die Düngung selbstverständlich völlig eingestellt. Bei Neuanlagen größerer Opuntienpflanzungen schadet ein Zusatz von käuflichem pulverisiertem Rinderdünger nicht.

Pflegearbeit

Die Pflegearbeiten bei Freilandkakteen sind geringer als bei anderen Freilandpflanzungen. Bei Neuanlagen muß natürlich besonders auf unkrautfreie Erde geachtet werden. Dauerunkräuter dürfen nicht vorhanden sein. Es ist unmöglich, später eine Ackerwinde aus einem Opuntiengewirr zu entfernen. Schon die Beseitigung des normalen Unkrautanflugs macht bei diesen stachelbewehrten Pflanzen Schwierigkeiten. Unkräuter sollten schon im Jugendstadium vertilgt werden, unter Verwendung der auf Seite 223 angeführten speziellen Hilfsmittel.

Bei längeren Trockenperioden im Sommer muß auch gewässert werden, so paradox das auch klingt. Fein verdüstes Wasser ist besser als ein Platzregen aus der Gießkanne.

Im Frühling werden vertrocknete und verfaulte Stücke sorgfältig ab- und ausgeschnitten. Herrscht gerade eine kühl-feuchte Periode, werden die Schnittstellen mit Holzkohlepulver bepudert. Ärger gibt es, wenn schwachwüchsige Arten mit starkwachsenden zusammengepflanzt werden. Besonders die starkwachsenden Opuntien werden dann laufend abgeschnitten, um die schwächeren Pflanzen zu schützen.

Winterschutz und Regenschutz

Der Anfänger auf diesem Gebiet wird am Anfang erschrecken über die Veränderungen, die die harten Kakteen während der winterlichen Frostperiode durchmachen. Schon im Spätherbst wird der Lebensrhythmus deutlich geändert. Ähnlich dem Zusetzen von Glykol als Frostschutzmittel zum Autokühlwasser wird die Zusammensetzung des Protoplasmas in den sukkulenten Gliedern geändert. Es erfolgt ein gewisses Eindicken des Zellsaftes, der wasserärmer wird. Nach außen hin werden aus den prallsaftig-grünen Gliedern der Opuntien meist fahlgraugrüne, verschrumpelte, faltige, zusammengewölbte Körper. Dieses faltige Aussehen ist nicht bei allen Opuntien gleich stark, sondern von Art zu Art verschieden stark ausgeprägt. Einige Kugelkakteen ziehen sich fast ganz in den Boden zurück, und einige säulige Arten wie z. B. *Opuntia* (syn. *Cylindropuntia imbricata)* mit ihren baumartigen Habitus läßt bei stärkerem Frost die ästigen Triebe einfach hängen. Aufrecht-strauchig wachsende Opuntien überwintern dicht am Boden liegend, um sich erst mit steigender Sonne wieder aufzurichten. Im Februar-März sieht so eine Pflanzung wirklich nicht vertrauenserweckend aus, und selbst Kenner glauben zu dieser Zeit, die eine oder andere Sorte abschreiben zu müssen.

Welchen Schutz benötigen nun die winterharten Kakteen? Es kommt ganz auf die verwendeten Arten an. Pflanzen, die in der Liste mit I A bezeichnet sind, benötigen bei einer einigermaßen funktionierenden Dränage überhaupt keinen Winterschutz, sie stellen keine höheren Ansprüche als Thymian, Schafgarbe und Blauschwingel. In extremen Regenwintern mit wochenlangen Dauerniederschlägen wird zwar hier und da an Gliedern Trockenfäule auftreten, der Schaden kann aber behoben werden (Seite 220). Schnee ist keinesfalls schädlich, im Gegenteil, nur fehlt er in den meisten Gegenden oft. Im eigenen Garten, nahe dem Fichtelgebirge, waren die Freilandkakteen oft schon von Ende November bis Anfang März etwa 40 cm tief eingeschneit. Es zeigte sich dabei keine Schädigung. Im Gegenteil, in diesen Jahren sahen die Opuntien im März besser aus als in Jahren ohne Schnee. Allerdings läßt der Blütenreichtum nach einem solchen Winter viel zu wünschen übrig.

Wie eingehende Versuche gezeigt haben, benötigen die Kakteen auch während der Winterruhe viel Licht, um in der kommenden Vegetationsperiode reich zu blühen, besonders die Opuntien. Die früher oft empfohlene Abdeckung mit dunklem Material, z. B. Fichtenzweigen, ist deshalb schädigend. Sie werden dadurch auch empfindlicher gegen die Frühjahrssonne. Auch alle übrigen Pflanzen der Guppe I, halten unsere Winter in allen Teilen der Bundesrepublik aus, doch ist auf einwandfreie Dränage zu achten! Bei besonders nässeempfindlichen Kakteen wurde dies zusätzlich vermerkt.

Die zur Gruppe II gestellten Arten kann man als bedingt winterhart bezeichnen, sie halten nur bis etwa −10 °C aus, auch die Empfindlichkeit gegen Winternässe ist wesentlich größer. Im Vergleich mit anderen Stauden könnte man sagen, sie entsprechen der Härte von Kniphofien. Im Weinbauklima ist deshalb auch hier noch kein spezieller Schutz nötig, im Gegensatz zu den kälteren Teilen Deutschlands. Eine wesentliche Rolle spielt natürlich das Kleinklima im Garten. Es ist ein Unterschied, ob es sich um eine Wind und Wetter ausgesetzte Stelle an der Südostecke des Hauses oder einen Atriumhof oder um eine nach Süden offene Gebäudenische handelt.

Wo vorsorglich Schutz nötig ist, wird im Spätherbst ein Regenschutz aus Fenster, Kunststoffplatten, starken Folien oder aus Brettern aufgebracht. Wichtig ist bei diesem Schutz, daß eine entsprechende Schneelast einkalkuliert wird und daß zwischen den Pflanzen und dem Schutzmaterial genügend Raum ist, damit die Luft zirkulieren kann. Gute Lichteinstrahlung ist während dieser Zeit soweit wie möglich zu berücksichtigen. Gemischte Pflanzungen, die sowohl Kakteen aus Gruppe I als auch von Gruppe II enthalten, müssen den Ansprüchen der Gruppe II gemäß behandelt werden.

Einfach ist es, Schalen, Tröge und ähnliche bepflanzte Behälter zu schützen, soweit sie transportfähig sind. Sie können in Schuppen, Garagen oder Kellern überwintern, möglichst an einem hellen Fenster.

Besondere Geräte und Hilfsmittel

Wer einmal den „richtigen" Kontakt mit Kakteenstacheln und Glochiden hatte, weiß ein Lied davon zu singen: entzündete Stellen an der Rückseite und am Oberschenkel, langdauerndes Jucken der Finger usw. Schon bald aber lernt man jede unangenehme Berührung mit den Pflanzen vermeiden. Es gibt spezielle Kakteenzangen. Wo nicht erhältlich, genügt schon eine im Labor verwendete Tiegelzange. Gut bewährt hat sich bei größeren Pflanzen auch eine Grillzange, wie sie zum Wenden von Bratwürsten und Heringen benützt wird und die es in jedem Eisenwarengeschäft zu kaufen gibt.

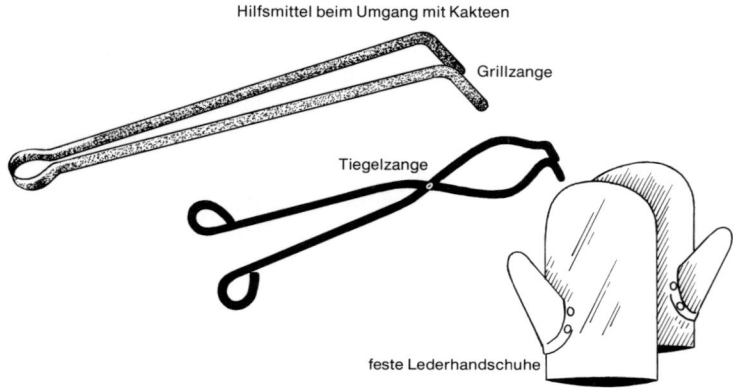

Hilfsmittel beim Umgang mit Kakteen

Grillzange

Tiegelzange

feste Lederhandschuhe

Dicke Lederhandschuhe gehören ebenfalls zur Grundausrüstung, in der Art, wie sie Bauarbeiter zum Abladen von kantigen Steinen benützen. Trotzdem werden auch sie auf die Dauer besonders den feinen Glochiden nicht widerstehen können.

Alle anderen Kleingeräte sollten möglichst langstielig sein, auch bei der Pflanzkelle nimmt man die besonders langgezogene Form. Zur Unkrautentfernung bewährt sich ein langstieliges Messer, notfalls bastelt man sich ein solches Hilfsmittel selbst zusammen.

Lewisien

Es ist unverständlich, daß die nordamerikanische, alpine *Lewisia*, auch Bitterwurz genannt, so wenig bei uns verbreitet ist. Erst durch die angebotenen Samen der in England entstandenen Hybriden (z. B. 'Sunset Strain') scheint der Bann gebrochen zu sein. Lewisien mit ihren sukkulenten Rosetten sind keine Allerweltspflanzen, es müssen zum guten Gedeihen bestimmte Bedingungen erfüllt werden, sie sind aber andererseits aus Samen leicht reproduzierbar. Besonders die Hybriden sind dem Anfänger zu empfehlen, da sie widerstandsfähiger sind als die meisten Arten. Bei den Arten haben nicht alle den gleichen Gartenwert, und die immergrünen sind wesentlich gartenwürdiger als die laubabwerfenden Arten. *Lewisia congdonii, L. disepala, L. maguirei, L. nevadensis, L. oppositifolia, L. sierrae* und *L. triphylla* sind nur für den Sammler interessant und zum größten Teil auch schwer erhältlich (außer *L. nevadensis*). Sie sind gut kombinierbar mit winterharten Kakteen, aber auch mit *Sempervivum* lassen sich gute Pflanzungen machen. Die Lewisien sind voll winterhart, die immergrünen Arten und Hybriden jedoch extrem empfindlich gegen Nässe, besonders im Winter.

Systematik der Gattung Lewisia

Die folgende Systematik beruht auf einer Veröffentlichung von Roy Elliot im Alpine Garden Society's Bulletin aus dem Jahre 1966.

1. Sektion Cotyledon
L. cantelovii J. T. Towell
L. columbiana (Howell) Robins.
L. congdonii (Rydb.) J. T. Howell
L. cotyledon (Wats.) Robins.
L. leana (Porter) Robins.
L. tweedyi (Gray) Robins.

2. Sektion Pygmae
L. brachycalyx Engelm. ex Gray

L. *kelloggii* K. Brandegee
L. *nevadensis* (Gray) Robins.
L. *oppositifolia* (Wats.) Robins.
L. *pygmae* (Gray) Robins.
L. *sierrae* Ferris.
L. *triphylla* (Wats.) Robins.

3. Sektion Rediviva
L. *disepala* Rydb.
L. *maguirei* A. H. Holmgr.
L. *rediviva* Pursh

Lewisia-Arten

Lewisia brachycalix Engelm. ex Gray
(syn. *Lewisia brachycarpa* Wats.)
Utah, Arizona, Neumexiko, S-Kalifornien. Gehört zu den im Winter einziehenden Arten und ähnelt *L. nevadensis*. *L. brachycalix* hat jedoch breitere Blätter und größere, reinweiße Blüten. Auf einem kurzen, dicken Wurzelstock mit langen, verzweigten Wurzeln, sitzen die stark beblätterten Rosetten. Die Blätter sind fleischig, 3,4–6 cm lang, breitverkehrt-lanzettlich mit gerundeter Spitze und von gräulichgrüner Farbe. Aus dem Zentrum treiben viele Blütenstiele, die kürzer sind als die Blätter. Die Blüten messen 3,5–4 cm ⌀ und haben 5–9 weiße Blumenblätter, 1,3–2,5 cm lang, sind vereinzelt auch rosa überhaucht. Höhe der Pflanze 5–8 cm. Blütezeit Mai bis Anfang Juni. Beste Verwendung in Trögen und Schalen. Sehr leicht aus Samen zu vermehren. Gut winterhart. Liebt sonnigen Platz. Verträgt ausnahmsweise auch gut Bodenfeuchtigkeit.

Lewisia cantelovii J. T. Howell
Sierra Nevada, Kalifornien, an feuchten Felsen. Immergrüne Pflanze mit halbkugeligem Wurzelstock und fleischigen, verzweigten Wurzeln. Die grundständigen Blätter sind unbedeutend gestielt, 2–5 cm lang und flach, verkehrt-lanzettlich, an der Spitze gerundet oder leicht eingekerbt. Die Blütenstiele sind hoch und schlank (15–40 cm) und an der Spitze verzweigt. Stengellaub lanzettlich. Es ist eine der Lewisien, die aus lockeren Rosetten vielblütige Blütenstände treiben. Nahe verwandt mit der seltenen *L. congdonii*. Unterscheidet sich durch das scharf gezähnte Laub. Von der eben-

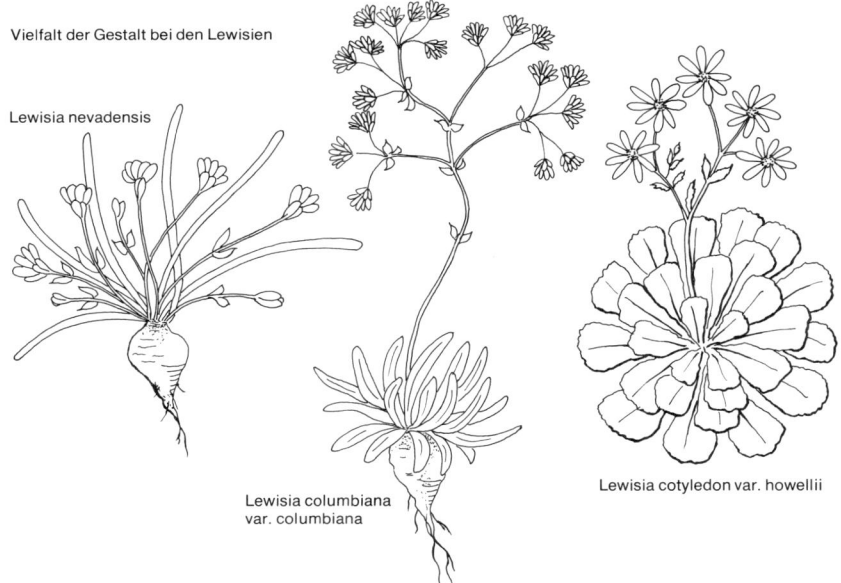

Vielfalt der Gestalt bei den Lewisien

Lewisia nevadensis

Lewisia columbiana
var. columbiana

Lewisia cotyledon var. howellii

falls gezähntblätterigen *L. cotyledon* var. *heckneri* ist sie deutlich unterschieden durch das schmale Laub und den graziöseren Blütenstand und
kleinere Blüten. Wächst am Heimatstandort an senkrechten Felsen, besonders in der Nähe von Flüssen, meistens zwischen Moos. Im Frühling und im
Frühsommer ist es dort feucht, im Hochsommer und im Herbst aber trok-
ken. Will keine prallsonnige Lage, sondern zieht einen nach Norden geneigten Stand vor oder will im Schatten von Sträuchern stehen. Die Blüte selbst
ist zwar nicht aufregend, doch die schönen Rosetten und die sehr lange Blütezeit (beginnt schon im Mai und remontiert im August und September)
machen sie empfehlenswert. Leider selten in Kultur.

Lewisia columbiana var. *columbiana* (Howell) Robins.
(syn. *Lewisia eastwoodiana* Purdy)
Britisch-Kolumbien, Washington, Vancouver Island bis zur arktischen
Zone. Auf einem kurzen Wurzelstock mit dicken, fleischigen Wurzeln sitzen die Rosetten, gebildet aus grundständigen, zahlreichen, dicken und fleischigen Basalblättern, 3,5–10 cm lang, schmal verkehrt-lanzettlich. An einzelnen, 15–35 cm hohen Stielen mit geringen Stengelblättern stehen die
schönen Blüten. Die Blumenblätter sind weiß, rosa mit Weiß oder Purpur-

rosa, zu 4–7 stehend, gezähnt und länglich, 0,7 cm lang. Steht gerne zwischen Steinen in voller Sonne. Für Tröge und Kübel aber auch ausgepflanzt im Steingarten. Vermehrung durch Samen. Im Handel sind auch Typen mit schwefelgelben bis ockergelben Blüten. Die Handelssorte 'Rosea' hat feineres Blattwerk und die Blüten sind weiß mit rosa Aderung.

Lewisia columbiana var. *rupicola* C. H. Hitchc.
(syn. *Lewisia rupicola* English, *L. columbiana* ssp. *rupicola* (English) Ferris)
Oregon. Im Aussehen zwischen den typischen *L. columbiana* und der Varietät *L. columbiana* var. *wallowensis* stehend. Kurzer Wurzelstock mit dikken, fleischigen Wurzeln. Grundständiges Laub, an der Spitze gerundet. Stiele 10–25 cm hoch, vereinzelt mit drüsigen Hüllblättern. Blütenstand kurz und mit wenigen Blüten besetzt. Blumenblätter normalerweise magentarot. Blüht im Mai-Juni. Die Blüten sind hübscher als die von *L. cantelovii*. Es gibt eine Hybride zwischen *L. columbiana* var. *rupicola* und *L. columbiana* 'Rosea' unter dem Namen *L.* × *edithae*. Auch unter dem Namen *L. eastwoodii* bekannt, mit schönen magentarosa Blüten. Sie ist steril, deshalb Vermehrung durch Blattstecklinge.

Lewisia columbiana var. *wallowensis* C. L. Hitchc.
Wallowa Mountains, in Oregon und Idaho. In allen Teilen kleiner als die typische *L. columbiana*, dichte Polster bildend. Die immergrünen Blätter sind auch dünner und meist unter 3,5 cm lang. Der Wurzelstock ist kurz und hat fleischige Wurzeln. Die Blütenstiele sind fein und 5–16 cm lang. Blumenblätter 7–10 mm lang, weiß, meist weiß rosa geadert. Blütezeit Mai-Juli. Am Naturstandort gute Polster zwischen Basaltsteinen.

Lewisia congdonii (Rydb.) J. T. Howell
(syn. *Lewisia columbiana* ssp. *congdonii* (Rydb.) Ferris)
Westl. Ausläufer der Sierra Nevada, Kalifornien. Fast immergrün. Die zahlreichen meist grundständigen, verkehrt-lanzettlichen, spitzen, dunkelgrünen und weniger fleischigen Blätter sitzen auf einen Wurzelstock mit kurzen Wurzeln. Die Blätter selbst sind glattrandig und 5–10 cm lang. Der aufrechte Stengel kann 20–50 cm hoch werden. Die Stengelblätter bilden sich zur Spitze hin immer mehr zurück in drüsige, gezähnte Brakteen. Der Blütenstand ist gut verzweigt und vielblütig. Die Blütenfarbe ist rosa und die Blumenblätter sind etwa 1 cm lang. Blütezeit April-Juni. Am Heimat-

standort steht sie an ziemlich steilen Felsen zwischen Moos in kleinen Gruppen. Meist an nordwestlichen Seiten. Obwohl *L. congdonii* die größte Lewisie ist, ist sie kaum in Kultur.

Lewisia cotyledon (Wats.) Robins., Markisenblume
Oregon, NW-Kalifornien an felsigen Plätzen. Auf 1–2 cm starkem Wurzelstock mit ziemlich dicken Wurzeln sitzen die immergrünen Rosetten. Die zahlreichen Basalblätter sind 4–12 cm lang, spatelförmig, wobei der breiteste Teil nahe der Spitze ist. Die Blattränder sind glatt, aber gelegentlich gewellt. Die Blütenstiele können bis 30 cm hoch werden mit 2–4 gegenständigen Brakteen unterhalb des Blütenstandes. Die Blumenblätter, die zu 8–10 stehen sind weiß, rosa oder lachsfarben, oft mit weißen Streifen. Die Staubfäden sind kürzer als die Blumenblätter, bis 13 mm lang. Die Blüteperiode dauert von April bis Juli. Vermehrung durch Blattstecklinge und Samen. Für Tröge und Kübel, Steingärten aber auch für das Alpinenhaus. In senkrechten Fugen, guter Nachbar zu *Campanula portenschlagiana*.

   L. cotyledon 'Finchae' ist ein variabler Typ aus Oregon. *L. cotyledon* 'Alba' hat besonders schöne Blattrosetten und reinweiße Blüten. Wertvoll und selten.

L. cotyledon (Wats.) Robins. 'Caroll Watson' A. M.
Eine reingelbe Form von *L. cotyledon*, die in den Siskiyou Mountains in nur 600 m Höhe gefunden wurde (niederstes Lewisien-Vorkommen!). Die Blütenfarbe ist ohne andersfarbige Streifen oder Schattierungen und deshalb klar zu unterscheiden von anderen als „gelbblühend" bezeichneten *Lewisia*, wie sie in 'Sunset Strain' vorkommen. Fällt allerdings nicht treu aus Samen und muß deshalb vegetativ vermehrt werden.

L. cotyledon var. *heckneri* (Morton) Munz
(syn. *L. heckneri* Morton)
Trinity County, Kalifornien. Das flache, fleischige Laub ist im Gegensatz zum Typ stark gesägt und nicht eingerollt und an der Spitze abgestumpft, etwa 6,5–12 cm lang, Blumenblätter etwa 3 cm lang, hell bis tiefrosa. Blütezeit April bis Juni. Vermehrung durch Blattstecklinge. Im Handel sind 'Heckneri Large flowerd Hybrids' mit breiten, spatelig-ovalen, bezähnten Blättern, großblumig, lachsrosa blühend. 'Heckneri Selected' hat eine sehr schöne, große Blattrosette und ist großblumig lachsrosa.

L. cotyledon var. *howell ii* (Wats.) Jeps.
(syn. *L. howellii* Robins.)
Humboldt und Siskiyou Counties, Kalifornien bis südl. Oregon. Ziemlich schmale Blätter, die nach innen gerollt und gewellt sind. Formt große Rosetten mit bis zu 16 cm ∅ und mehr. Meist tiefrosa Blumenblätter aber auch manchmal ins Aprikosenfarbene gehend, manchmal das Zentrum karmin meist gestreift, ca. 1,6 cm lang. Blütezeit April-Juni. Vermehrung durch Blattstecklinge und Rosettenstecklinge im späten Frühling. 'Selektion Eschmann' hat weiß-karminrot gebänderte Kronblätter. In der Kultur sind *L. cotyledon*, *L. cotyledon* var. *heckneri* und *L. cotyledon* var. *howellii* stark hybridisiert und kaum mehr rein zu erhalten.

Lewisia disepala Rydb.
(syn. *Lewisia rediviva* var. *yosemitana* K. Brandegee)
Gipfel um das Yosemite Tal und Sierra Nevada auf felsigem Boden. Ziemlich selten. Nicht immergrün, ähnlich einer kleinen *L. rediviva*. Kurzer Wurzelstock, etwa 7 mm ∅ mit verzweigten, kurzen Wurzeln. Blütenstiel länger als die Blätter. Einzelblütig immer mit zwei Kelchblättern und mit 2–3 trockenhäutigen, durchscheinenden Brakteen. Blüht im Mai-Juli.

Lewisia kelloggii K. Brandegee
(syn. *L. yosemitana* Jeps.)
Sierra Nevada, von Plumas County bis Mariposa County, Kalifornien, Berge von Zentral-Idaho. Blüht im Frühling nahe der Schneebänke in sandig-granitartigem Boden. Auf dem dicken, fleischigen Wurzelstock sitzen die vielen spatelförmigen Basalblätter mit dunkel rötlichgrüner Färbung, 1,5–4 cm lang. Auffallend querfaltig, wenn trocken. Blütenstengel an der Basis vereinigt von rötlicher Farbe, gewöhnlich kürzer als die Blätter und nach außen geneigt. Blütenstand: eine große Blüte mit Brakteen sitzt gleich nach den großen Kelchblättern. Blumenblätter zu 7–11 stehend, weiß, cremeweiß oder leicht rosa gefärbt, über 1,3 cm lang. Staubblätter tief cremefarbig. Die Blütenknospe ist rosa gespitzt. Blütezeit im Garten Mai-Juli.

Lewisia leana (Porter) Robins.
Trinity und Siskiyou Counties, Kalifornien, Oregon. Auf dem kurzen, dikken Wurzelstock mit verzweigten Wurzeln sitzen die immergrünen Rosetten. Die Blätter sind zahlreich, 1,5–5 cm lang, länglich, zylindrisch, graugrün. Die gewöhnlich 1–4 Stiele sind an der Basis vereinigt und werden

10–25 cm hoch. Der Blütenstand ist ungleich verzweigt, mit Brakteen besetzt, und die Blüten sind sehr zahlreich, im knospigen Zustand purpurkarmin. Die Blumenblätter sind bis 0,6 cm lang, purpurlila, magentarot, rosa oder weiß mit roten Adern. Die 4–8 Staubfäden sind länger als die Blütenblätter. Blütezeit Juni-August. Vermehrung durch Blattstecklinge.

Lewisia maguirei A. H. Holmgr.
Nevada, auf offenem Kalksteinboden. Eine laubabwerfende *Lewisia* mit kurzem, dickem Wurzelstock an der Spitze mit älteren, aufrechten Blättern. Die Wurzeln sind verzweigt und fleischig. Die lineare, verkehrt-lanzettlichen, an der Spitze stumpfen, fleischigen, 0,7 mm–20 mm langen Blätter haben eine auffallende Mittelrippe. Die Stengelblätter sind rosa überhaucht. Auf ein oder mehreren, etwa 2 cm langen Stielen steht der Blütenstand, drei-, manchmal auch zwei- oder einblütig. Dies und die 3–4 Kelchblätter unterscheiden diese Art deutlich von *L. disepala* (mit einer Blüte und zwei Kelchblättern). Blumenblätter meist 7–9, weiß oder hellrosa, 0,7–1,4 cm lang und über 0,3 cm breit.

Lewisia megarhiza (Hemsley) Mac Bryde
(syn: *Calandrina megarhiza* Hemsl., *Claytonia megarhiza* (Hemsl.) Kuntze, *Oreobroma mexicanum* Rydb., *Calandria mexicana* (Rydb.) Pax et K. Hoffmann, *Lewisia mexicana* (Rydb.) Clay, *Oreobroma megarhizum* (Hemsl.) Standl. et Steyermark)
Diese im südlichen Guatemala auf dem Vulkan De Fuego, in der Nähe von Antigua gefundene Pflanze hat sich viele Umbenennungen gefallen lassen müssen, bis sie endlich den Lewisien zugestellt wurde. Weitere Vorkommen liegen auf Bergen in Mexiko, so auch auf dem Vulkan Popocatepetl in etwa 3000 m Höhe. Es ist eine Art, die viel Ähnlichkeit mit *L. pygmaea* hat. Der Wurzelstock ist einfach bis wenig verzweigt, konisch oder zylindrisch, oft bis 10 cm lang, 0,5–1,5 cm dick. Deckblätter schmal-lineal und 1 cm–2,5 cm lang. Blumenblätter elliptisch-lanzettlich, niemals drüsig (im Gegensatz zu *L. pygmaea*), 6–7 cm lang. Bei uns noch nicht versucht.

Lewisia nevadensis (Gray) Robins.
(syn.: *Lewisia pygmaea* var. *nevadensis* (Gray) Fosberg, *L. bernadina* Davidson)
Oregon, Sierra Nevada, in den San Bernadino Bergen von Kalifornien und in Colorado, östlich bis Montana und Nevada. Auf Gebirgswiesen. Laub-

abwerfende *Lewisia* mit kurzem Wurzelstock, Wurzeln konisch oder kugelig, oft verzweigt, fleischig, 1 cm dick und 1 cm lang. Blätter spärlich zu 5–15
Stück halbaufrecht stehend, lineal bis lineal-lanzettlich, 3,5–8,5 cm lang,
halten nur sehr kurze Zeit. Auf zahlreichen Stielen, die kürzer als die Blätter sind und teilweise in die Erde gehen (zur Samenreife zurückgebogen)
stehen die einblütigen, selten auch zweiblütigen, weißen Blüten. Die Brakteen sind schmal, die Kelchblätter spitz und nicht drüsig, oft auch mit grünlichen Adern, variieren in der Größe, etwa 1,8 cm lang und 1 cm breit. Blütezeit Juni-August, Beste Vermehrung: Aussaat. Eine unverwüstliche Art,
ähnlich *L. brachycalix*, nur mit weniger Staubfäden.

Lewisia oppositifolia (Wats.) Robins.
Oregon, Kalifornien, felsig, feuchte Hänge. Eine blattabwerfende *Lewisia*
mit kurzem Wurzelstock und verdickten oft verzweigten Wurzeln. Die nicht
sehr zahlreichen Blätter sind grün und glänzend an der Oberseite, unten
fahler, sie sind lineal bis spatelig, lang und schmal aber nahe der Spitze verbreitet, 5–11 cm lang. Die 1–4 Stiele, die aus der Wurzel treiben, haben 1
oder 2 Paar Stengelblätter, nahe der Basis und werden bis über 15 cm hoch.
Der Blütenstand ist eine Dolde mit 2–6 Blüten. Die Kelchblätter sind ohne
Drüsen. Die Blumenblätter oft mehr als 10 sind weiß oder fahlrosa einan-
der überlappend, so daß die Blüte einen halbgefüllten Eindruck macht.
Zahlreiche cremefarbige Staubgefäße, 13 mm lang. Blütezeit März-Mai.

Lewisia pygmaea (Gray) Robins.
(syn. *Lewisia minima* A. Nels, *L. exariculata* St. John, *L. pygmaea* var. *aridorum* Bartlett, *L. aridorum* (Bartlett) Clay)
Kalifornien, Montana, Neumexiko, Colorado. Eine laubabwerfende *Lewisia* mit kurzem Wurzelstock und spindelförmigen Wurzeln, die von einer
verdickten Mitte nach beiden Seiten zu dünner wird, selten verzweigt. Zahlreiche, lange, schmale, riemenförmige Basalblätter, deren Enden von
stumpf bis spitz variieren, an der Basis erweitert und 3–7 cm lang und über 3
mm breit. Sehr kurzer Stiel, kaum über den Laub stehend und im Alter zurückgebogen. Blütenstand dreiblütig, Kelchblätter purpur überhaucht,
drüsig gezähnt und zeitweilig im Alter auffällig geadert. Die Blütenblätter
zu 5–8 stehend sind weiß oder rosaweiß, variabel in Länge und Breite,
hauptsächlich zur Spitze hin gezähnt, etwa 1 cm lang. Blütezeit Juli-August.
Auf Wiesen und felsigen Ausläufern zu wachsend. Nur für Tröge und Kübel
geeignet. Vermehrung durch Samen.

L. pygmaea ssp. *glandulosa* (Rydb.) Ferris
Sierra Nevada, Kalifornien. Blattabwerfend mit kurzem Wurzelstock, 2–3 cm ⌀, und dicker Pfahlwurzel. Laub wie die Art. Zahlreichere Stiele, Blumenblätter weiß oder rosarot mit rosa Streifen 0,6–1 cm lang. Die Randdrüsen der Kelchblätter sind dunkel.

L. pygmaea ssp. *longipetala* (Piper) Ferris
Sierra Nevada, Kalifornien. Ähnlich der vorhergenannten. Die Stiele sind aber aufrecht und länger als die Blätter. Blumenblätter rosarot, 1,3–2,2 cm lang mit verstreuten, drüsigen Zähnen am Rand.

Lewisia rediviva Pursh
(syn. *Lewisia alba* Kell.)
Britisch-Kolumbien bis Kalifornien und östlich bis Montana, Colorado und Arizona. Blattabwerfende *Lewisia* mit kurzen Wurzelstock von 1–3 cm ⌀ und kurzen und verzweigten Wurzeln. Eßbar, wenn die bittere Haut entfernt wird. Dicht gebüschelte, pfriemliche Blätter graugrün, glatt, verbreitet lineal, 4 cm lang. Die Blätter vertrocknen und verschwinden schon während der Blütezeit. Stiel oft ein wenig länger als das Laub, 1,3–4 cm lang, im Zentrum verbunden. Einzelne Blüten, dicht gekräuselt in der Knospe, Kelchblätter einzeln, 0,7–2,6 cm lang. Blumenblätter 12–18, rosa gefärbt oder selten auch weiß, 2–6 cm lang. Blütezeit März-Juni. Auf felsigen Boden vorkommend. Tröge, Kübel, Alpinum. Besonders schön im Alpinenhaus. Liebt mehr Sonne als andere Arten. Nicht so einfach zu kultivieren wie die anderen Lewisien. Benötigt im Winter Superdränage, sonst aber vollkommen hart. Wächst sowohl zwischen Urgestein als auch zwischen Kalkstein. Wenn richtig gepflanzt, ist *L. rediviva* eine langlebige Pflanze, es kommt dann sogar zur Selbstaussaat. Oft im Herbst Schutz durch Glasscheibe empfehlenswert.

L. rediviva var. *minor* (Rydb.) Munz.
(syn. *L. minor* Rydb.)
Kalifornien, Nevada. Laub kürzer, 1,3–2,6 cm lang. Blüten weiß oder leicht rosa. Blütezeit Mai-Juni.

Lewisia sierrae Ferris
Sierra Nevada, Kalifornien in sandigen, steinigen Böden und Wiesen. Blattabwerfende Art mit kurzem Wurzelstock und fleischigen Wurzeln.

Wenige Basalblätter, ausgebreitet oder zurückgebogen, 2,6–4 cm lang. Viele 1,3–2,6 cm lange Stiele, oft scharf zurückgebogen. Meist mehr Stiele als Blätter. 1–3blütig, jede Blüte mit 2–3 Stengelblättern welche brakteenartig sind, lanzenförmig und rötlich überhaucht. Blumenblätter meist 6 Stück, weiß mit rosa Adern, rosa oder rosarot 0,3–0,7 cm lang, breit oder schmal verkehrt-eiförmig. Blütezeit Juli-August.

Lewisia stebbensii
Unter dieser Bezeichnung wird ein Neufund in den USA geführt. Nähere Angaben liegen noch nicht vor.

Lewisia triphilla (Wats.) Robins.
Bergzone von Washington, südl ich bis Sierra Nevada, Kalifornien, Colorado. Blattabwerfende Art ohne Wurzelstock. Die Wurzeln sitzen tief, sie sind kugelig oder oval. Ohne Basallaub nur mit 2–4 Stengelblättern, gewöhnlich 3 Stück, schmal-lineal, 2,6–5,3 cm lang, gegenüberliegend. 1–5 Stiele, schlank, 8–12 cm hoch. Blumenblätter 5–8, weiß oder rosa, etwa 5 mm lang. Blüht Mai-August.

Lewisia tweedyi (Gray) Robins.
(syn.: *Lewisia aurantiaca* A. Nels.)
Washington, felsige Bergausläufer. Immergrün mit kurzem, dickem Wurzelstock und fleischigen, rötlichen, verzweigten Wurzeln. Basalblätter verkehrt-eiförmig und ganzrandig manchmal drüsig, 7,8–15 cm lang und 2,6–3,9 cm breit. 1–3 blütig, Kelchblätter rundlich oval. Blumenblätter 10–12 weiß, gelb oder pfirsichrosa 2,5–3 cm lang. Blütezeit Mai-Juli. Vermehrung durch Blattstecklinge und Rosettenstecklinge. Liebt etwas mehr Humus als die anderen Lewisien bei guter Dränage.

Neuerdings gibt es von dieser Art einige Neuheiten: *L. tweedyi* 'Inshriach Strain', eine hübsche Pflanze, die viel kleinere Rosetten hat als die Art. Die Blüten sitzen an kurzen Stielen und haben eine leuchtend rosenrote Farbe mit einem Hauch von Apricot überzogen. 6 cm hoch. Für das Alpinenhaus zu empfehlen.

L. tweedyi 'Rosea', eine besonders stark wachsende Form mit rosa Blüten.

L. tweedyi 'White Form', eine sehr seltene Form mit großen weißen Blüten.

Lewisia-Hybriden

L. cotyledon 'George Henley', ziegelrot mit feiner Aderung, April-Juni blühend, Höhe ca. 20 cm. Bestockt sich reichlich und blüht gerne nach. Beliebte und bewährte englische Sorte.

L. cotyledon 'White Forms', weißblühend, April-Juni, 10–15 cm hoch. Fällt überraschenderweise treu aus Samen.

L. cotyledon 'White Forms selected', besonders großblütige und langblühende Hybride. Normale Blütezeit April-Juni, remontiert im August-September. Etwa 20 cm hoch.

L. cotyledon 'Hybrids Weald Strain', breite, gedrungene Rosettenblätter und kompakter Blütenstand. Orange-flammendrot, meist remontierend, 10–15 cm hoch.

L. cotyledon 'Orange Zwerg', gedrungene, kurze, lanzettliche Rosettenblätter, vorne zugespitzt, reichblühend orangerot. Blütezeit April-Juni, im August-September remontierend. 10 cm hoch.

L. cotyledon 'Magenta Strain', ein Strain mit eindrucksvollen magentafarbenen Blüten, etwas im Ton variierend.

'Feuerrad' (Eschmann), lachskarmin, dunkel geadert. Mitte gelb, großblumig. Blütezeit April-Juni und August-September. Höhe 20 cm.

'Feuervogel' (Eschmann), leuchtend orange-lachskarmin, prächtige neue und großblumige Züchtung. Blütezeit Mai-Juni und Nachblüte im Herbst. Höhe 20–25 cm.

'Flammenspiel' (Eschmann), orangerot geflammt. Blütezeit Mai-Juni und August-September. Höhe 20 cm.

'Jean Turner' (Heckneri-Hybride), sehr große Blattrosetten, großblumig, hell-lachsrosa. Mai-Oktober, 20 cm hoch.

'Jennifer' (*L. cotyledon* var. *howellii* × *L. cotyledon* var. *heckneri*), lachsfarben rosa überhaucht. Blütezeit Mai.

'Pinkie', lange blühende, reinrosa, kompakte Hybride von *L. pygmae* (der Gärten) × *L. cotyledon*-Hybride (Ingwersen). Lange blühend und gut ausdauernd.

'Phyllellia', Hybride aus *L. brachycalix* × *L. cotyledon*-Hybride. Kräftig rosa Blüten. Lange blühend.

'Sunset Strain', wunderschöne Hybriden-Mischung. Beinhaltet sämtliche rosa, apricot, orange, rote und gelbliche Töne. Leicht aus Samen zu ziehen. Noch bessere Pflanzen sind in der Mischung 'Sunset Strain selected' (Jack Drake).

'Sunhort Strain', vielfarbige Farbmischung mit Blüten an kurzen Stielen. Eine wunderschöne Züchtung.

'Sweetheart' (Eschmann), eine Hybride aus *Lewisia cotyledon* × *Lewisia rupicola,* großrosettig, schmal-lanzettliche dunkelgrüne Blätter. Blüte hell-lachslila, dunkel geadert. Blütezeit Mai-Juni und September-Oktober, Höhe 25 cm.

'Trevosia' *(L. cotyledon* var. *howellii* × *L. columbiana),* große, schmal-blätterige Blattrosetten mit purpur-lachsroten Blüten. April-Juni blühend, 20 cm hoch.

Sicher kommen in nächster Zeit weitere gute Sorten hinzu. So arbeitet der bekannte Schweizer Alpenpflanzengärtner Jac. Eschmann/Emmen an Kreuzungen *Lewisia columbiana* 'Rosea' × *L.* 'Weald Strain' und an diversen Kreuzungen *Lewisia cotyledon* var. *heckneri* × *Lewisia cotyledon* var. *howellii.* Aus Tausenden von Pflanzen werden die besten Hybriden ausgelesen.

Standortansprüche

Am Naturstandort gedeihen Lewisien auf Gebirgswiesen oder zwischen Fels und Geröll, oft seitlich herauswachsend und meist in nordwestlicher Richtung. Entsprechend wollen die Lewisien im Garten gepflanzt werden. Die jeweiligen heimatlichen Bedingungen des Gartens müssen berücksichtigt werden. In England vertragen die Lewisien volle Sonne, dementsprechend können sie auch in Norddeutschland gepflanzt werden. Im Weinbauklima sollten die immergrünen Arten dagegen etwas absonnigen Stand bekommen oder im Schlagschatten lichter Bäume stehen. Kurzzeitige Trok-

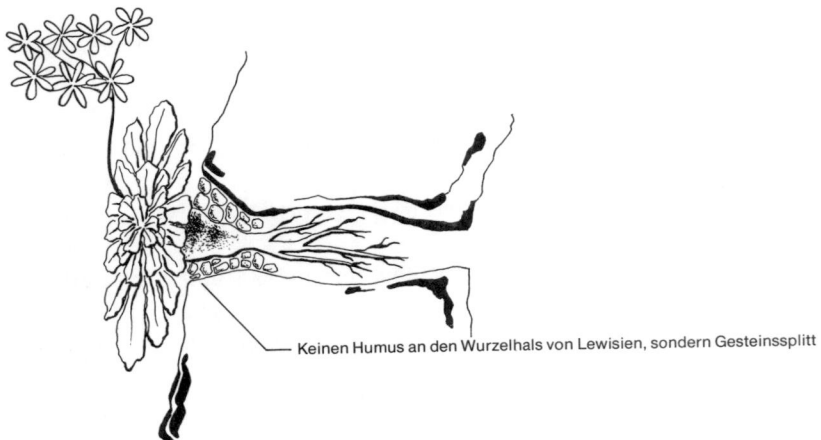

Keinen Humus an den Wurzelhals von Lewisien, sondern Gesteinssplitt

kenperioden werden von diesen sukkulenten Pflanzen ohne Schaden vertragen.

Die blattabwerfenden, allerdings nicht so dekorativen Arten können ohne Schwierigkeiten bei einigermaßen guter Dränage in flache Steingartenpartien gepflanzt werden. Einzelpflanzen kommen da aber kaum zur Wirkung, besser ist ihre Verwendung in Trögen oder Schalen, wobei wiederum zu beachten ist, daß diese bald einziehen, also während des Restes der Vegetationsperiode eine Kahlstelle vorhanden ist. Diese laubabwerfenden Arten können auch bei uns überall in volle Sonne gepflanzt werden.

Anders dagegen die dekorativen, immergrünen Arten und Hybriden. Nicht umsonst kommen sie im Kalthaus oder Alpinenhaus zu ungeahnter Schönheit, wo die Wassergaben reguliert werden können. Starkwüchsige Pflanzen müssen allerdings bei Topfkultur jährlich während der Vegetationsperiode umgepflanzt werden. Wer Erfolg im Freiland haben will, muß folgendes berücksichtigen. Lewisien sind auch bei uns voll hart, doch leiden sie meist unter unseren feuchten Wintern. Eine exzellente Dränage ist der Schlüssel zum Erfolg. Ideal sind Steinfugen an nach Nordwesten geneigten Seiten. Nur der untere Teil der Pflanze wünscht etwas humosen Boden, die Partien am Grund der Rosetten und um den oberen Teil des Wurzelstocks sollten frei von Humus gehalten werden. Grober Urgesteinssplitt ist hier angebracht. Noch besser ist es, wenn die Rosette selbst durch einen hervorstehenden Stein von oben her vor direkten Niederschlägen geschützt ist. *Lewisia cotyledon* mit Varietäten und die schönen neuen Hybriden sind etwas robuster und gedeihen auch noch an weniger idealen Stellen. Gut ist es, wenn solche konzentrierte Pflanzstellen im Winter vor Regen geschützt werden können. Wer die Lewisien mit winterharten Kakteen der Gruppe II kombiniert, die sowieso einen Regenschutz benötigen, schlägt zwei Fliegen mit einer Klappe. Sehr gut gedeihen Lewisien im Regenschatten von Dachvorsprüngen an Westseiten von Häusern, wo man sie zwischen Granit oder Basaltbrocken pflanzt.

Mobile Schalen und Tröge sind selbstverständlich gut geeignet für Lewisien, wenn diese im Winter vor Niederschlägen geschützt aufbewahrt werden können.

Andererseits wurde die Beobachtung gemacht, daß auch zu hohe Tagestemperaturen zu Verlusten führen können. Im heißen Sommer 1976 wurden verschiedentlich die Blätter schlaff und braun, und die Pflanzen starben ab. Es wird vermutet, daß zu hohe Tagestemperaturen daran schuld sind und zum Platzen von Zellen führen.

Kleinklima

Substrat	Alle ohne Winternässe!		Sommer und Herbst trocken	
	Ab Spätsommer trocken			
	halbschattig	absonnig bis Ostlage	halbschattig bis sonnig	sonnig
sandig-lehmig Lauberde Dränage	L. tweedyi L. cantelovii			
lehmig-nahrhaft dräniert, hohe Schotterlage, besonders am Wurzelhals		L. cotyledon L. cotyl. var. heckneri L. cotyl. var. howellii L. cotyl. 'Finchae' L. 'George Henley' L. × edithae	L. pygmaea L. pygm. 'Pinkie'	L. brachycalix L. nevadensis L. oppositifolia
Schotter mit wenig Feinerde	L. columbiana L. columb. var. wallowensis		L. rupicola L. leana	L. rediviva L. cotyledon × leana

Boden

Lewisien lieben einen sehr durchlässigen Boden mit leicht saurer Reaktion. Durch Kalk werden die Rosetten chlorotisch und anfälliger gegen eine Art Trockenfäule und andere pilzliche Erkrankungen. Beim Pflanzen nimmt man am besten zwei Erdmischungen, eine für den Wurzelbereich und eine für die oberen Partien. Die Mischung für den Wurzelbereich besteht aus 50 % scharfem Sand, 25 % Torf und 25 % gedämpftem Kompost. An Stelle des letztgenannten kann auch Lauberde genommen werden. Die Kombination für den oberen Bereich besteht aus 35 % Gesteinssplitt, 30 % scharfem Sand und 35 % sandigem Lehm. Um den Wurzelhals wird auch oft reiner Splitt genommen. Selbstverständlich braucht bei diesen Mischungen nicht mit der Waage vorgegangen zu werden, es soll nur in etwa die Zusammensetzung angegeben werden.* Verwunderlich ist, daß die sonst so nässeempfindliche *Lewisia tweedyi* im Wurzelbereich mehr Humus liebt als andere Arten. Sollte es im April-Mai sehr niederschlagsarm sein, so muß zu dieser Zeit auch einmal gegossen werden, wenn man guten Zuwachs und Entwicklung haben will. Auch leichte, sauer reagierende Volldüngerlösungen können zu diesem Zeitpunkt gegeben werden. Gegen die schon erwähnte Chlorose helfen leichte Gaben von Fetrilon.

Das größte deutsche Lewisien-Sortiment führt z. Z. der Gärtnerische Pflanzenbau, Marktheidenfeld. Diplomgärtner Dr. Hans Simon, der Besitzer, hat auf Grund jahrelangen Umgangs mit dieser Gattung die folgende Kulturtabelle erarbeitet, die wir mit freundlicher Genehmigung wiedergeben.

Vermehrung

Selbst wer jährlich Ausfälle bei den Lewisien hat, sollte auf ihre Pracht nicht verzichten, da sie sich leicht aus Samen heranziehen lassen. Besonders englische Alpenpflanzen-Gärtnereien bieten Samen von Arten, aber auch von Hybrid-Mischungen an, wie z. B. von 'Sunset-Strain'.

Nach kurzer Frosteinwirkung keimen die Aussaaten ziemlich schnell, im Kalthaus bereits Anfang März bei Dezember-Aussaat. Vor Frühjahrsaussaat muß abgeraten werden. Auch der Samenansatz ist regelmäßig und gut,

---

* Andere Liebbhaber verwenden mit Erfolg Heideerde mit einem Teil (etwa 20 %) Rhodohum als Dünger und viel Basaltsplitt.

so daß man selbst Samen ernten kann, besonders von den prachtvoll blühenden Pflanzen, die man während der Blüte gekennzeichnet hat. In sandigen Böden kann auch oft Selbstaussaat beobachtet werden. Auch eigene Züchtungsversuche sind erfolgreich, besonders innerhalb der Hybriden. Man kann aber auch dort, wo möglich, mit Arten zurückkreuzen.

R. C. Elliott (1966) gibt folgende Chromosomenzahlen an: *L. brachycalix* 2 n = 20, *L. cotyledon* 2 n = 28, *L. cotyledon* var. *heckneri* 2 n = 28, *L.* 'Finchae' 2 n = 28, *L. rediviva* 2 n = ca. 28, *L. columbiana* 2 n = 30, *L. tweedyi* 2 n = ca. 92–95, *L. pygmaea* 2 n = ca. 66, *L. megarhiza* 2 n = 68.

Sämlinge werden möglichst bald nach Ausbildung des 1. Blattpaares nach den Keimblättern pikiert, in Pikierschalen oder in kleine Tontöpfe. Als Jungpflanzen sind Lewisien ziemlich unempfindlich, auch gegenüber vermehrten Niederschlägen, sie sollten aber andererseits auch nicht austrocknen. Die Anzuchttöpfe sollten etwas halbschattig stehen.

Vermehrung von Lewisien durch Blattstecklinge im Oktober

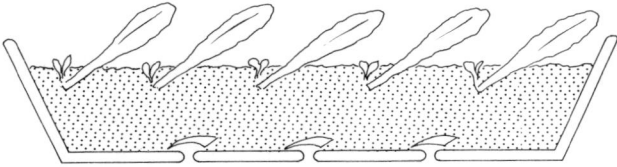

Die vegetative Vermehrung ist nicht besonders ergiebig, bei älteren Pflanzen bilden sich zahlreiche Nebenrosetten, die abgetrennt und als Rosettenstecklinge verwendet werden im späten Frühling, wie bei *L. columbiana* 'Rosea', *L. cotyledon*, *L. cotyledon* var. *heckneri*, *L. tweedyi*. Ergiebiger ist die Vermehrung durch Blattstecklinge. Man dreht an der Basis eine Reihe von äußeren Blättern ab und steckt diese flach in ein Sand-Torf-Gemisch, wobei der Sandanteil überwiegen muß, oder auch in reinen Sand. Diese Vermehrungsart ist besonders bei *L. cotyledon*, *L. cotyledon* var. *heckneri*, *L. leana* und *L. tweedyi* zu empfehlen. Natürlich auch bei den vielen schönen Hybriden (z. B. L. 'George Henley'). Besonders, wenn unter den Sämlingen schöne Pflanzen sind, ist dies die einzige Möglichkeit, pflanzenecht zu vermehren. Beste Zeit für die Vermehrung durch Blattstecklinge ist der Oktober, wobei die Schalen nach dem Stecken im Kalten Kasten überwintert werden. *Lewisia tweedyi* macht eine Ausnahme, sie scheint als Steckling im Frühling besser zu wachsen.

Andere harte Sukkulenten

Agaven

Die Tatsache, daß es harte Agaven gibt, ist ziemlich unbekannt. Es gilt das gleiche wie bei winterharten Kakteen, sie sind voll widerstandsfähig gegen unsere winterlichen Temperaturen, aber empfindlich gegen Winternässe. Wer Erfolg mit ihnen haben will, muß folgendes beachten. Es darf sich niemals um Gewächshausanzuchten handeln. Der Pflanzplatz muß vollsonnig sein und eine exzellente Dränage haben. Zumindet in den ersten beiden Jahren nach der Pflanzung sollte im Winter etwas Regenschutz gegeben werden. Die genannten Arten sind ideale Kombinationspflanzen zu winterharten Kakteen. Leider werden sie nur hin und wieder angeboten. Vermehrung durch die sich an älteren Pflanzen bildenden Tochterrosetten, die meist schon an der Basis einige Wurzeln haben.

Agave megalacantha
Zwar aus Mexiko stammend, doch voll hart. Bildet schöne, stammlose Rosetten mit 15–25 cm ∅, 20–25blätterig. Die Blätter sind breit, verkehrteiförmig, kurz gespitzt, etwa 18–20 cm lang, 8–12 cm breit, Farbe graugrün bis bläulichgrün, oberflächlich fein gerauht, spitze, braune Randstacheln. Schönste und härteste Art.

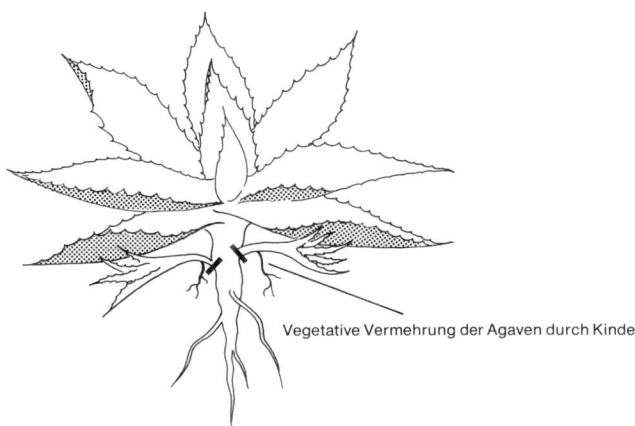

Vegetative Vermehrung der Agaven durch Kindel

Agave parryi
Westl. N-Amerika. Gedrungener, kugeliger Wuchs, stammlos, einzelnstehend oder auch dicht rasenförmig. Steife, breit-längliche, zugespitzte, 20–30 cm lange Blätter, 6–10 cm breit, grau, mit 2–2,5 cm langen Endstacheln. Randstacheln 1,5–2 cm entfernt, 3–5 mm lang. Der selten erscheinende Blütenstand etwa 3 m hoch. Blüten 5–6 cm lang, grüngelb bis cremegelb. Leichte Vermehrung durch Aussaat.

Agave utahensis var. *utahensis*
Utah. Durch zahlreiche Ausläufer rasenbildend. Rosetten im Alter 20–30 cm ⌀. Blätter 12–20 cm lang, 2–5 cm breit, bläulich, 1–2 cm lange Endstacheln. Kleine, leicht zurückgebogene Randstacheln. Sehr nässeempfindlich. *A. utahensis* var. *eborispina* und *A. utahensis* var. *kaibabensis* unterscheiden sich in der Rosette nicht sehr von der Art.

Agave virginica
Östl. N-Amerika. Bildet nur sommergrüne, im Herbst absterbende Rosetten bis 30 cm ⌀. Blätter schlaff dunkelgrün. Grünlichgelber bis mannshoher Blütenstand. Entbehrliche Pflanze.

Aloe

Aloe aristata
Oranjefreistaat, Natal. Die als Zimmerpflanze bekannte Aloe ist in milden Gegenden durchaus hart, wenn es sich um harte Freilandpflanzen oder um Pflanzen vom Naturstandort in S-Afrika handelt und nicht um Gewächshauspflanzen. Sie bildet kugelige Rosetten mit 10–15 cm ⌀. Die Blätter sind 8–10 cm lang und gehen in eine trockene, durchscheinende Granne aus. Sie sind besonders rückseitig mit weißen Höckern versehen. Hornige Kante mit weißen Randstacheln. Vermehrung durch die reichlichen Tochterrosetten. Extrem gute Dränage und sonniger Stand sind notwendig. Regenschutz im Winter. Zu winterharten Kakteen-Agaven-Pflanzungen. Steht in Kopenhagen seit Jahren im Freiland, trotzdem ist es ein Risiko.

Chiastophyllum

Chiastophyllum oppositifolium, Walddickblatt, Goldtröpfchen.
(syn. *Cotyledon oppositifolia*)
Kaukasus. Nur diese eine Art ist in den Gärten verbreitet. Rundliche, ge-
kerbte, fleischige Blätter. Trotz seines sukkulenten Aufbaus liebt diese
Pflanze einen etwas mehr absonnigen Stand. Die 10–15 cm hohen Blütenrispen sind mit vielen kleinen, gelben Blüten besetzt. Blütezeit Juni-Juli.
Die Vermehrung macht keine Schwierigkeiten, Teilung, Stecklinge und
Aussaat sind möglich. Der feine Samen keimt sehr willig. Gute Kombinationspflanze zu Lewisien, die in nordwestgeneigten Mauerfugen stehen.

Crassula

Die wenigen, winterharten *Crassula* (Dickblatt) sind keine ausgesproche-
nen Schönheiten, aber interessant für den Sammler winterharter Sukkulenten, sie bilden flache Teppiche, die in Steingärten, zwischen Kakteen und in
Schalen und Trögen gut brauchbar sind. Vermehrung: Stecklinge, Teilung.

Crassula milfordiae
Basutoland, Lesotho. Zwergig, rasenbildende Rosetten, die nur wenig sukkulent sind und sich im Herbst rötlich verfärben. Rötliche Stiele. Blätter
länglich-lanzettlich, 8–10 mm lang, 2,5–4 mm breit. Blüten elfenbeinweiß,
aber selten blühend.

Crassula micrordica
Ebenfalls flache Polster bildend, hängt bei Schalenpflanzung dekorativ
über den Rand. Blätter an den Triebenden vierzeilig angeordnet. Farbe
mehr graugrün. Fraglich, ob der Name echt.

Crassula sarcocaulis
Basutoland. Halbstrauchig, wie ein kleiner verästelter Baum. Dicke, gräuli-
che Blätter mit kleinen, rötlichen Köpfchen, bis 25 cm hoch, Juli-August
rosa blühend. Volle Sonne in sehr gut dränierten Boden, geschützter
Standort. In England stärker verbreitet. Unter dem Namen 'Basutoland
White' ist eine mehr attraktive, weißblühende Form im Handel. Stecklinge
im späten Frühjahr.

Delosperma

Bekannt als winterharte Mittagsblümchen, sind sie in den letzten Jahren durch die Staudengärtnereien verbreitet worden. Die am meisten verbreitetste Art *D. cooperi* ist leider auch die empfindlichste gegenüber unserem Winterwetter, und es ist angebracht, im Herbst einige Stecklinge davon zu machen, die frostfrei überwintert werden. *D. cooperi* und *D. brunthaleri* bilden schnell große Polster, und beim Pflanzen ist darauf zu achten, daß keine schwachwüchsigen Pflanzen in der Nähe stehen. Die Blüten öffnen sich nur bei vollem Sonnenschein, doch sind sie reich- und lange blühend, besonders die beiden starkwüchsigen Arten. Gut zu winterharten Kakteen passend. Randbepflanzung bei Schalen, die Pflanzen hängen dann weit herab. Die Vermehrung durch Stecklinge ist problemlos und zu jeder Jahreszeit durchführbar.

Delosperma brunthaleri
Von unbekannter Herkunft. Die in den Gärten verbreitete Form ist kaum von der folgenden *D. cooperi* zu unterscheiden, sie hat lediglich wesentlich hellere Blüten, rosakarmin mit weißer Mitte. Fraglich, ob echt!

Delosperma cooperi
Oranjefreistaat. Halbstrauchig, niederliegend, reich verästelt mit aufsitzenden, leuchtend roten Strahlenblüten und weißer Mitte, 4,5–5 cm $\emptyset$. Die Blätter sind stielrund, stumpf, weichfleischig bis 5,5 cm lang und 0,5 cm dick.

Delosperma lineare
Unter diesem Namen ist eine zierliche, gelblichgrüne, gelbblühende, teppichbildende Art im Handel, die raschwüchsig und gut winterhart ist, aber nicht mit der im Sukkulentenlexikon von J. Jacobsen beschriebenen Art identisch ist.

Delosperma sutherlandii
Transvaal, Natal. Rübenförmiger Wurzelstock, 5–8 cm lang und oben bis 1,5 cm dick. Die alljährlich absterbenden Äste sind ausgebreitet bis aufrecht. Die Blätter sind an der Oberseite schwach rinnig, mit rückseitigem keilartigem Mittelnerv. Die Blüten sind rosa und haben eine gelbe Mitte. 5–7 cm $\emptyset$.

Bei den vielen aus Südafrika stammende *Delosperma* gibt es sicher noch eine ganze Reihe, die in unseren Gärten winterhart sind, wenn es sich bei den zu prüfenden Pflanzen um solche aus den Bergen S-Afrikas handelt und nicht um Kalthauspflanzen der botanischen Gärten.

Mesembryanthemum

Mesembryanthemum othonna
Neueinführung. Bei Schutz vor übermäßiger Winterfeuchtigkeit verhältnismäßig gut winterhart (bis −15 °C keine Schäden festgestellt). Gut wüchsig an sonnigem Standort. Blättchen 1–1,5 cm lang, lanzettlich-eiförmig, zugespitzt, 2–3 mm dick. Blattfarbe glänzend smaragdgrün, bei Barfrost sich rötlich verfärbend. Blüte 1,5–2 cm ⌀ mit rötlichen Staubgefäßen. Blüht den ganzen Sommer.

Orostachys

Orostachys spinosus, Sternwurz
Sibirien, Mandschurei, Mongolei. Sehr dichte und vielblätterige Rosettenpflanze. Linealische bis spatelige, graugrüne Blätter mit weißer Dornenspitze. Blüht erst als mehrjährige Pflanze. Dabei schiebt sich der Blütenstand aus dem Rosetteninnern bis 30 cm hoch. Blüten gelb, sternförmig. Vermehrt sich reichlich durch Nebenrosetten, Aussaat möglich, doch Anzucht langwierig. Sitzt gerne auf Tuffstein und liebt sonnige bis absonnige Lagen.

Es gibt bei den ostasiatischen Arten sicher noch einige bei uns harte Pflanzen, leider sind diese bei uns noch nicht getestet. Neuerdings ist eine Art unter der Bezeichnung *Orostachys* spec. Mongolei im Handel.

Rosularia

Das Dickröschen lief früher unter *Umbilicus*. Erinnert an *Sempervivum*, dicht rasig wachsend. Keine besonderen Schönheiten, doch für den Sammler interessant. Leichte Vermehrung durch Teilung.

Rosularia aizoon
Kleinasien. Dichtblätterige, grüne Rosetten mit 1 cm langen, weichhaarigen, zungenförmigen Blättern. Wenigblütig, Blütensproß mit gelben Blüten.

Rosularia pallida (syn. *Umbilicus chrysanthus*)
Kleinasien. Fahlgrüne Rosetten bilden dichte Rasen mit fleischigen, dicht-
behaarten Blättern und bleichgelben Blüten. Die Blätter sind 1,2–1,8 cm
lang und spatelig. Blütenstand bis 20 cm hoch. Blüte Juni-Juli. Wünscht
volle Sonne und gut dränierten Boden.

Rosularia persica
Die in den Gärten verbreitete Pflanze ist nach neuesten Forschungen eine
monströse Form von *Sempervivum calcareum* und dort zu finden. In England geht sie unter dem Namen 'Griggs Surprise'.

Rosularia sempervivum (syn. *Rosularia libanotica*).
Libanon, UdSSR, Kaukasus, Kleinasien. Rosettenblätter spatelig, kahl bis
feindrüsig behaart je nach Herkommen, purpurrosa, reichblütig.

Rosularia platyphylla (syn. *Umbilicus platyphylla*)
UdSSR, Altai-Gebirge. Rosettenblätter verkehrt-eiförmig bis spatelig,
meist stumpf, lichtgrün, rötlich überhaucht, Blüten weißlichgelb.

Sempervivella

Die sukkulente Himalaja-Hauswurz ist etwas für den Liebhaber. Sie über-
steht mit etwas Schutz bei Kahlfrost ohne Schwierigkeiten unsere Winter.
Es sind kleine, rosettige Pflanzen, deren Tochterrosetten an langen, faden-
dünnen Trieben hängen. Vermehrung ohne Schwierigkeiten durch Abtrennen der Tochterrosetten. Pflanzung in durchlässigen Boden.

Sempervivella alba
Himalaja. Rosetten ca. 2,3–3 cm ∅. Blätter länglich verkehrt-eiförmig, am
Ende gerundet, bis 1,5 cm lang, fein drüsig behaart. Hellgrün, Blüten weiß
oder rot. Blütenstengel seitlich aus der Rosette herauswachsend.

Sempervivella sedoides
Kaschmir. Nur wenig verschieden von der vorhergenannten, nur kleiner
und weniger behaart. Blätter mehr linealisch-länglich. An exponierten Stellen färben sich die äußeren Blätter auch rötlich. Hübsch, rasenbildend, hat
6–8strahlige, weiße Blütensterne, die größer sind als bei der vorhergenannten Art. Etwas Regenschutz im Winter.

Einjährige Sukkulenten und Gruppenpflanzen

Unter den Sommerblumen und bei den Gruppenpflanzen gibt es auch einige wenige sukkulente Arten, die sich sehr gut als Zwischenpflanzen und Füller in Xerophytengärten, Trogbepflanzungen und ähnlichem eignen.

Portulaca

Portulaca grandiflora, Portulak, Portulakröschen
Argentinien, Brasilien. Niederliegende, ausgebreitete, bis 15 cm hohe Stengel mit abwechselnden oder fast gegenständigen, fleischigen, saftigen, in den Blattwinkeln behaarten Blättern und einzelnen endständigen, einzeln oder in Wickeln stehenden Blüten. Die Blütenfarbe ist sehr variabel, weiß, gelb, orange, rosa und karmin. Die Blütezeit geht von Juni bis August, und die Blüten selbst sind nur bei Sonnenschein geöffnet.

Leider ist das umfangreiche Sortiment, wie es noch vor Jahren angeboten wurde, und bei dem es auch viele Einzelfarben gab, aus dem Angebot verschwunden. Eventuell ist noch die Sorte 'Parana' mit rosa und die Sorte 'Roter Findling' halbgefüllt mit lachsroten Blüten zu erhalten. Sonst gibt es nur einfachblühende und gefülltblühende Farbmischungen. Am meisten verbreitet sind gefülltblühende Prachtmischungen unter den verschiedensten Bezeichnungen. Es ist darauf zu achten, daß keine dieser Mischungen 100 % gefüllte Blüten bringt. Der Anteil beträgt je nach Qualität 50–80 %. Unter der Bezeichnung 'Sunglow F_1' ist neuerdings eine Formelmischung aus 11 Einzelfarben im Angebot, die Blüten sind besonders großblumig und widerstandsfähig. Eine weitere Neuheit ist *P. grandiflora* 'Sonnenkugel', gefüllte F_1-Hybridenmischung. Die Blüten sind dichtgefüllt und erreichen einen 6 cm ∅. Die Farbskala geht von weiß über gelb, rosa, orange bis scharlach und dunkelrot. Diese Züchtung wird mit 15 cm auch etwas höher. Die volle Pracht wird nur bei längerem sonnigen, trockenen Wetter erreicht. In England gibt es neuerdings eine Samenmischung unter der Bezeichnung 'All Day Flowering mixed', bei denen die Pflanzen auch an trüben Tagen geöffnete Blüten haben.

Die Anzucht kann auf verschiedene Weise erfolgen. Während des Monats Mai kann der feine Samen an Ort und Stelle ausgesät werden, möglichst breitwürfig, bei zu dichtem Stand wird später vereinzelt. Diese Methode ist besonders empfehlenswert, wenn das Portulakröschen zwischen Kakteen stehen soll, da zwischen den stacheligen Opuntien ein Auspflanzen von Pflanzen mit Topfballen selbst mit Lederhandschuhen kein Vergnügen ist. Empfehlenswerter ist eine frühzeitige Anzucht im Frühbeetkasten, im Kleingewächshaus oder am Fensterbrett. Ende März wird in sandige Erde in Torf oder Tontöpfchen gesät. Vor Saatgefäßen aus Kunststoff muß gewarnt werden, da dort die Erde zu feucht bleibt, und beim geringsten Feuchtigkeitsüberschuß werden die Sämlinge von Vermehrungspilzen befallen. Nach dem Aufgehen die Saatgefäße ziemlich trocken halten. Eventuell auftretende Blattläuse mit den bekannten Mitteln sofort bekämpfen. Beste Keimtemperatur ist 18°C. Es kann auch in Kistchen gesät werden, nur leicht andrücken, nicht mit Erde übersieben, wobei später 3–5 Sämlinge in Töpfe pikiert werden. Wichtig ist magere, sandige Erde. Bis zum Auspflanzen muß reichlich gelüftet werden. An günstigen Stellen säen sich Portulakröschen auch selbst aus.

An warmen, sonnigen, trockenen Plätzen gepflanzt, sind diese anuellen sukkulenten Pflanzen wunderschön, sie brauchen selbst in trockensten Sommern nie gegossen zu werden. In kalten, feuchten Sommern versagen sie dagegen. Der Boden am Pflanzplatz soll nie zu fett sein! Schön für den sonnigen Steingartenhang, zu Pflanzungen winterharter Kakteen, zu *Sedum* und *Sempervivum*, in Plattenfugen, in Trögen und Schalen, im Atriumhof, auf dem Dachgarten, auf der Krone von Trockenmauern, im Balkonkasten, überall wo es nur warm und trocken ist, kann man Portulak verwenden. Selbstverständlich können diese Pflanzungen mit den anderen beiden, einjährigen Sukkulenten kombiniert werden, den Mittagsblümchen und dem einjährigen, blauen *Sedum*.

Calandrina

Calandrina grandiflora
Ein stark sukkulentes Portulakgewächs mit vielen karminroten Blüten im Sommer und Spätsommer. Eigentlich staudig bis halbstrauchig, wird aber meist einjährig gezogen. *Calandrina umbellata* wird ähnlich behandelt, hat tief rotviolette Blüten. Die Blätter sind aber im Gegensatz zur erstgenannten Art, nicht sukkulent. Gut zu anderen Sukkulenten.

Dorotheanthus

Dorotheanthus bellidiformis, Mittagsblümchen
(syn. *Mesembryanthemum criniflorum*)
S-Afrika. Ebenfalls eine prächtige, einjährige, sukkulente Pflanze, auf die man nicht verzichten sollte. Paßt besonders gut auch zu winterharten Kakteen. Es sind kleine, verzweigte Kräuter mit fleischigen, rauhen, warzigen 2,5–8 cm langen Blättern. Die Blüten haben einen 3–4 cm $\emptyset$, sie sind kurz gestielt und sind weiß, gelb, orange, rosa und rot gefärbt.

Es ist praktisch die gleiche, große Farbpalette vorhanden wie beim Portulak. Blüten nur bei voller Sonne geöffnet.

Aussaat an Ort und Stelle, besser ist Vorkultur in Töpfchen, die man dann Ende Mai auspflanzt oder Aussaat in Kistchen. Bei warmem Stand gehen die Pflanzen schon nach 8–10 Tagen auf. Die Aussaaterde sollte nicht zu humos sein, sonst faulen die Pflanzen leicht ab, auch gegossen werden darf nur vorsichtig. Es gibt im Handel nur eine Farbmischung, doch gibt es diese praktisch in jeder Samenhandlung und in jedem Kaufhaus.

Alle Plätze, die für das Portulakröschen genannt wurden, sind auch für die Mittagsblumen geeignet. Alle anderen Sukkulenten sind gute Partnerpflanzen, schön auch zu niederen anuellen und perennen Ziergräsern, wie *Festuca*-Arten, Hasenschwanzgras *(Lagurus ovatus)*, ebenso gut mit Gazanien. Wer sich die Mühe macht, die kleinen Samenkapseln mit dem Fingernagel abzuknipsen, kann die Blütenpracht wesentlich verlängern, es entwickeln sich dann immer neue Knospen.

Es gibt noch eine ganze Reihe verwandter Arten, die aber selten angeboten werden. Sie sind ebensogut und für die gleichen Zwecke geeignet wie die Mittagsblümchen. *Dorotheanthus gramineus* hat karminrosa Blüten mit dunkler Mitte, *Dorotheanthus oculatus*, hellgelbe Blüten mit einem dunkelroten Fleck an der Basis, *Aptenia cordifolia* 'Fol. Var.' *(Mesembryanthemum cordifolia)* mit roten Blüten und weißbuntem Laub, *Mesembryanthemum crystallium* mit dickem, fleischigem Laub. *Aptenia cordifolia* ist staudig, kann aber wie eine Sommerblume behandelt werden.

Sedum caeruleum

(syn. *Sedum azureum*)
S-Italien, Sardinien. Der Blaue Mauerpfeffer ist die einzige blaublühende

Sedum-Art. 10–15 cm hohe, kahle Büschel bildend, verästelte, leicht aufrecht wachsende Stengel mit wechselständigen, stielrunden fleischigen, grünen Blättern, die später rot werden. Die ganze Pflanze ist schwach behaart. Die kleinen sternigen Blüten sind blau mit weißen Zentrum und später violettblau.

Die Samen werden leider nur selten angeboten, Anzucht in sandigen Boden mit Vorkultur, Aussaat im April. Während der Anzucht nicht zu feucht halten. Der feine Samen darf nicht mit Erde bedeckt, sondern nur leicht angedrückt werden. Einzelpflanzen kommen nicht zur Wirkung, man muß ganze Tuffs zusammenpflanzen. Es kommen als Pflanzplatz alle schon bei den vorherbeschriebenen beiden Arten genannten in Frage.

Echeveria

Diese sukkulenten Rosettenpflanzen werden außer als Topf-, auch als Gruppenpflanzen für das Freiland angewandt. Außer für diese regelmäßige Verwendung bieten sie sich auch als Lückenfüller für winterharte Sukkulentenpflanzungen an. Die Rosetten müssen dann allerdings im Herbst aus der Erde genommen und, mit der Wurzel in Sand eingeschlagen, frostfrei überwintert werden.

Vermehrt werden kann durch Abtrennen der sich bildenden Nebenrosetten oder auch durch Aussaat im Zimmer in Schalen oder im beheizten Kleingewächshaus bei etwa 22 °C. Die Aussaat ist aber auch zu jeder anderen Jahreszeit möglich. Als Erde eignet sich besonders Lauberde mit Sand gemischt, guter Wasserabzug muß gewährleistet sein. Die Aussaat nur sehr wenig oder gar nicht mit Erde bedecken. Mit einer Glasscheibe abdecken, nach dem Auflaufen nur mäßig feucht halten. Die Weiterkultur kann bei wesentlich niedrigeren Temperaturen erfolgen, heller Stand muß aber vorhanden sein.

Die folgenden werden öfter als Samen angeboten:

Echeveria derenbergii
kugelige, graue Rosetten mit rötlichen Rändern und glockigen, orangeroten, 12 cm hohen Blüten. Blüht Juni-Juli.

Echeveria × *derenosa* 'Rubin'
Diese Hybriden entstanden durch Kreuzungen von *E. derenbergii* mit *E. setosa*, Blüten 20 cm hoch.

Echeveria × *derenosa* 'Sonnenstrahl'
Ging aus der gleichen Kreuzung hervor. Blüten 20 cm hoch.

Echeveria elegans
Ist wohl mit die schönste Art, kreisrund, blaugrün mit weißem Hauch, kurzstielige rote und orangerote, 20 cm hohe Blüten. Widerstandsfähig und reichblühend. Keimt schnell, nach der neuen Ernte im Juni ausgesät.

Echeveria peacockii (syn. *E. desmetiana*)
Silberweiße, spitze Rosetten, fällt völlig treu aus Samen. Blüten 20 cm hoch.

Echeveria secunda 'Glauca'
Graugrüne Rosetten.

Echeveria setosa
Hellgrüne, kurze, mit weißen Haaren besetzte Rosetten. 30 cm hohe Blüten, rotorange mit Gelb.

Senecio serpens

(syn. *Kleinia repens, Senecio repens*)
Niederliegende, blauweiß bereifte, sukkulente Pflanze, 20–30 cm hoch werdend. Blätter um den dicken Stengel ähnlich einem Koniferenzweig sitzend, sehr fleischig, linealisch-länglich, innen leicht rinnig mit kurzen, braunen Spitzchen, 3–4 cm lang, 7–8 cm $\varnothing$. Man muß sich junge Gruppenpflanzen besorgen. Die Pflanzen müssen im Herbst dem Freiland entnommen und frostfrei überwintert werden. In milden Wintern ist auch oft bei nicht entnommenen Pflanzen der oberirdische Teil erfroren, hat aber im Frühling aus der Basis wieder ausgetrieben. Während des Winters möglichst trocken halten. Zu jeder Jahreszeit ist Stecklingsvermehrung möglich. Auch diese Pflanze läßt sich gut zwischen Freilandkakteen verwenden.

Gut kombinierbare andere, nichtsukkulente Pflanzen

Yucca

Die Palmlilien sind die wichtigsten nichtsukkulenten Partnerpflanzen für winterharte Kakteen, und auch größere Xerophytengärten sind ohne sie kaum denkbar. Alle stammen aus dem südlichen Nordamerika. Viele Arten sind bei uns voll hart, einige jedoch nässeempfindlich. Es sind stammlose, wenige auch stammbildende mit vielen lederartigen, derben, oft faserigen, schopfig, gehäuften, schwertähnlichen Blättern. Die ansehnlichen Blüten stehen in großen Rispen, vereinzelt auch in Trauben.

Yucca filamentosa
S-Carolina und Mississippi-Gebiet. Stammlos mit unterirdischem Grundstamm. 30–50 schmale, bläulichgraue, hartspitzige, 2,5 cm breite Blätter mit faserigem Rand. Blütenstamm bis 120–160 cm hoch werdend, besetzt mit weitglockigen, grünlichweißen, hängenden Blüten. Gärtnerisch wichtigste *Yucca*. Von ihr gibt es eine ganze Reihe von Gartensorten. *Yucca* 'Elegantissima' ist streng, symmetrisch mit starr aufrechtem Laub (120 cm); 'Glockenriese' hat besonders große, cremefarbene Blüten (160 cm); 'Schellenbaum' mit besonders vielen, milchweißen Blüten (150 cm); 'Schneefichte' mit weißen Blüten und locker verzweigten, hohen Blütenrispen (160 cm); 'Schneetanne' mit dekorativen, gelblichgrünen Blüten (160 cm); 'Rosenglocke', Blütenfarbe weiß mit rosa Tönung, große Blüten und dichte Rispe (190 cm). Weitere Sorten sind unter den Namen 'Florida', 'Ohio', 'Atlanta' und 'Missouri' bekannt, aber selten angeboten. In den USA ist eine Sorte unter dem Namen 'Jvory Tower' im Handel, bei der im Gegensatz zu allen anderen Sorten die Blütenglocken nach oben gerichtet sind.

Yucca flaccida
N-Carolina, Alabama. Unterscheidet sich nur unwesentlich von *Y. filamentosa*, die beiden sind daher in Gärtnereien oft durcheinander. Die Blätter sind weicher und fallen stärker zurück. Wichtiges Unterscheidungsmerkmal sind die Randfasern der Blätter, sie sind fein, lang und gerade und nicht wie bei *Y. filamentosa* lockig.

Yucca glauca
Mittelwesten der USA. Ebenfalls öfter im Angebot der Staudengärtnereien. Mit kurzem oder etwas verlängertem, aber niederliegendem Stamm. Die ca. 90 cm langen Blätter sind 1,2 cm breit aufrecht, oben leicht zurückgebogen, graugrün und durch die absplitternden Fäden weißrandig erscheinend. Blüten in einfacher, etwas verästelten Traube und bis zum Grunde grünweiße Blüten tragend. *Y. glauca* var. *stricta* ist eine der wenigen Palmlilien mit aufrechtem Stamm und steiferen Blättern. Trotz des sehr exotischen Habitus winterhart.

Yucca × karlsruhensis (Yucca glauca × Yucca filamentosa)
Blaßrosa Blüten, leider selten im Angebot.

Yucca australis (syn. *Yucca filifera*) Blüht kleiner (Blütenhöhe 1 m) und ist deshalb für kleinere Kakteenpflanzung zu empfehlen.

Yucca smalliana
Ebenfalls eine gedrungene Form (120 cm).

Yucca recurvifolia
Bildet große Blattschöpfe mit ziemlich breiten Blättern. Platzbedarf (1 m^2) berücksichtigen. Scheint blühfaul zu sein, aber gut hart.

Yucca baccata
Eine niedrige Palmlilie mit steifen, graugrünen, rinnigen, sukkulenten Blättern, die ziemlich tief im Boden stecken. Nässeempfindlich.

Folgende, selten zu bekommende *Yucca* sind frosthart, jedoch ziemlich nässeempfindlich und benötigen Regenschutz: *Y. verdiensis*, *Y. intermedia*, *Y. parviflora* (syn. *Hesperalöe parviflora*), *Y. harrimanae*, *Y. whipplei* (nicht ganz so nässeempfindlich).
Yucca arizonica eignet sich nur für mildeste Gegenden, hart bis −8°C.
Die *Yucca* sind winterfester als meist angenommen. *Y. glauca* und *Y. flaccida* sind 100%ig hart, *Y. filamentosa* und ihre Sorten sind ebenfalls hart, können in Extremwintern jedoch etwas leiden. Schäden durch die Winternässe sind größer als durch Frost. In weniger begünstigten Lagen gibt man vorsorglich Schutz durch Zusammenbinden der Blattschöpfe und Bedecken mit einigen Fichtenzweigen.

Voraussetzung für gutes Gedeihen ist ein sonniger Pflanzplatz und durchlässiger, etwas kalkhaltiger Boden. Ein Zusatz von 30 % möglichst brüchigem Blähton hat sich bewährt. Die Erde selbst sollte nahrhafter gehalten werden als die von Freilandkakteen. Die *Yucca* benötigen 2–3 Jahre nach der Pflanzung bis sie blühen. Ohne Topfballen gepflanzt, „schmollen" die Pflanzen eine Zeitlang, ohne jedoch einzugehen. Andererseits wurde Verpflanzung im Hochsommer in voller Blüte vertragen.

Die Vermehrung ist nicht ganz so einfach. Nur selten steht Samen zur Verfügung, da nur ein einziges Insekt, die Yucca-Motte, in der Lage ist, *Yucca* zu bestäuben. Es ist *Tegelicula alba* (syn. *Pronuba yuccasella*) und kommt nur im Heimatgebiet vor, in den südl. USA und in Mexiko. Es muß also Handbestäubung vorgenommen werden. Die vegetative Vermehrung erfolgt durch Teilstücke. Einzelne Büschel werden möglichst tief abgestochen.

Yucca sind der I-Punkt jeder sukkulenten Pflanzung, egal ob es sich um den xerophyten Teil eines Steingartens, einer Terrassenvorpflanzung mit Opuntien oder eines flachen, exotischen Erdbeets handelt. *Yucca* sind Solitärpflanzen, sie sollten nie massiert gepflanzt werden, sonst geht ihre Wirkung verloren. Flache Unterpflanzungen mit teppichbildenden *Sedum*-Arten, mit *Acaena*, *Thymus* und *Stachys olympica*, *Euphorbia myrsinites* sind geeignet. Höhere Partner außer Opuntien sind bläuliche Ziergräser, *Anaphylis*, *Eryngium*, *Morina*, *Asphodeline*, *Kniphofia* und andere.

Verschiedene Gräser

Verschiedene Ziergräser sind ideale Partner für sukkulente Pflanzen, besonders solche mit silberblauer, blaugrauer und brauner Blattfärbung, die die Begriffe „Trockenheit", „Steppe", „Wüste" unterstreichen.

Festuca-Arten, Blauschwingel
Wichtigstes und auch im Handel weitverbreitetstes Gras ist *Festuca glauca*. Es sind viele Sorten durch Auslese entstanden. In den Katalogen werden sie auch teilweise unter *Festuca ovina* geführt. Die verschiedenartige Form und Färbung dieser Züchtungen kommt nur bei flächiger Verwendung oder durch Zusammenpflanzung in Inseln zur richtigen Wirkung. Die Pflanzung von Einzelexemplaren verschiedener Sorten zueinander ist zwecklos. In solchen Fällen sollte man bei einer Züchtung bleiben. Wo kein Samenan-

satz gewünscht wird und die Gräserbüschel das ganze Jahr gleichmäßig aussehen sollen, muß die bläulich bis graugüne Neuzüchtung 'Solling' genommen werden, auch die ältere 'Superba' blüht kaum. Sehr silbrig, aber nässeempfindlich ist 'Silberreiher'. Silberblau ist 'Blaufink'; 'Blauglut' und 'Meerblau' haben einen verstärkten Blauton, und 'Blaufuchs' ist stahlblau. 'Bergsilber' macht silberblaue, kompakte Horste, und wer ganz niedere Teppiche benötigt, nimmt den Zwergblauschwingel, *Festuca vallesiaca* 'Glaucantha'. Auch die schon genannte Sorte 'Blaufink' bleibt sehr nieder. Sehr exotisch, wenn auch empfindlich gegen Winternässe ist *Festuca punctoria*, der Stachelschwingel aus Kleinasien, mit harten, starren, stechenden Blättern. Pflanzung in Einzelexemplaren. Alle anderen Schwingelarten wirken für eine Kombination mit Sukkulenten „zu grün". Bei großflächigen Pflanzungen ist der Atlasschwingel, *Festuca mairei*, gut zu gebrauchen. Es ist jedoch genügend Platz einzukalkulieren, er wird nur etwa 60 cm hoch, doch gehen die bis 1,5 m langen Halme schräg nach außen. Von *Festuca glauca* und Festuca ovina lassen sich bei eigenen Aussaaten schöne Typen auslesen, oder man findet schöne Formen auf Urlaubwanderungen, die man sich vegetativ vermehrt.

Carex-Arten, Seggen
Hier vermitteln besonders den Begriff „Dürre" durch ihre Braunfärbung zwei Seggen. Starr 40 cm aufrecht steht die 'Fuchsrote Segge' aus Neuseeland (*Carex buchananii*), an der Spitze leicht überhängend. Sehr auffällig durch die eigenartige Färbung. An den Boden stellt sie keine Ansprüche, doch sollte er gut durchlässig sein. Schön auch im Rauhreif. *Carex comans*, die Federbuschsegge, ebenfalls aus Neuseeland kommend, wird nur etwa 20 cm hoch und bildet fahl graubraune, überhängende Büschel. Sät sich an zusagenden Plätzen selbst aus. Beide Seggen werden von Laien oft für vertrocknet gehalten. Eine dritte braune Zwergsegge ist *Carex petriei*, 30 cm hoch mit rotbrauner Färbung, benötigt aber Winterschutz, ist also für Pflanzungen mit winterharten Kakteen geeignet, die an geschützten Plätzen stehen. Für Pflanzung in Trögen und Schalen unter *Sedum* und *Sempervivum* eignen sich einige andere, buntgefärbte *Carex*-Arten, aber keinesfalls für eigentliche Xerophytengärten. *Carex ornithopoda* 'Variegata', die Vogelfußsegge, wird 15–20 cm hoch und hat weiß-grün panaschierte Blätter. Wesentlich steifer ist *Carex morrowii* 'Ingwersen', 20–30 cm hoch, frischgrün mit hellem Rand, und *Carex morrowii* 'Old Gold', bis 40 cm mit gelbbunten Blättern.

Helictotrichon sempervirens
(überall unter *Avena sempervirens* bekannt)
Der Blaustrahlhafer ist in Einzelexemplaren sehr gut in sukkulenten Pflanzungen zu gebrauchen. Die kugeligen, bis 50 cm hohen, blaugrünen Gräserbüschel sind gut bekannt und überall erhältlich. Alte Horste stocken oft von innen ab, deshalb öfter aufteilen.

Koeleria glauca, Schillergras
Kann mit ihren rinnigen, graugrünen Blättern ähnlich *Festuca glauca* verwendet werden.

Es gibt noch eine ganze Reihe von Ziergräser, die mit sukkulenten Pflanzen kombiniert werden können. Doch ist dies weit schwieriger, es gehört sehr viel Einfühlungsvermögen dazu.

Disteln

Unter der Bezeichnung „Disteln" ist eine ganze Reihe von Pflanzen verschiedener Gattungen zusammengefaßt, deren gemeinschaftliches Merkmal die stachelbewehrten Blätter sind. Sie kommen am Naturstandort in heißen, trockenen Lagen vor, sind also sowohl vom ökologischen als auch vom morphologischen Gesichtspunkt her gut in sukkulenten Pflanzungen zu verwenden.

Eryngium-Arten
Von den mittelhohen (Edeldisteln) mit den bizarren Blütenständen ist eine Art besonders wegen ihrer Blattrosetten für uns geeignet, *Eryngium yuccifolium* aus dem atlantischen N-Amerika. Die etwas fleischigen Blattrosetten sind ca. 60–80 cm hoch, ca. 3,5 cm breit und am Rande dornig. Treibt hohen Blütenstengel, der sich an der Spitze verzweigt, weißliche Blütenköpfe in Büscheln stehend. Kommt in trockenem Boden gut fort im Gegensatz zu anderen Angaben. In Einzelexemplaren lassen sich auch die Sorten von *Eryngium* × *zabelii* gut kombinieren ('Juwel' und 'Violetta'). Ebenso die *Eryngium alpinum*-Sorten 'Superbum', 'Amethyst' und 'Opal'. Kleinere Blütenköpfe hat *Eryngium planum* und das bizarre *Eryngium tricuspidatum*. Wichtig, wenn auch nur zweijährig, ist *Eryngium giganteum*, die Elfenbeindistel. Die Höhe von 70–80 cm muß berücksichtigt werden, ebenso die Breite. Die silbergrauen Hüllblätter mit den walzenförmigen Blütenköpfen sind sehr attraktiv. Oft Selbstaussaat.

Hierher gehört auch die Kardendistel, *Morina longifolia*, und die schöne *Morina persica*. Beide verlangen trockene, steinige, durchlässige Böden, die weißen bzw. dunkelrosa Blüten stehen in Quirlen an starken Stengeln weit über den Distelblättern. Benötigt etwas Winterschutz.

Für Pflanzung in den Hintergrund kann man auch die *Echinops*-Arten (Kugeldisteln), ebenso wie bizarre Rieseneselsdistel, *Onopordum bracteatum*, setzen. Bei den kleinen Disteln muß auf *Carlina acaulis*, die Silberdistel, hingewiesen werden und auf *Carlina acanthifolia*, die Golddistel, beide für Kombinationen mit Sukkulenten zu verwenden. Auch sie lieben magere, steinige, durchlässige Plätze. Ebenso die Eberwurz, *Carlina vulgaris*.

Allium

Eine im Garten sehr zu Unrecht etwas stiefmütterlich behandelte Blumenzwiebelgattung ist *Allium*, der Zierlauch. Seine Stärke liegt mehr in der dekorativen Gestalt und nicht wie bei den bunten Frühlingsblühern in der Blütenfarbe. Deshalb sind die Zierlauche gute Partnerpflanzen für alle harten Sukkulenten. Vorteilhaft ist die verhältnismäßig späte Blütezeit und die Widerstandsfähigkeit gegen Hitze und Trockenheit. *Allium* gibt es fast in jedem Blütenfarbton und von 5 cm Höhe bis 1,5 m und mehr. Beachtet werden muß, daß es Arten gibt, die gut ausgebildete Zwiebeln haben, die im Herbst mit den anderen Blumenzwiebeln angeboten werden und nur im Herbst gepflanzt werden können (z. B. *Allium christophii* und *Allium moly*). Bei anderen sind die Zwiebeln weniger ausgebildet, sie gehen ohne Unterbrechung in den Stiel über. Diese Gruppe wird mit Topfballen in den Staudengärtnereien kultiviert und kann sowohl im Frühling als auch im Herbst gepflanzt werden (z. B. *Allium ramosum* und *Allium tibeticum*). Alle Laucharten sind hinsichtlich des Bodens sehr anspruchslos, nur genügend durchlässig muß er sein. Bei einer ganzen Reihe von *Allium*-Arten ist auch nach der Blüte der Blütenstand noch sehr schmückend. Andererseits kommt es dadurch auch oft zu unerwünschter Selbstaussaat.

Von den hohen *Allium* können *Allium giganteum*, *Allium stipitatum*, *A. jesdianum*, (syn. *A. rosenbachianum*) und *A. sphaerocephalon* in größeren Xerophyten- und Atriumgärten verwendet werden, wobei der zuerst und der zuletzt genannte besonders wertvoll ist, auch wegen der tieferen, rötlichvioletten Färbung. *Allium atropurpureum* gehört ebenfalls hierher.

Die Verwendungsmöglichkeiten bei den mittelhohen Arten sind wesentlich vielfältiger. Sie eignen sich auch für mit Sukkulenten bepflanzten Steingartenpartien, den Sukkulentenwall, für Dach- und Kieselgärten. Hierher gehört einer der dekorativsten Laucharten, *Allium christophii* (syn. *A. albopilosum*) und das sehr schöne *Allium schubertii*, dessen Winterhärte aber sehr fraglich ist. *Allium cernuum* mit nickenden, rotvioletten Blütendolden ist sehr dankbar, von dem es auch eine seltene, weißblühende Form gibt. Diese beiden Blütenfarbtöne gibt es auch bei *Allium pulchellum*. Rein azurblau blüht *Allium caeruleum* (syn. *A. azureum)* und gelb *Allium moly* und *Allium flavum. Allium cyatophorum* var. *farreri* ist hübsch, aber Vorsicht vor Selbstaussaat. Dekorativ ist *Allium karataviense* mit dem fast auf dem Boden sitzenden Blütenbällen, von dem es auch eine weiße Art gibt. Es ist eine der am frühest blühenden *Allium*-Arten. Ganz spät blüht *Allium ramosum* (syn. *A. odorum*) mit weißen Blütenbällen. Von *Allinum tuberosum* (syn. *A. senescens*) gibt es einige Varietäten. Weniger bekannt, aber hübsch sind *Allium ledebouri*, *A. insubricum*, *A. macranthum* und *A. amplectens*.

Am wertvollsten für den Liebhaber von Trog- und Schalenbepflanzungen sind natürlich die zwergigen *Allium*. So eine Pflanzung wird durch *Allium flavum* var. *minor*, *A. narcissiflorum*, *A. beesianum* und ihre weißblühende Form *A. amabile*, *A. cyaneum*, *A. oreophilum* (syn. *A. ostrowskianum*), *A. pseudoflavum* und *A. virginculae* aufgelockerter.

Was hier genannt wurde, ist nur ein kleiner Ausschnitt aus der Gattung *Allium*. Es gibt aber noch eine sehr große Anzahl Arten, die teilweise noch gar nicht in die Gartenkultur eingeführt sind. Wer Urlaub auf dem Balkan macht, kann öfter *Allium*-Arten finden, die sich teilweise als gute Kombinationspflanzen zu den harten Sukkulenten eignen.

Sommerquartiere nichtharter Solitär-Sukkulenten

Möglichkeiten

Der Garten im Sommer kann natürlich auch nichtharte sukkulente Pflanzen beherbergen. Viele Arten werden dadurch erst reichblühend und gut wachsend. Alle die unzähligen Kakteen und andere Sukkulenten sollen hier außer acht gelassen werden, lediglich auf die Solitärgestalten soll hier hingewiesen werden, da Pflanzungen von harten Kakteen durch solche Prachtpflanzen während der Vegetationsperiode in ihrem dekorativen Aussehen verstärkt werden. Besonders hohe Säulenkakteen wirken sehr schön, aber auch verschiedene, große Agaven. Beliebt ist die große *Agave americana*, besonders in ihrer panaschierten Form, oder die bläuliche *Agave franzosinii*. Reizend die kleine *Agave victoriae-reginae*, aber auch alle anderen lassen sich gut kombinieren. Werden solche Solitärgestalten zu harten Pflanzungen gesetzt, wird man immer den Kübel oder Topf in die Erde einsenken. Besonders dekorativ sind solche Gestalten in Xerophytengärten. Es sollten möglichst immer Einzelexemplare sein. Gehäuft wirken diese Pflanzen nicht. Sie sollen von flächigen Opuntienpflanzungen umgeben sein oder aus Teppichen von Portulakröschen und Mittagsblümchen emporsteigen, auch *Echeveria* und *Senecio serpens* passen gut dazu. Zu solchen dekorativen Gruppen können auch nichtsukkulente Pflanzen verwendet werden, wie *Gazania*-Hybriden (Mittagsgold), *Verbena peruviana* (Peru-Verbene), *Lantana*-Hybriden (Wandelröschen) und *Heliotropium arborescens* (Heliotrop).

Solche Solitär-Sukkulenten finden ihren Sommerplatz auch im Atriumhof, an der Seite von Hauseingängen oder neben der Terrasse.

Pflege

Das Winterquartier solch großer Kübel- oder Topfpflanzen ist fast immer ein heller, frostfreier Kellerraum. Während dieser Zeit wird nur sehr wenig gegossen und nicht gedüngt. Die großen Agaven können schon im Laufe des April ins Freie an ihren Platz kommen. Sie vertragen kurzfristig einige Minusgrade bei Spätfrösten und bei Frühfrösten im Herbst. Außerdem können sie ohne Schwierigkeiten geschützt werden durch Überdecken mit

Nicht winterharte, große sukkulente Kübelpflanzen

im Winter ans helle Kellerfenster   und im Sommer einsenken im Garten zwischen harte Sukkulenten

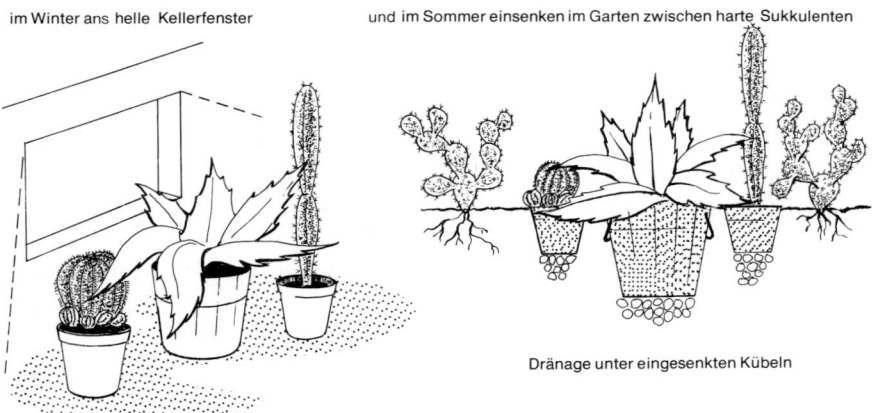

Dränage unter eingesenkten Kübeln

Folien, Jutesäcken oder ähnlichen. Säulenkakteen und andere Solitärexemplare bringt man besser erst Ende Mai ins Freiland. Besonders die Agaven sehen dann nicht sehr schön aus, und es bedarf einiger Schönheitskorrekturen. Alles was an den äußeren Blättern gelb geworden ist, wird weggeschnitten, manche Blätter werden ganz entfernt. Wer diese Arbeiten durchführt, wird merken, daß dies gar nicht so einfach ist. Handschuhe und ein scharfes Sägemesser sind notwendig. Mit einer Zange oder mit einer Baumschere werden auch die sehr scharfen, nadelartigen Blattspitzen abgezwickt, damit sich niemand sticht und verletzt. Oft haben sich an der Basis viele Jungpflanzen (Kindel) entwickelt. Sie werden möglichst tief abgeschnitten und einzeln in Töpfe gepflanzt.

Tontöpfe bedürfen keiner Pflege; handelt es sich bei dem Pflanzgefäß um Holzkübel, ist ein jährlicher, wasserfester Anstrich nötig. Für das Holz nimmt man einen farblosen, für die Eisenringe und Griffe einen schwarzen Lack. Nach dem Trocknen können die Pflanzen an ihrem endgültigen Platz

Bei großen Kübelagaven, die im Sommer ins Freie kommen, die
nadelartigen Spitzen abzwicken (Verletzungsgefahr!)

eingesenkt werden. In solchen gemeinschaftlichen Pflanzungen wird man das Pflanzgefäß immer in die Erde einsenken, damit man es nicht sieht. Es soll so aussehen, als würde die Pflanze immer dort stehen. Die im Keller überwinterten Pflanzen erhalten eine leichte Brause, damit der Kellerstaub weggeschwemmt wird, sonst reichen die natürlichen Niederschläge aus. Beim Einsenken achte man darauf, daß unter dem Wasserabzugsloch ein kleiner Hohlraum bleibt, daß sich bei Dauerregen kein Stauwasser bildet! Während der Hauptwachstumszeit können auch einige schwache Volldüngerlösungen gegeben werden. Bis zum Hereinnehmen im Oktober-November machen diese Pflanzen weiter keine Arbeit.

Einige Fachausdrücke

Annuelle = einjährige Pflanzen, deren Entwicklung vom keimenden Samen bis zum Absterben eine Vegetationsperiode dauert.

Areolen = Endpunkte der (im Körper der Kakteen verlaufenden) reduzierten Seitensprosse, die Glochiden, Stacheln oder Borsten tragen. Siehe Skizze Seite 189.

asymmetrische Rosette = im Gegensatz zur gleichmäßigen Rosette bei *Sempervivum*. An einer Seite stehen die Rosettenblätter höher oder dichter gedrängt.

Bienne = zweijährige Pflanzen. Im ersten Jahr Keimung und Entwicklung der Pflanze, im zweiten Jahr Blütenbildung, Samenreife und Absterben.

Fol. Var. = Pflanzen mit zweifarbigen Blättern.

Forma (f.) = Form im botanischen Sinne.

gehöckerte Triebe = gewellte Oberfläche der Opuntienglieder.

Glieder = einzelne sukkulente, runde bis ovale Pflanzenteile bei Opuntien.

Glochiden = stachelige Haarbüschel, die mit oder ohne Stacheln an den Areolen stehen. Siehe Skizze Seite 189.

Haartuff = Haarbüschel an der Spitze von verschiedenen *Sempervivum arachnoideum*-Hybriden.

hortorum × (hort.) = bedeutet, hinter dem botanischen Namen stehend, daß es sich um eine gärtnerische Form handelt und nicht um eine botanische, gültige Bezeichnung.

Kindel = volkstümlicher Ausdruck für (hier) Tochterrosette.

kurz gespitzt = Rosettenblätter bei *Sempervivum,* die oben breit sind und jäh in eine kurze Spitze auslaufen. Siehe Skizze Seite 69

lang gespitzt = Rosettenblätter bei *Sempervivum,* die oben gleichmäßig in eine lange Spitze auslaufen. Siehe Skizze Seite 69.

monokarp (monokarpisch) = nach der Blüte und Fruchtbildung sterben die Pflanzen oder Pflanzenteile ab (z. B. Rosetten bei *Sempervivum* und *Jovibarba*).

Mutation = spontane Veränderung einer Erbanlage, kann auch künstlich durch spezielle Chemikalien oder durch Röntgenbestrahlung ausgelöst werden.

Naturhybride = Ergebnis der Kreuzung verschiedener Wildarten in der Natur.

panaschiert = Blätter sind zwei- oder mehrfarbig (z. B. mit weißen Flecken oder Streifen).

Randwimpern = wimpernartige Haare an den Rändern der *Sempervivum*-Blätter.

Rosettenblatt = Einzelblatt der rosettenförmig angeordneten Blätter bei *Sempervivum, Jovibarba, Rosularia, Umbilicus.* Siehe Skizze Seite 74.

Rosettenteilung = Entstehen neuer Rosetten durch Wirbelbildung und Teilung der alten Rosetten bei *Jovibarba heuffelii.*

Stengelblätter = Blätter am Blütenstengel. Siehe Skizze Seite 74.

Stolonen = Ausläufer, an denen sich bei *Sempervivum* die Tochterrosetten bilden. Je nach Art kurz bis lang und dünn bis stark. Siehe Skizze Seite 74.

subspecies (ssp.) = Unterart im botanischen Sinne.

Sukkulenten = besondere, große Gruppe der Xerophyten (s. dort), die während der kurzen Regenperioden Wasser in speziellen Wasserzentren speichern können. Je nach den Speicherorganen unterscheidet man Wurzel-, Stamm- und Blattsukkulenten.

Synonym (syn.) = Nebenname, der nach dem derzeitigen Stand der botanischen Forschung nicht der wissenschaftlich korrekte ist.

Tochterrosetten = die während der Vegetationsperiode sich bildenden neuen Rosetten bei *Sempervivum, Jovibarba, Rosularia, Umbilicus.* Siehe Skizze Seite 74.

überlappend = bei verschiedenen *Sempervivum*-Arten sind die Rosettenblätter stark nach innen gebogen und überlappen dadurch.

Varietas (var.) = Varietät.

Wurzelhals = Übergangsstelle zwischen Wurzel und Sproß.

Xerophyten = an extreme Trockenheit des Standortes angepaßte Pflanzen.

Bezugsquellen

Es gibt keine Staudengärtnerei, die nicht einige *Sedum* und *Sempervivum* in ihrem Sortiment führt. Das gleiche gilt für Gartencenter, und selbst jedes Versandgeschäft hat einige sukkulente Staudenarten. Je mehr man sich aber mit diesen liebenswerten Pflanzen befaßt, um so vielfältiger werden die Wünsche an das Sortiment. Bei den winterharten Kakteen sind die Bezugsquellen wesentlich rarer. Die nun folgenden Firmen haben über das normale Maß hinausgehende Großsortimente, die Hauptkulturen sind dabei kursiv gedruckt. Wer sich entschließt, aus dem Ausland zu beziehen, muß bedenken, daß für den Lieferanten bei Exportaufträgen ein größerer Aufwand entsteht und Kleinaufträge deshalb unerwünscht sind oder nicht ausgeführt werden.

Deutschland

Kayser + Seibert
Odenwälder Pflanzenkulturen
6101 Roßdorf bei Darmstadt

Sempervivum, *Sedum*,
Opuntien, Lewisien,
Delosperma

Dr. Hans Simon
Gärtnerischer Pflanzenbau
Postfach 32
8772 Marktheidenfeld

Lewisien, *Sempervivum*,
Sedum, winterharte Kakteen
Delosperma, *Yucca*, Agaven

Heinz Klose
Staudengärtnerei
Rosenstr. 10 (Gärtnersiedlung)
3503 Lohfelden-Kassel

Sempervivum, Sedum,
Opuntien, Lewisien

Stauden-German
Raiffeisenstr. 34
6720 Speyer/Rhein

Sempervivum, Sedum,
Opuntien

Gräfin von Zeppelin
Staudengärtnerei
7811 Sulzburg 2
Laufen/Baden

Sempervivum, Sedum
Opuntien

F. Sündermann
Alpenpflanzengärtnerei
Aeschacher Ufer
8990 Lindau/Bodensee

Sedum, Sempervivum
Delosperma

Joachim Carl
Pforzheimer Alpengarten
Auf dem Berg
7530 Pforzheim-Würm

Sempervivum, Sedum
Lewisien, *Opuntien*

Klaus F. Jelitto
Samenhandel
Horandstieg 28
2000 Hamburg 56

Opuntiensamen, Sedum-
samen

G. Köhrs
Samenhandlung
Bahnstr. 101
6106 Erzhausen/Darmstadt

Samen von harten
Coryphanta, Echinocereus,
Opuntien

Hans Götz
Staudengärtnerei
7622 Schiltach/Schwarzwald

Sempervivum, Sedum
Opuntien, Lewisia

Stedefreunder Staudengarten
Stieglitzweg 18
4900 Herford-Stedefreund

Sempervivum, winterharte Kakteen
Yucca, Sedum
(kein Versand)

Max Schleipfer
Kakteengärtnerei
8901 Neusäß bei Augsburg

Opuntien, Sempervivum

Schweiz

J. Eschmann
Alpengarten
CH 6032 Emmen

Lewisien, Sempervivum,
Sedum

England

Peter and Mary Mitchell
11 Wingle Tye Road
Burgess Hill, Sussex RH15 9HR

Sempervivum,
Jovibarba, Rosularia

Robinsons Hardy Plants   *Sedum*, Sempervivum
Greencourt Nurseries
Crockenhill
Swanley, Kent BR8 8HD

W. E. Th. Ingwersen Ltd.   *Sempervivum*, *Sedum*
Birch Farm Nursery
Gravety
East Grinstead, Sussex RH19 4LE

Jack Drake   *Lewisien*, *Lewisiensamen*,
Inshriach Alpine Plant Nursery   Sempervivum, Sedum
Avimore Inverness-Shire
Scotland PH22 1QS

Dänemark

P. C. O. Norgaard   *Freilandkakteen*, *harte*
Planteskole – Sunby Mors   *Agaven*
DK–7950 Erslev

Majlands   *Sempervivum*
Staudeplanteskole
Simmelbrovej 36
DK–7260 Sdr. Omme

Niederlande

C. V. Bulthuis en Co.   *Opuntien*, Sempervivum
Cactuskwekerij
Groenewoudseweg 8
Postbus 12
Cothen (Utr.)

USA

Mac Pherson Gardens   *Sempervivum*
2920 Starr Ave.
Oregon, Ohio 4 36 16

Arcady Gardens   *Sempervivum*
3646 Calhoun Rd.
Medford, Oregon 97 501

Rakestraws Gardens G 30945 Term St. Flint, Michigan 48507	*Sedum*
Oakhill Gardens Rt. 3, Box 87 Dallas, Oregon 97338	*Sempervivum*, *Sedum*
Ben Haines 1902 Lane Topeka, Kansas 66604	*Harte Kakteen*, *Sedum* *Sempervivum*

Nicht alle Firmen aus den USA liefern nach Deutschland.
Diese Angaben erheben keinesfalls Anspruch auf Vollzähligkeit, es handelt sich um Firmen, die dem Autor bekannt sind.

Literaturverzeichnis

Backeberg, C.: Die Cactaceae. Band I und II. Verlag Gustav Fischer, Jena 1958–1962.

Backeberg, C.: Das Kakteenlexikon. Verlag Gustav Fischer, Stuttgart, 1976, 3. Auflage.

Clausen, R. T.: Sedum of North America north of the Mexican Plateau. Cornell University Press, Ithaca (USA) and London 1975.

Cullmann, W.: Kakteen. Verlag Eugen Ulmer, Stuttgart 1977, 4. Auflage.

Elliott, R. C.: The Genus Lewisia. The Alpine Garden Society, 58 Denison House, 296 Vauxhall Bridge Road, London S. W. l, England 1966.

Evans, R. L.: A Gardener's Guide to Sedums. The Alpine Garden Society, 296 Vauxhall Bridge Road, London, S. W. I, England.

Haage, W.: Freude mit Kakteen. Verlag J. Neumann-Neudamm, Melsungen 1967, 9. Auflage.

Haines, B. M.: Handbook of cold climate Cacti and Succulents. Central OK Printing, Inc., Topeka, Kansas/USA 1972.

Hansen, R., und Stahl, F.: Bunte Staudenwelt. Verlag Eugen Ulmer, Stuttgart 1972.

Jacobsen, H.: Das Sukkulenten-Lexikon. Verlag Gustav Fischer, Stuttgart 1970.

Jelitto, L., und Schacht, W. (Hg.): Die Freiland-Schmuckstauden. Band 1 und 2. Verlag Eugen Ulmer, Stuttgart 1963 und 1966.

Krüssmann, G., Siebler, W., und Tangermann, W.: Winterharte Gartenstauden. Verlag Paul Parey, Berlin und Hamburg 1970.

Mitchell, P. J.: The Sempervivum and Jovibarba Handbook. The Sempervivum Society, 11 Wingle Tye Road, Burgess Hill, Sussex, England 1973.

Müssel, H.: Institut für Stauden, Gehölze und angewandte Pflanzensoziologie, Fachhochschule Weihenstephan, 8050 Freising: Sempervivum und Jovibarba, Versuch einer systematischen Darstellung. Druck und Verlag Peter Weiz, Postfach 2226, 805 Freising, 1977.

Payne, H. E.: Plant Jewels of the High Country „Sempervivum and Sedum". Pine Cone Publishers, Medford, Oregon/USA 1972.

Praeger, L. R.: An Account of the Sempervivum Group. Verlag J. Cramer, Lehre 1967, Reprint.

Praeger, L. R.: An Account of the Genus Sedum, as found in Cultivation. Verlag J. Cramer, Lehre 1967, Reprint.

Purpus, J. A.: Freiland-Kakteen. Jahrbuch der Deutschen Dendrologischen Gesellschaft 1925.

The Sempervivum Society, Jahrbücher, Journale. The Sempervivum Society, 11 Wingle Tye Road, Burgess Hill, Sussex, England 1973–1976.

Schacht, W.: Der Steingarten. Verlag Eugen Ulmer, Stuttgart 1968, 4. Auflage.

Sydow, G. A.: Frostresistentale Kaktus i Danmark (Freilandkakteen in Dänemark) und andere Beiträge. Kaktus (Zeitschrift der Nordischen Kakteengesellschaft), April und Juni 1974, April 1975.

Zander: Handwörterbuch der Pflanzennamen. Neubearbeitet von F. Encke und G. Buchheim unter Mitarbeit von S. Seybold. Verlag Eugen Ulmer, Stuttgart 1972, 10. Auflage.

Bildquellen

Johannes Apel: Seite 36 oben.
Botanischer Garten Essen-Stingel: Seite 53 unten.
Dr. Gerhard Gröner: Seite 180 mitte rechts.
Martin Haberer: Seite 18 oben, Seite 35 (3). Seite 54 oben (2), Seite 71 unten, Seite 72 oben, Seite 89 unten links, Seite 108 oben, Seite 215 unten rechts, Seite 216 oben rechts.
Dr. Hans Simon: Seite 180 unten rechts.
Georg Sydow, Kopenhagen: Seite 179 oben und links unten, Seite 199 oben (2).

Umschlagfoto und die übrigen 85 Farbaufnahmen vom Verfasser.
Zeichnungen von Joannis Selveris nach Entwürfen des Verfassers.

Deutsche und botanische Pflanzennamen

Halbfett gedruckte Seitenzahlen verweisen auf die Schwerpunkte der Ausführungen, Sternchen* auf Abbildungen.

Gartenpraxis

Eine Zeitschrift für Kenner

Diese Zeitschrift wendet sich an erfahrene und fortgeschrittene Gartenfreunde. Der Titel „Gartenpraxis" kennzeichnet ihr Programm. Sie bietet nüchternes und zuverlässiges Wissen über Zierpflanzen im Haus und Garten, über Gartengestaltung, Garten- und Kleingewächshaustechnik, Gemüsekulturen, Düngung und Pflanzenschutz. Darüber hinaus werden den Lesern Zusatzdienste geboten, wie individuelle Beratung, Vermittlung von Tauschanschriften oder kostenlose Einträge in der Pflanzenbörse. Die Leser der Zeitschrift haben die Möglichkeit, die „Gartenpraxis-Bücher" verbilligt zu beziehen.

Herausgeber: A. Feßler, Botanischer Garten Tübingen, unter Mitarbeit von vielen namhaften Fachleuten

Redaktion: K. Rücker, Stuttgart

Erscheint monatlich mit vielen Schwarzweiß- und Farbabbildungen, redaktioneller Umfang mindestens 44 Seiten

Der Bezugspreis beträgt z.Z. jährlich DM 60,-

Gartenblumen

Die Sommerblumen und Stauden für den Hausgarten

Ein „Gartenpraxis-Buch"

Von R. Hay, P.N. Synge, London, Dr. A. Herklotz, Hannover, und Dipl.-Gärtner P. Menzel, Sinzig-Bad Bodendorf

360 Seiten mit 1152 Farbfotos auf 192 Tafeln

Kst. mit Schutzumschlag DM 38,-, für Abonnenten der Zeitschrift „Gartenpraxis" gegen Einsendung des Gutscheins DM 32,-

Dieses Werk ist als besondere Ausgabe für den deutschen Gartenfreund aus dem „Großen Blumenbuch" entwickelt worden. Es läßt bewußt die Zimmerpflanzen und mit Ausnahmen die Gehölze weg, die mehr eigenständige Themen geworden sind. Um so intensiver und umfassender konnte die Behandlung der eigentlichen Gartenblumen vorgenommen werden.

Der vorliegende Band ist in enger Verbindung mit der Zeitschrift „Gartenpraxis" entstanden. Dort sind Fachleute für alle gärtnerischen und naheliegenden botanischen Bereiche tätig. Sie tragen dafür Sorge, daß ein Gartenpraxis-Buch hält, was es verspricht. Die „Gartenblumen" werden den Wünschen vieler Gartenbesitzer und Gartenfreunde gerecht, aber auch den Erwartungen des Kenners. Das Buch ist die ideale Ergänzung zu dem ein Jahr vorher erschienenen Band „Gartenarbeiten" (siehe hintere Umschlagklappe).

Zu beziehen durch jede Buchhandlung

Prospekte und Verlagsverzeichnis kostenlos.

VERLAG EUGEN ULMER · POSTFACH 1032 · 7000 STUTTGART 1

Das Kleingewächshausbuch

Technik und Pflanzenpflege

Von M. Walter, Bretzfeld-Waldbach
174 Seiten mit 113 Schwarzweißfotos und Zeichnungen
Kst. DM 28,-

Die Technik ermöglicht es heute auch dem Privatmann, ein kleines Glashaus
mit bestimmtem Klima perfekt einzurichten und darin interessante und schöne
Pflanzen aus Urwäldern, Steppen, Wüsten oder Sumpfgebieten zu züchten und
zu pflegen. Im Vordergrund dieses Buches steht die Ausstattung des Kleingewächshauses, angfangen von den Stell- und Nutzmöglichkeiten bzw. den
Fragen, ob man ein Kakteen- oder ein Sukkulentenhaus, ein Orchideen- oder
ein Tropenhaus haben möchte. Bis in alle Einzelheiten praxisnah dargestellt
und, wo erforderlich, auch von der Theorie her verdeutlicht, kann auch der
erfahrene Kleingewächshausbesitzer in den Kapiteln Heizung, Schattierung,
Lüftung, Luftbefeuchtung, Beleuchtung, Wasseraufbereitung usw. noch eine
Menge hinzulernen und nutzbringend in die Tat umsetzen. Im zweiten Teil
des Buches sind die Pflanzen mit ihren Kultur- und Pflegeansprüchen nach
den verschiedenen Gruppen behandelt. Zahlreiche technische Grafiken und
Skizzen sowie viele instruktive, großteils farbige Fotos, zeigen Ausschnitte
aus der Welt des Kleingewächshauses und machen begreiflich, warum diese
besondere, moderne Art der Beschäftigung mit Pflanzen immer mehr
Anhänger findet.

Bäume und Sträucher im Garten

Von Prof. Dr. R. Hansen, Freising-Weihenstephan, und
Gartenarchitekt F. Stahl, Nürnberg
238 Seiten mit 64 Farbfotos und 61 Zeichnungen
Kst. mit Schutzumschlag DM 38,-

Ausgerüstet mit einer Fülle von Plänen und Zeichnungen sowie annähernd
60 Pflanzenlisten, ist dieses Werk dazu bestimmt, die Kenntnisse über die
Eigenarten, Ansprüche und Verwendungszwecke der Gehölze zu vertiefen.
Dabei wird mit überkommenen Vorstellungen gebrochen und die Gehölz-
verwendung auf neue Grundlagen gestellt.

Zu beziehen durch jede Buchhandlung.
Prospekte und Verlagsverzeichnis kostenlos.

VERLAG EUGEN ULMER · POSTFACH 1032 · 7000 STUTTGART 1